新形势下中国媒体融合发展的进路与实践

郭海威 著

中国国际广播出版社

本书系中国社会科学院 2024 年度重大经济社会调查项目"中国网络民意和舆情指数调查（2024—2026）"（项目编号：2024ZDDC006）阶段性成果。

序

以科技创新为驱动,媒介技术加速迭代演进,融合发展、创新发展、高质量发展成为当今世界媒体变革的必然趋势。信息技术的日益普及与新媒体应用的广泛崛起,推动媒体格局不断实现颠覆性重构。在这个崭新的时代,媒体不只是孤立存在的实体,而是在数字技术赋能下,与数据、用户、平台等要素协同联动的泛在化、智联化的数字基础设施,深度参与和推进文明进步、文化传承、经济发展与社会治理。

媒体融合带来的不仅是信息传播路径与方式的改变,更深层次地影响和重塑着人们的生活方式、社会交往模式以及文化认知。媒体融合影响的深刻性不仅在于其是一场技术革命,更在于其对传统媒体、社会结构和思维方式的全面冲击与改变。我们需要正视媒体融合发展带来的文化冲击与认知碰撞,加强对价值导向和伦理底线的思考与探索,确保媒体融合发展始终处于主流价值框架之内,使其为社会和谐稳定与主流价值观培育及引领发挥积极作用。

在数字中国建设大背景下,人工智能、大数据、虚拟现实等技术的普及应用,进一步推动媒体产业的创新发展。与此同时,跨界合作、全球化视野、用户体验、智慧互联越发成为媒体深度融合的重要驱动力。这就要求相关研究要具备和增强前瞻性,进一步拓宽研究思路与视野,关注并研究媒体融合的前沿技术和发展趋势,从而更深刻理解发展机遇与挑战,为媒体深度融合发展提供建设性与可操作化解决方案。

在新形势下，要更好发挥媒体融合在推进中国式现代化建设进程中的话语载体与价值引擎作用，就需要持续深化对用户需求的理解，加强技术创新与应用，拓展内容生产与传播渠道，构建开放共享的媒体生态系统。该书聚焦媒体融合高质量发展及塑造主流舆论新格局，从历时性与共时性双重视角对中国媒体融合发展进行系统性考察与临摹展现，包含作者对媒体融合议题的独特思考与理解，也为我们更全面审视媒体融合提供些许新的案例与视角，使我们能够更加准确地理解媒体融合的本质与意义。

该书作者长期关注和追踪研究媒体融合议题，在该书结构设计与内容撰写过程中投入了大量精力。他还邀请包括我在内的多位相关领域专家对书稿进行审阅指导，并结合专家建议对书稿进行了多次修改完善。这些充分体现了这位年轻学者在学术研究方面脚踏实地、精益求精的求索精神。作为作者对媒体融合议题的阶段性研究总结与思考结晶，我希望该书能够为广大读者朋友了解媒体融合、思考媒体未来提供参考与借鉴。

愿媒体融合之路越走越好，愿媒体事业之树枝繁叶茂。

胡正荣

2024 年 6 月 17 日

目 录

第一章 中国媒体融合发展的思想引领与理论阐释 / 001

第一节 国家有关媒体融合发展的战略布局 / 003
一、媒体融合发展国家战略的核心要义 / 003
二、媒体融合发展国家战略的定位 / 007
三、媒体融合发展国家战略的价值意蕴 / 011
四、媒体融合发展国家战略的实践理路 / 015

第二节 新时代马克思主义新闻观的创新与发展 / 019
一、马克思主义新闻观的基本内涵 / 019
二、把握新时代马克思主义新闻观的鲜明特征 / 025
三、深化新时代马克思主义新闻观的发展成果 / 027
四、认清新时代马克思主义新闻观的关键任务 / 028
五、开辟新时代马克思主义新闻观新境界 / 031

第三节 可及性：一个观察媒体融合的理论视角 / 033
一、可及性理论：一个聚焦公共服务成效的分析框架 / 034
二、可及之困：媒体深度融合发展所面临的现实问题 / 039
三、共创可及：推进媒体深度融合发展的可行性思路 / 045

第二章　全媒体时代中国媒体融合发展的现实图景 / 053

第一节　全媒体时代广电媒体融合发展实践与影响 / 055
一、横向平台聚合与纵向传媒体系共构广电发展新格局 / 055
二、内部资源整合与外部资本驱动共创广电新赢利 / 058
三、短期借力转型与长期蓄力自谋共建广电新蓝图 / 060

第二节　全媒体传播体系下地市级媒体融合进展 / 063
一、中国地市级媒体融合发展现状及重要进展 / 063
二、地市级媒体融合发展面临的重点难点议题 / 068
三、地市级媒体融合未来发展方向及演进思路 / 072

第三节　全媒体时代县级融媒体中心建设进展 / 075
一、县级融媒体中心建设动力供给充沛 / 076
二、县级融媒体中心建设面临突出问题 / 078
三、县级融媒体中心建设创新优化的思考 / 081

第四节　短视频助力媒体深度融合的生态考察 / 084
一、短视频之于媒体深度融合的重要性 / 084
二、短视频之于媒体深度融合的迫切性 / 085
三、短视频之于媒体深度融合的策略性 / 087
四、短视频之于媒体深度融合的方向性 / 089

第三章　全媒体时代中国媒体融合发展的行业扫描 / 091

第一节　媒体融合视野下的科普短视频传播 / 093
一、科普短视频的发展现状 / 094
二、科普短视频发展面临的风险与难题 / 096
三、科普短视频发展的对策与建议 / 098

第二节 新媒体构筑全民阅读新景观 / 101
　　一、新媒体打造内容生产新生态 / 102
　　二、新媒体引领阅读习惯新变革 / 104
　　三、新媒体激发阅读消费新动能 / 106
　　四、新媒体勾勒未来阅读新趋势 / 107

第三节 全媒体时代主流媒体的视频化转型 / 110
　　一、主流媒体视频化转型的生动实践 / 110
　　二、主流媒体视频化转型的现实之困 / 114
　　三、主流媒体视频化转型的可能性空间 / 117

第四章 新形势下媒体融合发展的典型案例研究 / 121

第一节 科技支撑省级党报新闻客户端传播力提升 / 123
　　一、省级党报新闻客户端发展现状 / 123
　　二、省级党报新闻客户端建设现实之困 / 126
　　三、省级党报新闻客户端建设推进之举 / 129

第二节 西北五省区地市级党报媒体融合探索 / 132
　　一、西北五省区地市级党报媒体融合的发展现状 / 132
　　二、西北五省区地市级党报媒体融合现存问题 / 138
　　三、西北五省区地市级党报媒体融合发展优化方向 / 141

第三节 全媒体视域下"两会"新闻报道创新实践 / 144
　　一、技术升级赋能传播模式创新 / 145
　　二、导向坚守推动报道内容创新 / 148
　　三、群众路线催化用户体验创新 / 151
　　四、深化融合助力传播效能创新 / 154

第四节 全媒体传播赋能网上妇联建设 / 158
　　一、妇联网上平台建设发展现状 / 159

二、妇联网上平台建设面临困境 / 161

三、网上妇联品牌建设特色经验 / 164

四、网上妇联品牌建设提升思路 / 167

五、协同联动汇聚发展合力 / 171

第五节 "一带一路"语境下主流媒体的传播实践 / 172

一、主流媒体聚焦"一带一路"倡议的传播成效 / 173

二、"一带一路"场景下主流媒体传播创新的目标指向 / 176

三、"一带一路"视野下主流媒体传播效能的提升 / 180

第五章　新形势下媒体深度融合发展的创新机制研究 / 185

第一节 以机制创新驱动媒体深度融合研究 / 187

一、媒体融合机制创新的基本遵循 / 187

二、媒体融合机制创新的思维逻辑 / 190

三、媒体融合机制创新的方法策略 / 193

第二节 治理体系现代化视野下的媒体深度融合创新 / 195

一、深度融合时代媒体功能的变革与转型 / 196

二、媒体融合赋能治理现代化的价值逻辑 / 199

三、新形势下治理现代化发展趋势与问题 / 202

四、聚焦治理现代化的媒体深度融合路径 / 205

第三节 县级融媒体参与乡村治理的内在机制 / 208

一、县级融媒体参与乡村治理的功能意义 / 209

二、县级融媒体参与乡村治理的现实观照 / 211

三、县级融媒体参与乡村治理的发展趋向 / 213

四、县级融媒体赋能乡村治理的创新路径 / 215

目 录

第六章　高质量发展视域下媒体融合发展的着力点与趋势 / 217

第一节　中国媒体融合发展的动力机制 / 219
一、中国媒体融合发展的政府力量 / 219

二、中国媒体融合发展的市场力量 / 222

三、中国媒体融合发展的媒体力量 / 225

四、中国媒体融合发展的社会力量 / 227

五、中国媒体融合发展的技术力量 / 230

第二节　中国媒体融合发展的关键点 / 233
一、强化媒体融合各项要素协同创新 / 233

二、依据媒体比较优势进行差异化定位 / 236

三、根据行业发展态势动态调整政策 / 239

四、充分依托两大市场推进产业升级 / 242

第三节　推动媒体融合高质量发展的实施路径 / 244
一、观点传播需要新思维 / 245

二、内容生产需要新方式 / 249

三、传媒经营需要新思路 / 252

四、人才培养需要新理念 / 255

参考文献 / 258

后　记 / 271

第一章

中国媒体融合发展的思想引领与理论阐释

第一节　国家有关媒体融合发展的战略布局

党的十八大以来，以习近平同志为核心的党中央从中华民族伟大复兴的战略全局角度出发，统筹把握国际国内传媒发展态势，深刻总结国内外媒体转型升级的经验教训，围绕媒体融合这一紧迫议题，做出系列重要论述，形成具有强烈理论指导性和现实针对性的媒体融合发展实施框架，为我国媒体融合发展指明了方向、提供了遵循，对于推动构建具有鲜明中国特色的媒体融合发展格局具有重要意义。

近年来，受新冠疫情等因素叠加影响，全球范围内不确定性不稳定性增加，国际舆论场动荡态势不断加剧，我国意识形态领域安全风险时有凸显。在此形势下，聚焦"举旗帜、聚民心、育新人、兴文化、展形象"的使命任务，以习近平同志为核心的党中央审时度势、高瞻远瞩，以敏感的政治判断、非凡的政治勇气、高超的政治智慧对媒体融合进行系统布局、全域施策，为媒体深度融合发展擘画蓝图，为党的新闻舆论工作抛锚定向，为全球治理体系改革提供中国启迪。习近平总书记关于媒体融合的系列重要论述及相关政策布局经历了实践检验，体现出具有历史厚重感和时代鲜活感的思想伟力，是马克思主义中国化的重要理论创新与飞跃。

一、媒体融合发展国家战略的核心要义

习近平总书记关于媒体融合发展重要论述是习近平新时代中国特色社会主义思想的重要组成部分，内含对世界传媒发展大势的深度洞察，对中

国媒体转型升级实践的全面总结，对未来传播演进变革的精准判断。准确理解习近平总书记关于媒体融合发展重要论述的核心要义，是推动构建现代化传播体系，推动媒体深度融合发展，推动提升新闻舆论传播力、引导力、影响力、公信力的重要前提与基础。

（一）全面把握媒体融合发展的趋势和规律

习近平总书记强调："推动传统媒体与新兴媒体融合发展，要遵循新闻传播规律和新兴媒体发展规律……"[①]媒体融合是一项系统性、持续性、动态性的复杂工程，推动媒体融合发展，要透过现象看本质，把握好传统媒体、新兴媒体的内在本质联系与发展趋势。要统筹处理好传统媒体和新兴媒体、中央媒体和地方媒体、主流媒体和商业平台、大众化媒体和专业性媒体的关系，[②]顺应并锚定一体化、移动化、智能化、差异化、规范化的方向集中发力，进而在长期的融合实践中把握趋势、顺应趋势、预判趋势，并不断总结规律、学习规律和运用规律，厘清媒体融合议程中的主要矛盾与次要矛盾，找准切入点与着力点，推动媒体融合加快向纵深推进。媒体融合作为改革发展的重要构成，同样面临各类风险挑战，关于舆论安全、意识形态安全和国家安全，在把握趋势与规律的同时，亦应统筹好发展和安全，强化风险意识和底线思维，妥善处理好媒体融合进程中可能遇到的问题挑战，以习近平新时代中国特色社会主义思想为指引和遵循，增强定力、提升能力，确保媒体融合在正确的轨道上行稳致远。

[①] 习近平主持召开中央全面深化改革领导小组第四次会议强调 共同为改革想招 一起为改革发力 群策群力把各项改革工作抓到位［N］.人民日报，2014-08-19（1）.

[②] 习近平.加快推动媒体融合发展 构建全媒体传播格局［J］.前线，2019（4）：4-7.

（二）打造具有强大影响力、竞争力的新型主流媒体

新形势下，做好党的宣传思想工作，必须建强用好主流媒体这一重要抓手。2019年1月25日，习近平总书记在主持中共中央政治局第十二次集体学习时指出，"要加快推动媒体融合发展，使主流媒体具有强大传播力、引导力、影响力、公信力，形成网上网下同心圆，使全体人民在理想信念、价值理念、道德观念上紧紧团结在一起，让正能量更强劲、主旋律更高昂"，"打造一批具有强大影响力、竞争力的新型主流媒体"。这些论述进一步明确了媒体融合发展的目标任务。建设新型主流媒体，即要在媒介资源、生产要素有效整合的基础上，充分实现信息内容、技术应用、平台终端、管理手段的共融互通，着力放大各类要素资源的协同优势和一体效能。立足"两个大局"，我国舆论场正面临来自内部与外部的双重挑战与威胁，主流舆论、主流意识形态不断受到冲击和消解，舆论斗争、意识形态纷争有增无减，亟须加快建成新型主流媒体，充分发挥其主力军压舱石作用，牢牢占据舆论引导、思想引领、文化传承、服务人民的传播制高点。伴随媒体融合进入纵深阶段，多元化布局是新型主流媒体的重要建设方向，应探索建立"媒体＋政务服务商务"的运营模式，加快推动主流媒体实现资源汇聚、功能丰富、服务延展，打造形成综合信息服务平台和枢纽，为主力军占领主阵地主战场提供基础支撑。

（三）构建具有中国特色的全媒体传播体系

随着全媒体不断发展，全程、全息、全员、全效媒体竞相涌现。基于对全媒体传播的经验性认识、规律性总结和前瞻性判断，2019年1月25日，习近平总书记在主持中共中央政治局第十二次集体学习时提出，"要形成资源集约、结构合理、差异发展、协同高效的全媒体传播体系"。党的十九届四中全会审议通过的《中共中央关于坚持和完善中国特色社会主义

制度、推进国家治理体系和治理能力现代化若干重大问题的决定》进一步指出，要建立以内容建设为根本、先进技术为支撑、创新管理为保障的全媒体传播体系。全媒体时代，丰富的媒介技术应用在创新内容形态、增进多元表达、促进平等交流等方面具有重要作用，但同时也带来了侵犯隐私、舆论嘈杂、观点极化等风险挑战，党的新闻舆论工作仍要跨过重重天险路隘。构建具有现代化、具有中国特色的全媒体传播体系，需要在媒体融合进程中，充分发挥各主体、各要素的比较优势，[①]跳脱出既有传播逻辑、发展逻辑，摆脱路径依赖，形成差异化布局[②]、全领域覆盖、全觉性传播、多层次渗透的全媒体传播框架。习近平总书记从宏观、中观和微观层面为全媒体传播体系构建提供了标准遵循，有效确保新形势下的全媒体传播具备显著影响力和穿透力。

（四）形成具有强大引领力的主流舆论格局

我们推动媒体融合发展，是要做大做强主流舆论。做大做强主流舆论是推动媒体融合发展的最终落脚点，要不断扩大主流价值影响力版图，让党的声音传得更开、传得更广、传得更深入，构筑形成具有鲜明时代特色、民族特色和实践特色的主流舆论格局。做党的宣传思想工作，要充分用好媒体融合这一关键抓手，从话语、内容、手段、渠道、方法等角度切入创新理论宣传，用心用情做好思想阐释，让党的声音飞入寻常百姓家，让主流思想入脑入心。2018年8月21日，习近平总书记在全国宣传思想工作会议上的讲话中强调，"中国特色社会主义进入新时代，必须把统一思想、凝聚力量作为宣传思想工作的中心环节"。要加快实现中华民族伟大复兴的

[①] 李华君，涂文佳. 5G时代全媒体传播的价值嬗变、关系解构与路径探析[J]. 现代传播（中国传媒大学学报），2020，42（4）：1-5.

[②] 胡正荣，蒋东旭. 全媒体传播体系与四级融合新发展格局[J]. 中国编辑，2021（5）：4-7，27.

中国梦，奋力夺取新时代中国特色社会主义新胜利，就必须在扩大主流舆论格局上下功夫，着力构建网上网下一体、内宣外宣联动的主流舆论格局，从而不断增强社会主义意识形态的凝聚力和引领力。围绕党的新闻舆论工作面临的新形势、新机遇、新挑战，习近平总书记多次做出重要论述，创造性提出系列新思想、新论断、新要求，并对媒体融合发展提出新理念、新方法和新目标，做大做强主流舆论，既是媒体融合发展重要目标，也是推动凝聚共识、增进认同的重要手段。

二、媒体融合发展国家战略的定位

伴随新一轮科技革命和产业变革，舆论生态、媒体格局、传播方式不断发生深刻变革，为进一步做好党的新闻舆论工作，扎实推进主流价值影响力版图扩大，习近平总书记对媒体融合的功能属性做出重要指示，强调推动媒体融合发展、建设全媒体成为我们面临的一项紧迫课题。这一论述阐明了媒体融合的动态性、长期性、关键性与系统性的战略定位，为明确融合发展的目标与任务提供基本遵循、指明前进方向。

（一）延伸宣传报道触角，推动主力军挺进主战场

当前，以人工智能、大数据、5G等技术为驱动，互联网成为经济社会发展的重要变量，并越发成为舆论斗争的主战场、主阵地、最前沿。2015年12月25日，习近平总书记在视察解放军报社时指出："读者在哪里，受众在哪里，宣传报道的触角就要伸向哪里，宣传思想工作的着力点和落脚点就要放在哪里。"不断延伸宣传报道触角，推动主力军挺进主战场，巩固主流舆论阵地，打通联系群众的最后一公里，是习近平总书记关于媒体融合发展重要论述的题中应有之义。围绕互联网这一新兴传播阵地，推动媒体融合应坚持用好和强化互联网思维，创新传播内容、观念、方式、手段，

做到招招生风、掷地有声，集中优势传播力量进军网上、深入网上、占领网上，[1] 推动主流声音在网络空间实现深接入、全覆盖、强引领。同时，要进一步强化移动优先发展策略，凸显其在推动媒体融合进程中的战略地位，推动关键资源要素向移动端倾斜、汇聚、集结，[2] 扎实构建并不断强化媒体与群众的连接网络，走好全媒体时代的群众路线，在凝聚共识、形成认同中拉近党心与民心。

（二）增强紧迫感使命感，持续强化主流价值引领

面对传播技术迭代、用户需求变化、媒介生态革新，要做好党的新闻舆论工作，推动正面宣传提质增效扩容，掌握舆论场主动权和主导权，显得极为必要和迫切。对此，习近平总书记从国家层面做媒体融合的战略部署，提出要抓紧做好顶层设计，打造新型传播平台，建成新型主流媒体，扩大主流价值影响力版图，让党的声音传得更开、传得更广、传得更深入。以此为遵循，要切实增强推动媒体融合发展的紧迫感与使命感，要对技术发展趋向、舆论斗争指向、价值引领方向保持高度关注、细致洞察、深入思考，紧盯媒体融合发展的前沿领域，以昂扬斗志推动媒体融合行稳致远。强化主流价值引领不能只停留在思想领域，同样要将其贯彻落实于技术创新领域。习近平总书记在《加快推动媒体融合发展 构建全媒体传播格局》中强调，用主流价值导向驾驭"算法"，全面提高舆论引导能力。这就要求在媒体融合过程中，应始终将技术应用的变革创新置于主流价值框架之内，将主流价值导向贯穿于技术创新与应用全流程，确保技术革新可管可控。[3]

---

[1] 聂智，肖皓文."坚决打赢网络意识形态斗争"：学习习近平关于网络意识形态工作的重要论述［J］.思想教育研究，2021（8）：27-32.

[2] 胡正荣，李荃.重点清障突破，催生深融质变："十四五"时期主流媒体高质量融合发展进路展望［J］.编辑之友，2021（2）：24-32.

[3] 黄楚新，郭海威.论智媒时代的新闻媒体价值共创［J］.媒体融合新观察，2022（1）：9-13.

（三）提高底线思维能力，化解意识形态安全风险

习近平总书记多次从国家政治安全、文化安全、意识形态安全的高度，对媒体融合做出系列重要部署——旗帜鲜明坚持正确政治方向、舆论导向、价值取向。媒体融合是一项牵一发而动全身的系统工程，其过程涉及多种主题、多类主体、多重要素，自主参与、即时交互、全域连接导致舆论场的潜在风险系数不断增加。对此，习近平总书记在主持中共中央政治局第十二次集体学习时强调，要全面提升技术治网能力和水平，规范数据资源利用，防范大数据等新技术带来的风险。立足"两个大局"，党在意识形态领域正面临前所未有的新情况新问题新挑战，推动媒体融合发展，应深入贯彻落实习近平新时代中国特色社会主义思想特别是网络强国思想，毫不动摇坚持底线思维，强化提升对意识形态安全风险的识别力、洞察力和把控力，将底线思维与忧患意识渗透于媒体融合的顶层设计中，确保对融合发展可能遇到的重大风险保持战略主动。提高底线思维能力就是要将风险识别、研判与应对等环节前置，[1] 及时发掘和化解媒体融合过程中的技术安全、内容安全、数据安全等风险，[2] 筑牢意识形态安全屏障。

（四）整合融通资源要素，提升社会治理能力水平

媒体融合实质上是各类资源要素整合、融通与协同的媒体功能提升工程。2019年1月25日，中共中央政治局在人民日报社就全媒体时代和媒体融合发展举行第十二次集体学习。习近平总书记在主持学习时强调，推动媒体融合发展，要坚持一体化发展方向，通过流程优化、平台再造，实

---

[1] 崔德华.习近平关于风险防范重要论述的基本内涵及时代特征[J].治理现代化研究，2020，36（2）：5-12.
[2] 丁存霞.新时代网络意识形态安全治理能力现代化[J].湖北社会科学，2020（1）：158-164.

现各种媒介资源、生产要素有效整合。打造新型主流媒体，即是以媒体融合发展为契机，强化资源要素的统筹协调、优化配置与高效协同，推动媒体向综合性信息服务平台转型，使其成为国家治理体系和治理能力现代化的重要构成。① 媒体融合发展是一篇大文章。在这篇重要文章中，各级领导干部要增强同媒体打交道的能力，不断提高治国理政能力和水平。本质而言，提升社会治理能力水平是媒体融合的内在要求和题中应有之义，② 推动媒体融合发展是提升社会治理能力的基础支撑与前提条件，二者互为补充、相互促进，共同铺就高质量发展的理论基石、话语基石、思想基石与价值基石。为进一步释放媒体融合在促进社会治理层面的巨大潜能，"新闻＋政务服务商务"的运营模式探索取得突出成效，这既是对习近平相关论述的积极响应，也是媒体融合走向纵深的关键一步，推动了社会治理的任务落实、目标达成、能力提升。

（五）创新对外融合表达，全力开辟国际传播新局

在新时代背景下，对外宣介中国理念、传播中国方案、讲好中国故事、发出中国声音作为国际传播工作的重要使命任务，离不开媒体融合的基础支撑。习近平总书记强调，"要把握国际传播领域移动化、社交化、可视化的趋势，在构建对外传播话语体系上下功夫"，"要采用贴近不同区域、不同国家、不同群体受众的精准传播方式"③，这些重要论述为媒体融合如何服务国际传播提出了具体要求。媒体融合作为党治国理政方略的重要体现，须加快向"构建网上网下一体、内宣外宣联动的主流舆论格局"的目标挺

---

① 倪琳.国家治理视角下县级融媒体中心传播功能再解读［J］.东岳论丛，2021，42（6）：181-190.
② 龙小农，陈林茜.媒体融合的本质与驱动范式的选择［J］.现代出版，2021（4）：39-47.
③ 习近平在中共中央政治局第三十次集体学习时强调 加强和改进国际传播工作 展示真实立体全面的中国［N］.人民日报，2021-06-02（1）.

进，要充分认识到当前我国国际传播工作所面临的复杂态势，注重从内容、形式、题材、技术、话语等方面全方位创新对外融合表达，着力提高国际传播影响力、中华文化感召力、中国形象亲和力、中国话语说服力、国际舆论引导力。将媒体融合贯穿和融入国际传播，是提升国家治理体系和治理能力现代化的基本要义，尤其置身于世界百年未有之大变局，做好国际传播工作，应充分理解并准确把握媒体融合的功能表征，兼顾好理论研究与传播实践、民间交流与高层对话、友善沟通与舆论斗争，既开放自信也谦逊谦和，奋力开创我国国际传播新局面，营造利我传播格局。

三、媒体融合发展国家战略的价值意蕴

习近平总书记关于媒体融合发展重要论述作为对媒体转型发展的理论回应，其产生具有历史必然性和现实迫切性，经过媒体融合发展实践验证而更具思想光芒，助力党在改革发展进程中把握历史主动与战略主动，为高质量发展、共同富裕等国家重大战略实施注入源源不断的精神动力。站在新的历史起点，媒体融合所肩负使命任务更显艰巨，所面临风险考验更趋复杂，更需要深入学习贯彻落实习近平总书记关于媒体融合发展重要论述，以乘风破浪的昂扬姿态推进媒体融合再上台阶、更入佳境。

（一）推动党的新闻舆论工作提质增效的动力源泉

党的新闻舆论工作是党的一项重要工作，是治国理政、定国安邦的大事。新形势下，做好党的新闻舆论工作离不开先进理论的指导，习近平总书记关于媒体融合发展重要论述从理论创新、实践参照与发展前瞻等方面，为党的新闻舆论工作提质增效扩容提供强有力的思想支撑，助力新闻舆论工作以新应新、以变求变。面对错综复杂的国际国内形势，党的新闻舆论工作受到来自线上与线下、国内与国际、隐性与显性等多重

维度的风险挑战，资本介入[①]、技术升级、思潮汹涌等因素的叠加影响，导致新闻舆论工作所处内外部环境发生深刻变革，国内国际舆论场不稳定因素增加，对主流舆论、意识形态乃至国家政治安全构成严重威胁。习近平总书记在论述媒体融合时，从巩固壮大主流思想舆论的综合优势打造、强化思想引领、推进供给侧结构性改革、掌握舆论场主动权主导权、提升用网治网能力水平等角度出发，对做好党的新闻舆论工作提出了具体原则、方法、路径，不断推动新闻舆论工作取得新成效。习近平总书记关于媒体融合发展重要论述作为马克思主义中国化的重要理论成果，具有实事求是、与时俱进的理论品格，与新闻舆论工作最新形势相呼应，体现出鲜明的创造性、时代性、系统性与实用性，是新形势下做好新闻舆论工作、做大做强主流舆论的重要法宝。

（二）巩固全党全国人民共同思想基础的理论支柱

党的十八大以来，以习近平同志为核心的党中央从媒体融合切入，守正创新全面推进党的新闻舆论工作落实落细，围绕主流舆论格局构建、主流价值传播引领、主流意识形态建设做出系统性、方向性、前瞻性的战略部署，进一步确立和巩固了习近平新时代中国特色社会主义思想的指导地位，推动形成网上网下同心圆。2018年4月20日，习近平总书记在全国网络安全和信息化工作会议上提及，我们推动媒体融合发展，是要做大做强主流舆论，巩固全党全国人民团结奋斗的共同思想基础。"做好宣传思想工作，比以往任何时候都更加需要创新"[②]，在新时代背景下，面对全球范围内思想文化交织激荡、国内思想观念深刻变革的发展态势，要完成好"举旗帜、聚民心、育新人、兴文化、展形象"的使命任务，就要充分用好媒体融合这一战

---

① 黄楚新，郭海威.优化资本布局有效推进新闻舆论工作[J].青年记者，2021（21）：47-48.

② 中共中央文献研究室.习近平关于全面深化改革论述摘编[M].北京：中央文献出版社，2014：84.

略载体，借力传播创新高质量推进党的宣传思想工作，弘扬主旋律、传播正能量，旗帜鲜明地反馈和抵制各种错误观点，不断提升和增强全社会的凝聚力与向心力，更好构筑中国精神、中国价值、中国力量。习近平总书记就媒体融合做出系列重要论述，是从顶层设计和战略实施层面为宣传阐释党的创新理论、弘扬社会主义核心价值观、落实意识形态工作责任制提出的理论指导框架和现实解决方案，[①] 对于增强主流思想舆论传播力、感召力和影响力具有重要促进意义，为构建共识、凝聚人心、赢得认同提供理论支柱。

（三）实现中华民族伟大复兴战略愿景的关键支撑

习近平总书记在庆祝中国共产党成立 100 周年大会上指出，中国共产党团结带领中国人民，自信自强、守正创新，统揽伟大斗争、伟大工程、伟大事业、伟大梦想，创造了新时代中国特色社会主义的伟大成就。习近平新时代中国特色社会主义思想在中华民族伟大复兴进程中得到充分体现，其开放性、科学性、实践性、人民性和时代性[②] 的理论品格确保了中华民族伟大复兴进程的航向不偏、靶心不散。当前，我们正向着第二个百年奋斗目标进发，实现中华民族伟大复兴的战略远景，离不开强有力的舆论支撑和精神力量，习近平总书记关于媒体融合发展重要论述作为理论创新与实践引领的集中体现，将为全面建成社会主义现代化强国提供关键支撑。推动媒体融合发展，就是要以媒体为关键切入口，确保党在舆论引导、意识形态培育[③]、社会治理等领域的先发与主动，筑牢中华民族团结奋斗的思想根基，协同回应和处理好事关中华民族伟大复兴的各项重大课题。以习近平

---

① 宫承波，孙宇.习近平总书记关于媒体融合重要论述的演进脉络及目标指向[J].中国出版，2021（3）：5-10.

② 黄自荣.习近平新时代中国特色社会主义思想的理论品质[J].湖南省社会主义学院学报，2020，21（6）：5-9.

③ 张涛甫，赵静.媒体融合的政治逻辑：基于意识形态安全的视角[J].新闻与传播研究，2021，28（11）：69-83，127-128.

总书记关于媒体融合发展重要论述为基准，媒体融合应坚持立足当下、面向未来，践行新发展理念，紧紧围绕和服务于党和国家重大战略布局，以"行而不辍，未来可期"的理论自信和百尺竿头更进一步的行动自觉，为中华民族伟大复兴的战略全局贡献媒体智慧。

（四）应对世界百年未有之大变局的重要保障

从当今世界发展形势来看，新科技革命和产业变革深入发展，全球治理体系深刻重塑，国际格局加速演变。面对单边主义、保护主义愈演愈烈，逆全球化、霸凌主义等思潮甚嚣尘上，地缘政治热点此起彼伏，世界新一轮大发展大变革大调整充满不确定不稳定因素，风险挑战持续加剧，打造合作共赢的全球治理体系和国际秩序，推动构建人类命运共同体，营造和平稳定的良好外部环境，对于我国实现健康可持续的高质量发展至关重要。以习近平总书记关于媒体融合发展重要论述为遵循，推动媒体深度融合发展，就是要在打造新型主流媒体、构建全媒体传播体系开辟国际传播新格局方面深耕细作、精益求精，以战略全局高度、深邃历史眼光、宽广国际视野致力于在全球大变革进程中讲好中国故事、传播中国方案，在国际形势的动态演进、复杂变化中占据战略主导、赢得舆论主动，切实增强我国在国际舆论场中抗击风险挑战的能力。[①]习近平总书记关于媒体融合发展重要论述为传媒领域应对百年未有之大变局提出了现实可行的执行框架，对技术创新、内容创新、平台打造、人才培养等做出明确指示，指导解决媒体在百年变局之下的本领恐慌、理念滞后、人才短缺等问题。站在新的历史方位，习近平总书记关于媒体融合发展重要论述为媒体融合转型提供强大思想保证，使媒体真正成为百年变局的参与者、见证者与贡献者。

---

① 孙吉胜.加强中国对外话语体系建设：挑战与方向[J].外交评论（外交学院学报），2022，39（3）：1-20，165-166.

四、媒体融合发展国家战略的实践理路

媒体融合作为一项艰巨复杂的系统工程，需要来自顶层设计、技术创新、内容建设、理念变革等的全方位支撑，[①]体现出鲜明的政治性、专业性、前沿性，需要高水平的行动方案与之相匹配。习近平总书记基于对媒体融合规律、特征、趋势的深入洞察和整体把握，提出一套系统完整、行之有效的解决方案，为媒体融合发展加快向高质量迈进提供了实践理路。

（一）平衡好一体发展与移动优先

面对互联网尤其是移动互联网发展的迅猛态势，推动媒体融合转型发展，既要坚持一体化发展方向，推动各类资源要素有效整合，放大一体效能，[②]又要坚持移动优先发展，加快推进优势力量向移动端的战略转移。一体化发展与移动优先是媒体融合转型的两翼，一体化发展为移动优先提供坚实的技术、内容、管理等保障支撑，移动优先通过更快速占领主战场主阵地，推动放大一体效能。"要坚持一体化发展方向，加快从相加阶段迈向相融阶段。"习近平总书记对媒体融合提出共融共通、催化融合质变的明确要求，为一体化发展指明了前进方向，即要在融合推进过程中做好一体化布局，强化资源要素的协同适配，在新型主流媒体打造、传播矩阵建设、全媒体传播体系构筑方面实现"1+1＞2"。在推进一体化发展的同时，"要坚持移动优先策略，建设好自己的移动传播平台"。要求主流媒体深刻认识和积极适应"移动互联网已经成为信息传播主渠道"这一发展趋势，建强用好移动传播矩阵，占据信

[①] 曾祥敏，李刚.我国媒体深度融合发展中的关键问题［J］.现代出版，2021（2）：65-74.

[②] 彭子胭，田宏明.媒体融合"一体化"的含义、维度与路径［J］.传媒，2020（24）：70-72.

息传播制高点，连接好党心与民心，不断增强舆论引导的主动权与主导权。

（二）协调好正面宣传与舆论斗争

在坚持团结稳定鼓劲、正面宣传为主的同时，新闻媒体要激浊扬清、针砭时弊，在舆论斗争中做到敢战能胜，这是习近平总书记关于媒体融合发展重要论述的内在要求。做好正面宣传，即要加大对党的创新理论、社会主义核心价值观等的宣传阐释厚度与创新表达力度，在正能量传播、主旋律传播方面下功夫，开创具有强大说服力、感召力、凝聚力和引领力的主流舆论传播新局，推动新闻舆论在引领社会思潮、凝聚社会共识方面发挥更大作用。开展舆论斗争，要求新闻媒体守土有责、守土尽责，对国内国际舆论场中错误观点、不良思潮坚决予以批驳反击，要时刻保持斗争精神，增强斗争本领，做到有理有据有节，有效防范化解舆论领域、意识形态领域的风险隐患。[1]"坚持正面宣传为主，绝不意味着放弃舆论斗争。"[2] 要掌握舆论引导主动权和主导权、扩大主流价值影响力版图，就好协调和运用好正面宣传和舆论斗争两个抓手，既要注重正面宣传的广度、深度、高度和温度，也要讲究舆论斗争的策略、技术与艺术，充分运用感性宣传与理性引导、专业话语与大众声音、传统表达与现代呈现，在推动媒体融合向纵深发展的同时，进一步强化思想引领和舆论引导。

（三）把握好开放创新与自主可控

根据习近平总书记重要指示，推进媒体融合发展要坚持导向为魂与创新为要并重，在体制机制、政策措施、流程管理、人才技术等方面坚持开放创

---

[1] 颜晓峰.新时代如何防范化解意识形态领域重大风险［J］.思想理论教育，2021（1）：28-34.
[2] 中共中央文献研究室.习近平关于社会主义文化建设论述摘编［M］.北京：中央文献出版社，2017：27.

新，加大融合步伐，同时，要坚持"管得住是硬道理"，要确保围绕媒体融合的开放创新始终置于可管可控框架之内，不可突破底线、触碰红线。2013年8月19日至20日，习近平总书记在全国宣传思想工作会议上指出，"宣传思想工作创新，重点要抓好理念创新、手段创新、基层工作创新"，2015年12月25日，习近平总书记在视察解放军报社时指出，"对新闻媒体来说，内容创新、形式创新、手段创新都重要，但内容创新是根本的"。推动媒体融合发展，离不开全方位、立体化、深层次的创新支撑，要在媒体融合领域深入实施创新驱动发展战略，基于开放创新引领媒体行业转型升级发展，以创新驱动激发媒体广泛的竞争活力，开拓发展思路，建设形成立体多样、融合发展的现代传播体系。鼓励开放创新的同时，亦要着力抓好媒体融合发展的主导权，严格界定创新的价值边界，强化对资本、技术等关键要素的主导和管控能力，在涉国家安全等原则问题上做到旗帜鲜明、立场坚定。推进媒体深度融合发展，要进一步处理好开放创新与自主可控的协同关系，[①]以鼓励创新、包容审慎为原则，为融合创新与价值引领留足安全空间。

（四）统筹好人民导向与人才保障

推动媒体融合发展取得实效，关键在于运用好人这一核心要素，[②]统筹好人民导向与人才保障。习近平总书记在谈及媒体融合时，多次强调要坚持以人民为中心、强化人才保障，从人的视角切入，为加快推进媒体融合发展提供了方法论纲。《关于加快推进媒体深度融合发展的意见》指出，要走好全媒体时代群众路线，坚持以人民为中心的工作导向，……强化媒体与受众的连接。这既是推动媒体融合发展的重要方向和目标任务，也是检

---

① 新华社"人工智能时代媒体变革与发展"课题组．人工智能时代媒体变革与发展［J］．大数据时代，2020（2）：66-71．
② 刘伯贤．以"人"为本方能行稳致远：对推动媒体融合向纵深发展的一点思考［J］．传媒观察，2020（11）：27-33．

验融合成效的最高标准。建设新型主流媒体、构建全媒体传播体系，要始终坚持贴近群众服务群众，创新党的群众路线，推动内容生产供给侧结构性改革，加快探索建立"新闻＋政务服务商务"运营模式，打造老百姓离不开、放不下、忘不了的综合性信息服务生态。"媒体竞争关键是人才竞争，媒体优势核心是人才优势。"①走好全媒体时代群众路线，离不开全媒体人才队伍支撑，要着力在人才培养、引进、激励等环节加大改革创新力度，提高主流媒体人才吸引力和竞争力，更好激发和释放人才活力，夯实人才根基，为媒体深度融合发展提供智力保障。

（五）兼顾好中国特色与全球视野

全媒体时代，聚焦媒体深度融合，推动构建网上网下一体、内宣外宣联动的全媒体传播格局，既要考虑立足中国媒体融合发展的必要性、迫切性与现实针对性，亦要秉持全球眼光和融通视野，将中国媒体融合置于全球范围内进行考察和审视。②习近平总书记从党的工作全局出发，立足中国国情和媒体融合发展实践，对媒体融合发展做出系列部署，将媒体融合与国家治理体系和治理能力现代化、数字乡村建设、智慧城市建设、共同富裕等国家战略有机结合，指导构建具有中国特色的全媒体传播格局，其中暗含着媒体融合发展应着力于立足中国本土、解决中国问题、弘扬中国精神、阐释中国道路、前瞻中国未来、实现中国梦想。在全球互联互通的当下，媒体融合应深刻认识、理解和适应全球传媒发展态势，加快新兴技术应用，发力智能媒体建设，向打造国际一流新型主流媒体进发。同时，应着力打造融通中外的新概念、新范畴、新表述，借助全球化表达、区域化表达和分众化表达，基于

---

① 中共中央宣传部新闻局.习近平总书记党的新闻舆论工作座谈会重要讲话精神学习辅助材料［M］.北京：学习出版社，2016：7.

② 方兴东，钟祥铭.重估媒体融合：50年数字技术驱动下的媒体融合演进历程与内在价值观［J］.西北师大学报（社会科学版），2022，59（2）：5-19.

讲好中国故事、传播中国价值、贡献中国方案，在国际舆论场寻求一致性、找到公约数、画出同心圆，[①] 不断提升中国国际话语权和传播声量。

第二节　新时代马克思主义新闻观的创新与发展

习近平总书记在纪念马克思诞辰 200 周年大会上的讲话中提出，"马克思主义是不断发展的开放的理论，始终站在时代前沿"，马克思主义之所以能够永葆其美妙之青春，关键就在于其随着实践的变化而发展。作为马克思主义理论宝库的重要组成部分，马克思主义新闻观是马克思主义世界观、人生观、价值观在新闻传播领域中的具体体现，是马克思主义关于人类新闻传播现象和新闻活动规律的总体看法，也是指导我们从事新闻舆论工作的重要保证。党的十八大以来，习近平总书记多次从全局和战略高度论及党的新闻舆论工作，并提出一系列具有开创性意义的新思想、新观点、新论断和新要求，成为我党开展新闻舆论传播工作的重要指南和根本章程，并通过富有挑战性的新闻传播实践的检验，推动马克思主义新闻观在新时代背景下不断丰富和发展。

一、马克思主义新闻观的基本内涵

（一）新闻观的概念与类型

新闻观，顾名思义，是对新闻现象、新闻事物以及新闻活动等的总的观念和看法，其中涉及新闻选择、新闻制作、新闻呈现、新闻价值等一系

---

① 段鹏，张倩. 后疫情时代我国国际传播话语体系建设的价值维度与路径重构[J]. 新闻界，2021（3）：28-36.

列内容。就其本质来说，也可以认为是新闻传播主体从新闻的认识论、价值论和方法论相统一角度所建构的认知与观念体系，是新闻传播工作所应具体参照和遵守的价值观体系。新闻观是价值观在新闻活动中的反映和体现，同时深刻影响和作用于新闻传播主体，进而引导和作用于新闻传播行为。[①]

作为新闻活动的参考准则和思想遵循，新闻观是新闻舆论工作的灵魂所在，其正确与否直接关系到新闻舆论工作的传播效果和社会影响。正确的新闻观能够有效指导和支配新闻舆论工作实践，赢得良好传播效果；错误的新闻观实际上代表的是扭曲的价值观，用其来指导新闻舆论工作势必会扰乱正常的传播秩序，产生巨大负面影响。因此，在一定社会环境下建构并遵循正确的新闻观，对于新闻舆论工作取得良好社会效果，维护经济社会有序发展具有重要意义。

新闻观作为一种认识论、价值论、方法论相统一的特殊观念，对正确性的考察自然也可以从这三个维度进行：首先，从认识论角度来看，如果一种新闻观能够真实反映新闻现象的具体情况，实现了真实客观的反映，那么这种新闻观就是正确合理的，是合乎新闻传播活动规律的；其次，从价值论角度来看，如果一种新闻观能够正确表述新闻对象的实际情况，实现了一定的新闻价值并取得正面的社会传播效果，就可以认为这种新闻观是有价值的，是合乎新闻传播活动目的性的；最后，从方法论角度来看，如果一种新闻观在具体的新闻传播活动中切实可行，能够有效指导新闻实践活动，那么这种新闻观在可行性方面就是正确合理的。可见，新闻观的正确与否是对其认识论、价值论和方法论三个方面的综合考察，以确保其合规律性、合目的性与可行性的统一。

新闻观作为新闻传播主体对新闻现象和新闻活动等的总体看法和观念，作为新闻传播主体自身价值观的体现，自然也受到新闻传播主体价值观的

---

① 黄楚新，郭海威.新传播格局下新闻观的发展与坚守［J］.青年记者，2018（7）：9-11.

影响，呈现出多元化态势。新闻观作为新闻舆论工作的指导性规则，不仅对个体产生影响，也会对新闻传播组织和社会产生重要影响。因此，选择并树立正确的新闻观至关重要。

（二）马克思主义新闻观的本质

马克思主义新闻观是党领导的新闻舆论工作最重要和最根本的指导思想，是我国所有新闻媒体都应该切实遵循和努力践行的基本立场和政治规范，也是引导每一个新闻工作者坚持新闻理想和新闻职业操守的重要准则。因此，深入认知和了解马克思主义新闻观的本质对于指导开展新闻舆论工作意义重大。

对于马克思主义新闻观的概念界定，多位学者从不同视角给予了不同的定义。郑保卫提出，马克思主义新闻观是指马克思主义对新闻现象和新闻传播活动的总的看法。它涉及诸如新闻本源、新闻本质及新闻传播规律等许多根本性问题；[1]陈力丹提出，马克思主义新闻观在本质上是马克思主义经典作家以及后来党的主要领导人关于信息传播、宣传、新闻、文化、传播政策以及党组织内部思想交流的论述；[2]刘建明认为，马克思主义新闻观不仅是马克思、恩格斯等领袖人物说过哪些关于新闻工作的话，而更重要的是指他们尊重事实、忠实反映人民愿望、无情鞭挞专制统治的新闻理想；[3]杨保军认为，马克思主义新闻观是诸多新闻观中的一种（但在我国是唯一主导的新闻观），是以马克思主义的立场、观点、方法对新闻现象或新闻活动形成的根本而系统的看法，是马克思主义新闻认识论、新闻价值论、新闻方法论的统一观念体系。

---

[1] 郑保卫.马克思主义新闻观的发展与创新（上）[J].新闻前哨，2002（1）：5-7.
[2] 陈力丹.马克思主义新闻观教程[M].北京：中国人民大学出版社，2011.
[3] 刘建明.马克思主义新闻观理论基础[M].北京：清华大学出版社，2010：1.

需要强调的是，在我国社会主义新闻传播实践过程中，马克思主义新闻观不断发展、充实、创新与完善，经过漫长而充实的发展历程，马克思主义新闻观正日趋系统化和科学化。

（三）马克思主义新闻观的核心内容

马克思主义新闻观自出现伊始就以宽广的包容度不断吸收各种先进文化成果，并在指导新闻传播实践的过程中充实和发展自身理论体系，进而更好地运用于具体实践，正是在这种不断继承、发展和完善的过程中，马克思主义新闻观理论体系越发成熟。

党的十八大以来，习近平总书记高度重视新闻事业的发展，多次就新闻舆论工作发表重要讲话，并明确要求认真坚守和践行马克思主义新闻观。2016年2月19日，在党的新闻舆论工作座谈会上，习近平总书记提出党的新闻舆论工作的职责和使命，并指出，要承担起这个职责和使命，就必须把政治方向摆在第一位，牢牢坚持党性原则，牢牢坚持马克思主义新闻观，牢牢坚持正确舆论导向，牢牢坚持正面宣传为主。整体来看，当前马克思主义新闻观的核心内容应主要包含以下几方面内容。

坚持党性原则。习近平总书记指出，加强和改善党对新闻舆论工作的领导，是新闻舆论工作顺利健康发展的根本保证。新闻舆论工作是党的工作的有机组成部分，新闻舆论工作的开展与党的工作全局关系密切，事关中国特色社会主义事业发展全局。坚持党对新闻舆论工作的领导，是坚持正确政治方向的必然要求，也是坚持为人民服务的重要保障。

坚持舆论导向原则。在具体开展新闻舆论工作过程中，各个方面、各个环节都要坚持正确舆论导向。习近平总书记强调，团结稳定鼓劲、正面宣传为主，是党的新闻舆论工作必须遵循的基本方针。与此同时，创新改进网上宣传，运用网络传播规律，弘扬主旋律，激发正能量。作为舆论中最具引导力和影响力的新闻媒体，其宣扬的舆论导向往往能产生巨大的强化和放大作用而影响公众判断,因此,坚持正确的舆论导向有助于引导社会舆论健康发展。

坚持实事求是原则。实事求是作为中国共产党的思想路线,是党的新闻舆论工作的基本原则,始终是马克思主义中国化理论成果的精髓和灵魂。实事求是要求一切从实际出发,理论联系实际,坚持实践是检验真理的唯一标准。党的新闻舆论工作必须基于新闻事实,对新闻事实的选择与报道,要建立在对新闻事实准确、全面和辩证认识的基础上,从而得出正确的判断和结论,有效地指导实践活动。

坚持融合创新原则。新媒体环境下,媒体格局、舆论生态、受众对象、传播技术都在发生深刻变化,尤其是互联网在媒体领域掀起一场前所未有的变革,推动传统媒体和新兴媒体融合发展、一体化发展、优势互补,创新新闻舆论工作的理念、手段,是在新形势下有效应对媒体格局变革和舆论生态变化,进而加快构建舆论引导新格局的关键抓手。

(四)坚守马克思主义新闻观的意义

在马克思主义新闻观的指导下,我国社会主义新闻事业在历史发展进程中不断取得新发展新进步,将党的新闻舆论工作不断推向前进。在新时代背景下,我国社会体制机制改革开始进入深水区和攻坚期,社会中的部分矛盾日益凸显,国际形势更加复杂多变,与此同时,新型传播技术在促进新闻舆论工作快速发展的同时,也带来众多负面问题,亟须应对解决。在此形势下,继续坚守并认真践行马克思主义新闻观具有重要现实意义。

其一,有利于保障新闻事业健康发展。马克思主义新闻观作为社会主义新闻事业的指导原则,符合社会主义新闻舆论工作的基本规律,并能够在具体新闻舆论工作中有效指导新闻实践。另外,马克思主义新闻观也是一切社会主义国家媒体都应该遵循的政治规范,这也正符合在当前背景下习近平总书记所强调的"要强化政治意识、政权意识、阵地意识""党的新闻舆论工作是党的一项重要工作，是治国理政、定国安邦的大事，要适应国内外形势发展，从党的工作全局出发把握定位，坚持党的领导，坚持正确政治方向，坚持以人民为中心的工作导向"，以及"党性和人民性从来都是一致的、统一的"等理念，马克思主义新闻观有效突出和强化了党性原则，更有利于我国新闻传播事业的健康发展。

其二，有利于促进新闻人才队伍建设。马克思主义新闻观作为新闻活动实践的具体参照系，为新闻工作者规定了明确的是非准则，对于规范新闻工作者职业行为、引导其坚守新闻理想与职业操守具有现实的可操作性。在当前的时代背景下，社会形势越发复杂多样，一些新闻工作者在具体的新闻实践活动中由于缺乏一定的政治洞察力和鉴别力，经常会犯各种原则性错误，近年来出现的"假新闻""有偿新闻"等就是例证。坚持马克思主义新闻观，用马克思主义新闻观去教育和提升新闻工作者的职业素养，一方面能够加强新闻舆论工作人才的队伍建设，另一方面能够在新闻舆论工作队伍中继续传承和发扬党的新闻工作的优良传统。因此，加强新闻传播人才队伍的马克思主义新闻观教育不仅是为了应对外在复杂多变的社会环境，更是为了提升内在的新闻职业素养，坚定新闻理想和职业操守。

其三，有利于维护主流意识形态安全。新媒体环境下，随着互联网传播技术的普及应用和全球化进程的推进，各种信息间跨时空的传播与交流也越发便捷和频繁。网络的开放性与互动性在扩大和充实言论自由基础的同时，也夹杂着谣言等虚假信息、情绪化表达、各种错误的社会思潮以及境外敌对势力的思想渗透，这些都给我国主流意识形态安全带来了严峻挑战。国内的一些错误社会思潮在网络中交流交锋，往往容易引发舆论纷争，甚至发展为"街头政治"；虚假信息、情绪化表达等在侵蚀新闻真实性的同时，也逐步消解着社会主流价值观；境外敌对势力的意识形态渗透目前也表现得越来越隐蔽化，有沦为"颜色革命"工具的可能，因此，坚持和践行马克思主义新闻观在当前环境下变得尤为重要和紧迫。

在新的传播格局下，面对新闻观的混乱、模糊给新闻舆论工作带来的新问题新挑战，中国特色社会主义新闻事业要取得新发展与新进步，就要深入认识马克思主义新闻观的本质与内涵，坚守并努力践行马克思主义新闻观，将马克思主义新闻观作为党的新闻舆论工作的"定盘星"，引导广大新闻舆论工作者做党的政策主张的传播者、时代风云的记录者、社会进步的推动者、公平正义的守望者，将中国特色社会主义新闻事业不断推向前进。

二、把握新时代马克思主义新闻观的鲜明特征

围绕新时代背景下新闻舆论工作所面临的新环境和新挑战，以习近平同志为核心的党中央高瞻远瞩，做出了适应新传播趋势的顶层设计与战略部署，提出了许多具有前瞻性、指导性和创造性的新思路，促使马克思主义新闻观呈现出鲜明的中国特色和时代特征。[①]

（一）坚持党性与人民性相统一

习近平总书记在2013年8月19日召开的全国宣传思想工作会议上强调，"党性和人民性从来都是一致的、统一的"。坚持党性就是要坚持正确的政治方向，在新闻舆论传播工作中坚定维护和宣传党的理论和路线方针政策，坚持党对新闻舆论工作的绝对领导。坚持人民性就是要以人为本，在开展新闻舆论工作过程中，将服务与引导相结合，切实实现好、维护好、发展好最广大人民的根本利益。新媒体环境下，新闻舆论环境更加复杂，舆论传播主体多元、主题多元、渠道多元，这些都是新闻舆论工作面临的新课题和新挑战，在开展新闻舆论工作时，坚持党性而摒弃人民性就容易陷入重宣传而轻引导的困境，坚持人民性而忽视党性则容易走入错误政治方向的险途。

---

① 黄楚新，郭海威.新时代马克思主义新闻观的创新与发展[J].新闻论坛，2018（4）：14-17.

只有坚持党性和人民性相统一，才能够确保新闻舆论工作在正确的政治方向上服务国家和社会发展大局，满足人民群众的精神文化需求，同时推动社会主义新闻事业的健康发展。

（二）坚持新闻传播规律与正确舆论导向相平衡

新闻传播规律决定着新闻传播效果，它体现的是新闻舆论工作的功能属性，习近平总书记在党的新闻舆论工作座谈会上提出要"尊重新闻传播规律，创新方法手段，切实提高党的新闻舆论传播力、引导力、影响力、公信力"。把握并坚持新闻传播规律是新闻舆论工作的从业之基，是新时代马克思主义新闻观的突出特征，也是适应新传播环境、提升新闻舆论传播效果的重要抓手。习近平总书记用"五个事关"高度概括了新闻舆论工作的重要意义，坚持正确的舆论导向是党的新闻舆论工作的本质要求，也是新闻舆论工作的立身之本。新时代马克思主义新闻观坚持新闻传播规律与舆论导向相平衡，既重视新闻舆论传播的功能属性，又牢记其政治属性，这样才有利于准确把握时、度、效，提升新闻舆论传播的号召力和影响力。

（三）坚持传统媒体与新兴媒体融合发展

在新时代背景下，新兴媒体和新型传播手段层出不穷，为有效应对新闻舆论传播格局和舆论生态变化，有必要也必须推动传统媒体与新兴媒体融合发展，这不仅是马克思主义新闻观与时俱进的重要体现，也是解决新闻舆论工作面临的新问题与新挑战的必然要求。习近平总书记多次强调，要顺应互联网发展大势，推动传统媒体与新兴媒体融合发展，传统媒体与新兴媒体各有特色，要坚持二者优势互补、深度融合、一体发展。马克思主义新闻观始终对新传播技术手段和理念保持强烈的学习欲和创造欲，在融合创新中不断丰富和发展。正如习近平总书记在纪念马克思诞辰200周年大会讲话时提出的，"一部马克思主义发展史就是马克思、恩格斯以及他们的后继者们不断根据时代、实践、认识发展而发展的历史，是不断吸收人类历史上一切优秀思想文化成果丰富自己的历史"。

三、深化新时代马克思主义新闻观的发展成果

面对新的传播形势，马克思主义新闻观积极汲取新技术、新方法、新理念，取得了丰富的发展成果。当前国内和国际新闻舆论局势仍然复杂，众多问题和挑战摆在面前，深化新时代马克思主义新闻观所取得的发展成果，能够为今后的新闻舆论传播工作提供更准确指导，同时也将进一步充实和丰富马克思主义新闻观。

（一）深化体制机制建设

创新体制机制是习近平总书记对新形势下新闻舆论工作提出的一项重要要求，近年来，新闻舆论领域着力推动体制机制改革，从媒体融合、市场参与、业态更新等多角度联合发力，取得了突出成就。传统媒体与新兴媒体的融合不断深入，媒体资源得到有效整合，新闻采编发流程更新优化，市场机制作用得到有效发挥，社会资本的流入为传媒产业带来了新的发展活力，媒体在内容生产、技术开发、服务拓展、经营管理等方面都取得了重大进步。但与此同时，我国媒体领域还存在许多问题和短板，需要继续深化体制机制改革，加快推动传媒体制机制的创新应用，全面拓展媒体融合的深度和广度，以此推动新时代马克思主义新闻观的创新发展，同时又以发展中的马克思主义新闻观推动传媒改革。

（二）深化理论体系建设

马克思主义新闻观作为一个开放的理论体系，是马克思主义经典作家关于新闻传播活动所形成的科学理论和观点体系。它历经社会主义新闻传

播实践的检验，并处于不断发展和丰富之中。[①] 党的十八大以来，习近平总书记多次论述新闻舆论工作，形成了具有丰富理论内涵的习近平新闻思想，是新时代马克思主义新闻观的重要组成部分和最新成果，丰富和拓展了马克思主义新闻观的理论体系。在新传播环境下，新闻舆论传播格局发生颠覆和重构，国内外舆论环境越发复杂。在此情形下，新闻舆论传播领域应坚持以习近平新闻思想为指导，继续深化马克思主义新闻观理论体系建设成果，进一步突出和巩固马克思主义新闻观在我国新闻舆论传播领域中的主导地位，为党的新闻舆论工作提供有力支撑。

（三）深化传播能力建设

当前传播环境下，舆论生态、传播格局等都在时刻发生变化，新闻舆论传播能力的高低决定着新闻舆论工作的影响力、引导力和公信力，习近平总书记多次就提高新闻舆论传播能力进行重要论述，为新闻舆论传播能力和水平提升指明了方向。新闻舆论的传播能力主要涉及人才队伍工作能力和媒体机构传播能力。随着传播技术更加丰富，新闻舆论工作者的传播能力和水平也有了更高标准，要求其对新闻传播规律、新传播理念、传播内容设计等具有较高的专业能力和水平；媒体机构在做好人才队伍建设的同时，也应形成和培养好媒体品牌，构建立体化多层次传播矩阵，提升危机预警及应对能力。加快传播能力建设，有助于增强新时代马克思主义新闻观的先进性和对新闻舆论工作的指导性，提升其对舆论的主导力和管控力。

四、认清新时代马克思主义新闻观的关键任务

马克思主义新闻观是不断丰富、发展的新闻观，面对当今国内外的复

---

① 童兵. 马克思主义新闻观形成的时代条件和在今天的发展 [J]. 当代传播，2014（1）：37-40.

杂舆论形势，新时代马克思主义新闻观应主要从以下四个方面重点发力，抓住机遇，迎接挑战，在严峻的舆论斗争中继续发挥"定盘星"和"压舱石"的作用。

（一）强化舆论阵地建设，优化新闻舆论生态

"五个事关"深刻揭示出党的新闻舆论工作的极端重要性，突出了新闻舆论工作在党的工作全局中的重要地位，也是马克思主义新闻观在新时代背景下的重要完善和补充。[①] 面对复杂变幻的传播格局，要继续做好新闻舆论工作，就必须增强舆论阵地意识，尤其是在新传播格局下，人人都能通过新媒体技术实现自我话语赋权，能够实时参与舆论场，这也使得舆论发展和演化态势越发不可控。要巩固和强化对新闻舆论工作的领导力与影响力，就要求继续以马克思主义新闻观为根本指导和遵循，不断加强新闻舆论阵地建设，壮大主流思想舆论。与此同时，面对非马克思主义要敢于亮剑、积极发声，澄清谬误、明辨是非，从而最大限度地消除舆论空间的噪音杂音，营造清朗的舆论话语空间，让党的主张成为时代最强音，进一步筑牢全体人民团结奋进的思想基础。

（二）推动媒体融合创新，完善媒体结构布局

近年来，媒体融合发展不断向纵深推进，各新闻单位都积极加入融合大军。整体来看，媒体融合成效显著，融合媒体传播布局基本形成，主流思想舆论阵地得到新拓展，借助新型传播技术，融合媒体的新闻生产和传播能力显著提升。然而在此过程中，媒体整体融合程度不深、形融而神不融、固守传统媒体思维模式等问题依旧凸显，加之新传播形态、全球传播格局都处于快速发展变化之中，媒体融合发展正处于深度融合的关键阶

---

① 林如鹏，支庭荣. 习近平新闻思想：当代马克思主义新闻观的重大创新 [J]. 暨南学报（哲学社会科学版），2017，39（7）：1-10，130.

段。在此情形下，顺应全球新闻传播格局变革大势，继续推动传统媒体与新兴媒体深度有效融合，是新时代马克思主义新闻观持续发展、保持鲜活生命力的重要抓手，应深入推进媒体体制机制变革，创新融合思路和路径，优化媒体结构布局，加强新闻舆论媒体矩阵建设，最终形成理论扎实、形态多样、技术一流、内容丰富的媒体融合格局，为舆论领域健康发展保驾护航。

（三）加快人才队伍建设，提升新闻工作水平

新闻工作者要"做党的政策主张的传播者、时代风云的记录者、社会进步的推动者、公平正义的守望者"，这是对新闻工作者所肩负的历史使命和社会责任的高度概括，也是广大新闻工作者最崇高、最真实的奋斗目标。在新时代背景下，应大力加快新闻工作者人才队伍建设，提升其工作能力和水平。一是要坚持正确政治方向，做政治坚定的新闻工作者，将爱党、拥党、护党、兴党落实到新闻舆论工作的各个环节；二是要坚持正确舆论导向，做引领时代的新闻工作者，弘扬主旋律和正能量，引导社会舆论健康向上发展；三是要坚持正确新闻志向，做业务精湛的新闻工作者，提升对新技术、新环境的运用和掌控能力；四是要坚持正确工作取向，做作风优良的新闻工作者，坚持以人民为中心，以服务人民、满足人民群众精神文化需求为追求。

（四）打造现代传播体系，抢占国际传播话语权

习近平总书记多次提出，要建成几家拥有强大实力和传播力、公信力、影响力的新型媒体集团，形成立体多样、融合发展的现代传播体系。随着信息传播技术及应用快速发展升级，传统媒体时代的传播体系架构已经难以适应当前新的传播格局和舆论形势，新闻舆论领域不仅要更新观念和思路，更要构建符合新闻传播规律、适应当前传播格局的新型现代化传播体

系，利用好新媒体技术与平台，形成全方位、立体化、多功能的新闻舆论传播网络，有效掌控国内社会舆论主导权。与此同时，借助一切合适时机开展外宣工作，优化国际传播的战略布局，通过符合现代传播环境和规律的传播手段、理念、话语，积极向国际社会传达好中国声音，构筑好中国形象，时刻牢记马克思主义新闻观是遵循、新闻舆论传播与引导是要义、现代传播体系是手段、掌握舆论话语权与主导权是核心。

五、开辟新时代马克思主义新闻观新境界

新时代马克思主义新闻观面临复杂的传播格局和舆论环境，牢固坚守马克思主义新闻观的核心内容，开辟新的创新路径，从而不断探索传播新课题、应对传播新挑战，是马克思主义新闻观实现持续创新发展的必然选项。

（一）创新新闻舆论传播理念

在传统的传播体系中，马克思主义新闻观更注重宣传效果，因此也被称为宣传主义新闻观，党的新闻工作以宣传党的重大理论成果和路线方针政策为主。党的十八大以来，新闻工作理念不断创新并取得新进展，加之媒体融合步伐加快、程度加深，新型传播形态层出不穷，新时代马克思主义新闻观的功能属性开始向舆论传播和引导转变，这种传播范式转变背后是新闻舆论传播理念的创新和发展。面对复杂的新闻传播形势和舆论场域，作为我国新闻传播领域指导思想和行动指南的马克思主义新闻观，应继续创新传播理念，转变新闻舆论传播思路，从党的工作全局角度出发，积极探索创新符合当下人们信息传播和接收习惯的理念方法，不断提升新时代马克思主义新闻观的有效性、针对性和创造性，提升新闻舆论工作的传播效果。

（二）创新新闻舆论传播方式

互联网信息技术的快速迭代升级在给新闻舆论工作带来便利的同时，也提出了非常紧迫的问题。在传统媒体环境下，要做好新闻舆论工作，关键在于抓好报纸、广播、电视等媒体，新闻舆论阵地牢固可靠。然而，在新媒体环境下，传播形态、主体、内容等越发多元，舆论场域中不可控因素增加，新闻舆论传播工作面临巨大挑战。在新传播形势下，为继续推动马克思主义新闻观创新优化，推动我国新闻事业健康发展，增强在国内和国际舆论场中的主导权，应在新闻舆论传播方式上持续创新，探索新型传播方式在舆论传播领域中的应用形式和场景，提升新闻舆论的传播力和影响力。

（三）创新新闻舆论话语表达

随着时代发展进步，人民群众对精神文化内容的需求也越来越多元，加之话语表达和信息接收习惯发生变化，传统的新闻宣传话语体系难以在当前新媒体环境下产生预期效果。另外，中国的对外传播布局虽已初步形成，但是仍存在文化差异、话语表达方式差异所导致的传播障碍与隔阂。因此，加快创新新闻舆论的话语表达，构建符合现代人们表达与接收习惯的新闻舆论传播话语体系至关重要。在对内传播中，要善用人们喜闻乐见的方式传播新闻内容，弘扬和传播社会正能量，拉近与人民群众的距离，优化新闻舆论传播和引导效果；在对外传播中，要在准确把握所在国人们的话语习惯上下功夫，加快打造一批融通中外的新概念新范畴新表述，搭建好中外沟通的桥梁纽带，传播好中国声音。

（四）创新新闻舆论引导格局

马克思主义新闻观作为党的新闻舆论工作的"指南针"和"定位器"，决定着我国新闻舆论工作的整体走向和发展成就。在新时代背景下，为进一步强化马克思主义新闻观的指导地位，将党的新闻舆论工作继续推向前进，应着力推动构建具有鲜明时代特征的新闻舆论引导格局。通过优化顶层设计，促进新闻事业改革和媒体融合继续深入，加快探索破解当前舆论领域难题的新举措新思路；准确把握当前舆论领域的斗争形势，深入开展线上线下舆论斗争，严防错误思潮攻击渗透主流舆论场；加强舆论领域法治建设，综合运用内容和技术管控手段，确保马克思主义新闻观的主导地位；加强媒介素养教育，提升新闻舆论工作者和广大人民群众的媒介使用水平，夯实主流价值观基础。

在新时代背景下，马克思主义新闻观取得了重大理论进展，理论体系不断充实和完善。认清当前新闻舆论传播格局的新形势新变化，是我们对新闻事业进行改革创新的重要动力。明晰当前马克思主义新闻观所要完成的重要任务，不断开创具有时代特质和发展气息的新路径，是新时代马克思主义新闻观保持鲜活性的关键法宝，也是新闻舆论工作健康有序发展的有效保障。

第三节　可及性：一个观察媒体融合的理论视角

2023年是媒体融合作为国家战略整体推进的第十年。从2014年8月18日中央全面深化改革领导小组审议通过《关于推动传统媒体和新兴媒体融合发展的指导意见》，到2023年"两会"，"扎实推进媒体深度融合"首次被写入政府工作报告，十年间，以建设全媒体传播体系为路径，以传统媒体与新兴媒体优势互补、一体发展为方法，以塑造主流舆论新格局为目标，媒体融合进程不断推进，融合实践持续深化，融合形态迭代升级。

媒体融合始于传统主流媒体传播渠道的中断与失灵。当传统传播渠道不再适应互联网、移动互联网传播语境，并日渐式微，基于对媒体既有渠道、内容、资源等要素的重新整合来实现主流价值传播力影响力的可持续发展与提升，即被提上日程并付诸实践。然而简单因循过去的传播规律、话语体系、产业逻辑，对媒体进行数字包装、技术武装，难免落入融而不通、传而不达的窠臼。围绕"四全媒体"的目标模式，媒体融合如何高质量推进尚在探索中，也缺乏比较清晰的路径描述。要推动媒体融合实现从多渠道构建的初步融合，跃升至要素融通、资源适配的深度融合，就需要尝试解决传播范围的广与窄、抵达效率的快与慢、内容接受的深与浅、技术运用的优与劣、价值影响的远与近等问题。归根结底，媒体融合发展的最终目标应落子于主流媒体的传播力、引导力、影响力、公信力提升上，基于此，研究尝试引入可及性（Accessibility）理论，以期为媒体融合发展、全媒体传播体系建构、主流舆论新格局塑造提供新的考察维度和评价体系。

一、可及性理论：一个聚焦公共服务成效的分析框架

可及性作为学术概念，最初被用于指涉公民个体对于医疗卫生服务的可获得性，以及服务获得的公平性，其内涵聚焦和着眼于针对服务的使用行为。[1]之后，在学界对可及性概念的探讨与争鸣中，服务使用与服务供给作为可及性的两个关键要素被共同提及，并将对可及性的理解逐渐落脚于服务供给与服务需求的适配度上[2]，拓展和延伸了可及性的概念内涵，"可及性"因此成为公共服务领域中的重要理论概念。从词源意义来看，可及性具有可获得性、可抵达性、可理解性等意义，主要强调服务供给的易得性、便利性，以及与服务需求之间的适配性。[3]综观可及性理论的学术探讨，主要聚焦在两个层面。

---

[1] ANDERSON R. Behavioral model of families [M]. Chicago: University of Chicago Press, 1968: 125.

[2] PENCHANSKY R, THOMAS J W. The concept of access definition and relationship to consumer satisfaction [J]. Medical care, 1981, 19 (2): 127-140.

[3] 王晓红，郭海威. 可及性：一个观察媒体融合的理论视角 [J]. 新闻与写作，2023（11）: 24-33.

一是聚焦可及性关涉要素，即各类公共服务在可及性目标实现及可及性水平提升过程中所涉及的影响因素。阿代和安德森在医疗卫生服务使用的研究中，将环境、年龄、收入、卫生行为、医疗保险状况、健康信念等纳入卫生服务使用行为模型，并探讨了各因素对卫生服务使用的具体影响；[1] 而在埃德·沃德和柏林看来，地理距离、文化习俗、心理状况、宗教信仰、语言习惯等也都关涉医疗卫生服务的可及性程度；[2] 多斯塞勒考察了个体健康情况及收入对其医疗卫生服务可及性的感知影响；[3] 汉森从主体因素着手，考察了个体、家庭、医疗卫生服务机构以及政府政策等要素对卫生服务可及性的影响机制。[4] 随着可及性概念被引入我国，其也日益成为衡量和评价我国公共卫生领域服务水平效率与效能的重要标准。[5] 学者们系统研讨了区域经济水平、个体年龄、经济收入、学历、医保水平、自身观念等对医疗卫生服务可及性的影响。刘秋艳将相关影响因素归纳为经济、物质、地理、服务、文化及行政等六类，并具体阐释相关因素对可及性达成与否及实现程度的影响机制。[6]

---

[1] ADAY L A, ANDERSEN R. A framework for the study of access to medical care [J]. Health services research, 1974, 9（3）：208-220.

[2] ED WARDS W, BERLIN M. Questionnaires and data collection methods for the household survey and the survey of American Indians and Alaska Natives [M]. Washington：Department of Health and Human Services, Public Health Service, National Center for Health Services Research and Health Care Technology Assessment, 1989.

[3] VAN DOORSLAER E, WAGSTAFF A, BLEICHRODT H, et al. Income-related inequalities in health：some internatonal comparisons [J]. Journal of health economics, 1997, 16（1）：93-112.

[4] HANSON K, RANSON M K, OLIVEIRACRUZ V, et al. Expanding access to priority health interventions：a framework for understanding the constraints to scaling-up [J]. Journal of international development, 2003, 15（1）：1-14.

[5] 冯献，李瑾，崔凯. 移动互联视域下乡村公共文化服务可及性框架与评价：以10个数字乡村试点县为例 [J]. 图书馆, 2022（10）：84-90.

[6] 刘秋艳. 新型农村合作医疗对卫生服务可及性影响研究：福建省五个县新农合实施现状分析 [D]. 福州：福建医科大学, 2009.

卡特里娜·托马斯夫斯基关注探究了教育领域中的教育可及性，指出区域经济发展水平、教育水平、对教育重视程度、性别、语言习惯、教育费用等均为教育可及性的重要影响因素。[1] 在此基础上，文化设施、文化需求、文化内容、文化形式等要素，均受到学者关注，并被纳入有关公共文化服务可及性的研究体系。围绕可及性关涉要素的相关研究，为公共服务可及性的实现及评价提供了较为系统性的指标体系，在延展可及性概念内涵的同时，使可及性理论在衡量公共服务水平和促进服务水平提升方面越发占据重要地位。

二是聚焦可及性评价维度。该研究领域着重探讨可及性的分析框架与评价维度，可以将其视为对可及性关涉要素的归类分析，相关研究旨在从系统论视角阐释和评价公共服务供给与需求的适配度，亦即公共服务可及性的实现程度。潘昌斯基和托马斯从可得性、可及性、便利性、可负担性与可接受性等五个维度探讨了医疗卫生服务供需之间的匹配程度，并提出服务供给需坚持需求满足导向，以切实提升医疗卫生服务水平。[2] 卡特里娜·托马斯夫斯基提出了教育资源及服务可及性评价的 4A 框架，认为教育可及性应从可获得性、可接近性、可接受性和可适应性等四个维度进行综合考量。[3] 彼得斯等人认为可及性包括地理可及性、可得性、经济可及性和可接受性，并从可及性关涉要素的外生性与内生性两个维度建构了可及性的测量与评价框架，着重提出和强调了质量可及性对于医疗卫生服务可及性水平的重要作用。[4] 马丁则从经济、社会、文化、组织等四个维度建构

---

[1] TOMAŠEVSKI K. Preliminary report of the special rapporteur on the right to education [R]. UN, 1999.

[2] PENCHANSKY R, THOMAS J W. The concept of access definition and relationship to consumer satisfaction [J]. Medical care, 1981, 19 (2): 127-140.

[3] TOMAŠEVSKI K. Manual on rights-based Education: global human rights requirements made simple [A]. Unesco Bangkok Asia & Pacific Regional Bureau for Education, 2004: 7-9.

[4] PETERS D H, GARG A, BLOOM G, et al. Poverty and access to health care in developing countries [J]. Ann N Y Acad Sci, 2010, 1136 (1): 161-171.

了医疗卫生服务的可及性测量框架,同时指出医疗卫生服务可及性实现与否及程度的关键要素在于个体的经济能力。[①] 黄亚新等人在探讨中国农村医疗卫生服务可及性时,提出从可获得性、可接近性、可适应性、可承受性等方面考察和评价医疗卫生服务供需两方的适配度。[②] 冯献等人在讨论中国乡村公共文化服务可及性评价体系时,提出从可达性、可接受性、可获得性、可适应性、可利用性等五个维度进行考察评价。[③] 对于可及性评价维度的构成,学者们虽有不同提法,涉及资源可及、时空可及、渠道可及、思想可及等,但本质上仍是于供需适配理论视野下探讨服务供给与公众需求的适配度。可及性评价维度相关研究持续完善和补充了公共服务可及性理论体系,于不同视角和层次解剖了公共服务可及性的关键点与着力点,但需意识到,可及性各具体维度及分支并非独立或割裂的概念,而是相互嵌入、彼此支撑、协同共构的概念体系,共同作用和促成公共服务可及性,由此也为可及性的相关研究带来了关联性、互构性的思路提示。

梳理来看,可及性提升的实施与实现是一项系统性工程,关乎理论与实践、内在与外在、局部与整体、时间与空间等,相关研究既是对公共服务体系建设的学术思考,亦为增强公共服务均衡性和可及性提供了多元化的路径参考。

党的二十大报告提出:"健全基本公共服务体系,提高公共服务水平,增强均衡性和可及性。"聚焦党的宣传思想文化领域,中国媒体融合进程及其武装全党、教育人民的价值导向正是在此目标框架之内,旨在基于媒体深度融合发展,进一步推动主流价值传播及主流舆论引导提质增效扩容,

---

① MARTIN G. Modernizing concepts of access and equity health economics [J]. Policy and law, 2009, 4(2): 223-230.
② 黄亚新,王长青. 从失配到适配:农村医疗卫生服务可及性的逻辑转换 [J]. 学海, 2022(5): 90-97.
③ 冯献,李瑾,崔凯. 移动互联视域下乡村公共文化服务可及性框架与评价:以10个数字乡村试点县为例 [J]. 图书馆, 2022(10): 84-90.

具体而言，即在渠道可及、技术可及、内容可及、资源可及的基础上实现价值可及。以可及性理论作为观察和分析框架，来系统考察中国媒体融合生态，或将为媒体深度融合发展带来新的思路启发。将媒体融合议题置于可及性理论视野之下，可以发现，近年来中国媒体融合发展进程及所取得成效，无疑映射和体现着媒体领域不断向高质量"可及"推进的发展指向，中国媒体融合生态建构亦是公共服务可及性提升的生动例证和现实表征。

其一，着力优化渠道建设，提升媒体服务可接入性。媒体传播渠道及矩阵的建构完善有益于延展传播效果及其业务声望，从传统媒体时代的联播网络，到媒体转型策略中的新媒体渠道多项分发，矩阵思维带来的观念革新清晰可见。在媒体融合进程中，主流媒体基于自有渠道建设及其与数字平台的矩阵联合，探索深度连接媒体生产者与内容消费者的路径，以期实现主流价值创新生产与广泛的渠道可及，有效提升媒体服务的多渠道可接入。[①]

其二，强化技术支撑嵌入，提升多元场景可触达性。面对用户内容消费行为不断变化，虚拟关联现实、用户关联场景的需求驱动媒体融合从"多端整合"转向"多端互嵌"，以新技术应用为支撑、以优质内容等服务为核心，扩展媒体服务在时空形态上的分布，实现"内容—端口—场景"的可及性，并着力于更大的数字文化生态形成对话互动，致力于提升媒体服务在多元场景的可触达性。如腾讯视频号依托其技术可供性实现大屏—小屏的内容互嵌，不仅在大型文艺内容传播上获得成功，而且联通国家各级文艺院团、各级电视频道实现了大屏—小屏直播、联播的尝试，为实现影视内容跨屏互嵌提供了路径参考。

其三，打造优质内容生态，提升主流价值可理解性。在媒体融合进程

[①] 郭海威，王晓红.全媒体传播体系下地市级媒体融合发展研究[J].中国广播电视学刊，2023（8）：86-91.

中，日渐完善的矩阵布局和跨场景传播对内容生产形成逆向激励，不仅调动个性化创意涌现，而且开掘了媒体创意资源研发的潜质，使各类内容生产者逐渐形成共创、共融关系，打造形成休戚与共的优质内容生态圈层，提升优质内容与主流价值的可接受性、可理解性，使主流价值更加深入人心。

其四，推动资源统筹整合，提升服务资源可利用性。新型主流媒体及各类数字平台不断尝试基于自身内容、技术、用户、场景等资源优势，挖掘和转换媒体综合服务的增量价值，同时探索连接跨领域、跨层级、跨区域、跨圈层的社交圈，以不断实现服务资源的多向互动、全域可及，进而提升各类服务资源的可挖掘、可利用性。

可见，媒体在渠道、技术、内容及资源方面的建设优化，既是媒体融合整体进程的生动写照，也是可及性理论在媒体领域的具体映射，表征和延伸了高质量信息服务"可及性"建设与提升的理论内涵。

二、可及之困：媒体深度融合发展所面临的现实问题

聚焦全媒体传播体系建设，媒体深度融合需要解决的问题是实现任何人在任何时间、任何地点与其他任何人做任何事的实践场景的搭建，这一过程不是对资讯内容的简单连接、分享或整合，而是对资讯内容以外的全域化传播要素进行连接融合，因此较媒体融合初期阶段的任务更为困难和复杂。媒体深度融合旨在进一步发挥和强化媒体对经济社会发展的连接、支撑与激活作用，从而实现渠道、技术、内容、资源的全域可及，不断延展媒体综合服务供给和服务消费边界，并于媒介演进视角对社会全领域、全行业进行整合重构，推动人类社会进入深度媒介化时代。但着眼于媒体融合发展现实图景，当前媒体深度融合仍在融合思维、方法、路径等方面面临诸多困局，离实现媒体可及性目标还有较大距离。

（一）跟风布局渠道网络，造成对既有传播能力的消解与稀释

媒体的传统传播虽然具有较为固定和系统的渠道网络，但信息形式与呈现形态较为单一，所调动的人体感官受到一定限制。在媒体深度融合过程中，受到全媒体技术赋能，传播渠道网络得到进一步延展，互联网、移动互联网的快速发展为传播渠道的网络体系建设提供了有力支撑，人工智能、大数据、云计算、虚拟现实等技术也不断延展传播的时空边界，为用户带来全新的内容消费体验，媒体内容生产与传播呈现出多维化趋势，从同屏、跨屏到融屏，立体丰富的渠道网络持续激发并延伸更广泛的人体感官体验，助力提升媒体传播力与影响力。随着元宇宙在媒体融合进程中的应用日渐深入，数字身份的立体建构助力媒体打破信息交流的次元壁，在虚拟与现实交织、具身与离身同频的新传播情境中，用户对媒体信息的感知、交互与认同将得到进一步强化，进而也将驱动媒体的价值传递从扁平走向立体、从宏大叙事走向轻量传播，在潜移默化中完成对自身传播能力的建构与提升。然而置身于当前中国媒体融合实践可以发现，在渠道载体越发丰富的情境下，跟风建设大而全的渠道网络成为一些媒体在融合过程中的通病，"胡子眉毛一把抓"的渠道布局并非必然促进传播效能提升，反而容易因为"广撒网"而造成媒体传播资源的分散化，分解和稀释媒体既有传播力、引导力、影响力、公信力。

在媒体深度融合过程中，基于传播渠道网的健全完善，媒体内容生产与传播方式不断发生变革重塑，在一定程度上促成了媒体内容的全程化分发、全场景触达，但受特定渠道的形式刻板性、推荐算法的封闭性等因素影响，媒体即使在广域渠道网情境下，仍然面临着传播模式固态化、传播范围圈层化等问题，进而深陷窄化传播困境而难以脱身，媒体本身亦成为渠道囚徒、算法困兽。[①] 当无序扩张的渠道网络成为媒体融合发展的累赘和

---

① 丁瑜.算法赋能下主流价值传播的困境与对策[J].传媒，2023（6）：81-82.

无效附庸，媒体信息传播或将面临区隔化、低效化甚至极端化等问题，既对媒体自身精力及能力造成分散消解，又将因其庞杂多样的渠道体系而给用户带来选择困难，使得本就稀缺匮乏的注意力资源因媒体自身渠道多样性的竞争而被进一步分解，由此将使得媒体内容尤其是主流价值传播面临被稀释或浅化传播的风险，造成媒体融合传播效能不升反降。另外，需要意识到，不同渠道、平台的特质不同，具体至不同平台可及性的着力点与目标亦存在差异，如腾讯视频号基于微信平台，依托微信生态拥有了"强关系"基础上的"强社交"属性，其在参与和支撑媒体融合过程中，即尝试采取与其他视频平台不同的差异化策略，充分利用熟人社交分享及算法推荐两重内容分发机制，着力打造良性内容生态，推动主流媒体优质内容的传播与可及。[①] 从当前部分媒体的融合实践来看，对于渠道或平台特质理解不透，容易导致内容传播或服务供给难以适应所搭载平台属性，造成生硬嵌入、低效传播，致使传播渠道难以充分发挥效用。

（二）过度强调创新应用，导致工具理性价值理性主导权失衡

技术应用的迭代与创新打破了传播要素间原有的格局关系，是推动并实现媒体深度融合、主流价值高效传播、主流舆论新格局构建的强大内生动力。[②] 如面向媒体智能化转型，基于对用户行为数据的深度挖掘与关联分析，人们不断接收到来自其他兴趣圈层或群体的内容，进而营造出更加丰富多彩的离身体验。借助技术创新应用，新传播格局基于用户更为多元的内容景观，赋予其差异化和多样性的参照样本，不同内容消费圈层之间的界限日趋消融和模糊，在相互融合渗透中突破边界限制，既开拓了用户视

---

① 彭兰.视频号的激活与突破：强社交平台的视频化之路［J］.新闻与写作，2023（3）：63-72.
② 宋建武，李蕾，王佳航.媒体深度融合背景下专业内容生产的创新趋向：基于2018—2021年中国新闻奖媒体融合类获奖作品的分析［J］.新闻与写作，2021（12）：85-91.

野,也有助于在增加人际、群际传播交互过程中消除和化解社会负面情绪与冲突。但立足全媒体传播体系建设的总体目标之下,一些媒体在推进融合发展进程中,容易出现技术主导的方向偏差,过度注重或强调引入新技术,弱化主流价值内容生产与传播主体的人的重要性,加之受到自身创意人才短缺、技术基础薄弱、技术维护成本高昂等因素影响,难以充分挖掘和释放新技术应用对融合发展的支撑潜力,造成对新技术引而不用、用而不精的局面。从当下各级媒体融合实践来看,制订技术发展规划、扩充创新应用范围、追逐布局技术前沿已经成为常规动作,其中也不乏例行完成融合任务、面子工程等问题,摆出花架子而缺乏真本领,进而与技术创新支撑深度融合、拉近与用户距离的初衷相背离。

面向高质量发展,随着媒体融合发展趋向深入,提质增效扩容日益成为媒体深度融合的关键词和重要发展目标,由此也在一定程度上导致唯技术论的技术乐观主义等倾向在媒体融合领域日渐凸显,人与技术在媒体融合发展以及主流价值传播过程中的权力分配出现失衡现象。用户隐私数据泄露、算法黑箱、大数据杀熟、流量导向等都是过度推崇技术应用、放大工具理性所带来的负面问题,工具理性与价值理性的权重配置失衡或将使媒体舆论引导、思想引领、文化传统、服务人民等功能趋弱甚至消失,重形式而弱本质之风盛行,不但会使媒体融合陷入本末倒置的窘境,亦将使媒体与其可及性目标渐行渐远,并不断面临新的技术焦虑。着眼于当前媒体融合实践可以发现,主流媒体在与商业平台的竞争中难以取胜,一方面在于自身技术力量的不足,未能实现技术应用常态化,技术未能很好服务于内容,另一方面则在于对技术支撑存在理解偏差,将融合发展所面临的障碍归因于技术配置。因此,媒体融合的技术可及不仅要关注采用了多少技术,也要关注对技术的理解程度、利用效率。聚焦媒体深度融合及媒体可及性的目标达成,以技术创新应用为抓手和切入点,引进并用好新技术,需要把握好其参与和支撑媒体融合发展的"度"与"效",统筹好技术创新应用的成本、针对性与效率，立足当下媒体发展及主流价值传播所面临的现实需求，使新技术应用成为撬动媒体转型和实现高质量发展的重要杠杆。

（三）媒体本位倾向难除，内容供给与需求仍面临适配性障碍

在全媒体传播视野下，表层感官体验与深层观念变化共同作用促成个体认知强化或转变，进而满足个性化、差异化的内容消费需求。如以短视频、直播等为代表的视听内容整体呈现出鲜活性、写实性与轻量化特征，同时基于对人与物、虚与实、动与静等重要视听要素的有机配置，为用户内容消费营造出自主开放的媒介环境，同时为用户对信息内容的内涵理解和态度转变奠定基础。[①] 从内容供给视角来看，媒体深度融合应致力于化解传统媒体时代信息传播的宏大叙事、概念抽象、刻板表达等问题，将置身于高语境的主流价值"降维"至低语境的交流情境中，以场景化、生动化表达满足不同个体、群体的信息接收、内容消费等需求，以软传播传递好主流价值，扩大主流价值影响力版图。然而立足新传播格局，在践行实施深度融合发展战略过程中，媒体本位倾向依旧凸显。如虽然媒体始终强调对大数据的开发运用，但从现实情况来看，来自媒体方的内容供给对于用户内容需求的感知发掘仍显不足，尤其针对不同用户的内容消费偏好仍处于浅层挖掘与预测层面，进而导致内容供给与内容需求之间长期存在适配性障碍，优质内容难以精准"可及"用户，用户需求难以有效反馈媒体，媒体的"自说自话""无差别传播""饱和式输出"现象仍然存在，制约媒体内容可及性目标的达成与实现。

在媒体深度融合背景下，要实现内容供给与内容需求的适配，需要媒体在传播过程中统筹整合内容文本、内容形式、内容场景、地理位置、用户兴趣、用户讨论等各类信息要素，突破时空维度，形成线上与线下互嵌、

---

① 李学孟，胡明月.移动短视频新闻的情感转向：以抖音号"央视新闻"为例[J].中国广播电视学刊，2022（6）：121-124.

媒体与用户互动的融合传播格局。2023年1月1日，央视新闻联合微信视频号共同发起"全球日出·追光2023"项目，通过长达十四个半小时的直播呈现全球50多个城市地标的新年日出，带来空中、海上等多个独特视角下的日出景象，用户在欣赏日出的同时，可以与直播主持人或视频号创作者即时互动，微信朋友圈和直播公屏上的"共同守望"衍生出媒体跨领域、跨维度、跨形态的合作新模式。当前来看，媒体融合存在深度不足、效果不佳等问题的原因之一就是媒体将用户视为原子化的、无差别的、均衡的信息接收者，忽视了在公域与私域叠加作用下用户需求的差异化、多样性。另外，部分媒体在内容打造上尝试覆盖整合不同传播形态，如长视频、短视频、直播"一把抓"等，意图收尽形态红利，但却容易造成多而不专，难以形成持久的核心竞争力，优质内容昙花一现、转瞬即逝，难以对用户产生可持续的吸引力。

（四）角色转向定位模糊，难以实现资源盘活及潜在价值挖掘

面向全媒体传播体系建设，媒体在融合发展过程中，应着力实现自身角色转向，即由新闻宣传者、舆论引导者的角色，向新传播格局构建及健康发展的参与者、协调者、运维者和平衡者的角色转变，并于国家治理体系和治理能力现代化视野下开展媒体深度融合实践。[①] 从深层次来看，依托新技术、新形态、新业态，媒体深度融合应锚定促成技术资源、渠道资源、内容资源、服务资源、用户资源等全域资源的系统整合与均衡配置，同时结合新形势下主流舆论格局构建、主流价值传播与引领需求，逐渐推进对全媒体传播体系建设所需要素的统筹规划、按需增减、协同配置，进而适配塑造主流舆论新格局、扩大主流价值影响力版图等国家战略部署，有效保障用户、内容、服务与场景的适配性，进而充分盘活各类资源要素，于

---

① 栾轶玫.重大主题报道：媒介化治理的传播实践[J].编辑之友，2022（3）：5-11.

协同共构视野下促进价值释放与创新涌现。但从各层级、各区域媒体融合实践来看，部分媒体在融合转型过程中对自身发展定位模糊，对融合方向摇摆不定，对融合重点把握不准，由此导致对资源要素的集合度、盘活度、利用度不高，进而导致围绕特定议题的内容共创、价值衍生表现乏力，如对用户生产内容的重视不足、发掘不深，导致媒体生产内容与用户生产内容未能实现有效连接和交互，个性内容的价值潜力难以激发释放。

在媒体深度融合进程中，其资源可及性目标的实现与促成，在于通过整合渠道、内容、创意、服务、主体等资源要素，使媒体与政府、用户等形成有效的互构关系，继而围绕特定议题、基于资源统筹，促成解决方案、接续传播与价值共创。对于角色转向的定位模糊与把握不准，在一定程度上造成媒体在融合转型过程中仍拘泥于舆论引导的单一目标框架，难以实现对新发展格局、数字中国、乡村振兴、社会治理等国家战略的有机融入和深度参与，进而导致在对经济社会发展热点议题的感知上存在一定滞后性，亦未能基于个体、群体或社会发展需求而进行相关资源的整合利用，媒体作为国家治理体系和治理能力现代化重要推动者、实施者的身份难以充分彰显。与此同时，在融合传播趋势下，来自机制层面的发展壁垒亦对媒体的资源可及性目标形成阻碍，如在数据挖掘与使用方面，不同主流媒体、政务服务平台等公共服务主体间的数据库没有打通，数据壁垒、信息孤岛广泛存在，数据库的区隔化导致媒体对相关数据资源的深层价值难以进行挖掘利用，针对特定议题难以从全局层面进行整体把握和解决思路拓新，数据要素的潜在价值难以发挥。

三、共创可及：推进媒体深度融合发展的可行性思路

基于新的社交生态、内容生态和技术生态，媒体融合不断向纵深推进。面向未来，全媒体传播体系下的生态场景将进一步强化渠道、技术、内容

和资源的可及性，聚焦媒体深度融合，并应着重从以下维度发力，以融合传播塑造主流舆论新格局、助力构建新发展格局、推进高质量发展，全面强化和提升媒体综合服务可及性。

（一）强化资源协同配置，夯实融合传播可接近性

立足新发展阶段，以新媒体矩阵为重要载体和工具，强化理念创新引领，加快推进资源协同配置，找寻促进媒体深度融合发展的内在机理与实现路径，对于构建融合传播新局面，具有重要意义。

一是着力扩大主流价值传播的广度与深度。传统渠道的贯通、终端平台的融通是推动主流价值占领传播制高点的重要着力点和切入点，在推进媒体深度融合发展过程中，各类新媒体传播能够有效扩大信息传播的地域覆盖、人群覆盖与内容覆盖，助力实现主流价值的内容可及。[1] 依托新的渠道矩阵，媒体的融合传播应始终坚持将内容真实性、安全性置于首位，将主流价值的可及性建立在内容的可信赖基础之上。要将各类新型数字平台嵌入媒体深度融合进程中，基于平台易得性、易用性等特征加持，使主流舆论得以在网络公共空间以及私人聊天对话框、朋友圈等私人社交渠道以图文、视频、直播等多种形态广泛传播，进一步夯实主流价值融合传播的渠道基础，使主流价值更加深刻地融入人们的日常生活。新型主流媒体应在充分集聚传播渠道、资本、技术、人才等要素的基础上，强化资源要素的高效协同，形成融合发展合力，助力扩大主流价值影响力版图，从而更好连接民心、凝聚共识。

二是着力创新主流价值的叙事模式。在新传播格局下，随着多元主体介入和参与主流价值融合传播，媒体内容叙事应准确把握并适应场景化、深交互、跨媒介的发展趋向，加快向舆论场供给输出更具传播力、引导力

---

[1] 王晓红，倪天昌.论媒体深度融合背景下主流价值传播的守正与创新［J］.电视研究，2021（12）：10-13.

和影响力的内容产品,为用户带来个性化、对象化的可及性体验,提升用户内容消费的在场感、参与感、沉浸感,进一步缩短媒介场景与用户的真实距离。媒体要不断强化信息传播的双向交互特性,促进媒体融合传播的泛在性与可参与性,基于对用户消费、交互等行为数据的挖掘分析,更好地理解、把握和适应内容消费新偏好,同时深度发掘用户反馈,创新主流价值的叙事表达,提升主流价值传播与引领效能,助力增加价值可及。

(二)紧跟技术创新趋势,提升内容产品可接受性

当前,与 5G 技术相伴的新媒介技术日益成熟,人工智能、大数据、云计算、区块链、物联网、AR、VR、MR、可穿戴设备等技术也为媒体深度融合发展带来新的动力与机遇。[1] 推进媒体深度融合,应紧盯技术创新发展趋势,探索厘清和强化新技术应用对内容生产、传播与消费的新型赋能机制,进一步创新拓展各类传播场景,提升媒体内容产品可接受性。

一方面,需加快探索实现内容产品智能化定制。媒体基于传播矩阵的数据积累与技术体系支撑,着力对接内容生产与用户需求,及时准确抓取用户关注的热点、焦点议题,建立个性化标签,以更好地把握和匹配用户需求,有效筛选和配置内容创作与传播要素。另一方面,需着力探索创新内容形态,提升生产效率。聚焦深度融合,媒体应着力利用自有或他者技术体系支撑,积极开展智能创作、剪辑、编排、修复等工作,从而加速内容输出,强化优质内容供给。面向可视化水平提升,以新媒体平台为支点,推动用户内容消费模式向虚实结合转变,充分用好虚拟数字人等新兴传播形态,不断强化媒体内容输出过程中的技术要素含量,契合新传播生态中的内容消费新偏好。

另外,需加快探索开展跨行业深层次合作。围绕个体应用,新型主流

---

[1] 龙小农,陈林茜.媒体融合的本质与驱动范式的选择[J].现代出版,2021(4):39-47.

媒体在融合发展进程中应进一步发挥自身比较优势，同时充分利用5G、人工智能、大数据等技术，强化跨机构、跨领域、跨媒介的融通合作，在文旅、教育、娱乐、公共服务等方面同其他主体建立协同，探索衍生云旅行、云课堂、云政务等多种新型融合业态；围绕行业发展，要进一步探索与政务服务、教育、医疗等行业展开深层次合作，推动媒体行业与其他行业的跨域融合，不断尝试在智慧政务、智慧教育、智能医疗、车联网、智能家居、环境监测等领域的深度应用。

基于技术创新所衍生的内容产品，既是对用户新型消费需求及行业转型升级的合理回应，亦是推进媒体融合传播可及性的突出表征，以技术创新提升媒体内容产品的可接纳性，有助于深化主流价值认同。

（三）增加优质内容供给，增强主流价值可理解性

建设健康优质的内容生态，需要以高质量内容供给引领用户内容消费偏好，形成积极向上的内容供需良性循环，助力主流价值传播与引领。媒体在深度融合过程中，应进一步深化内容生产供给侧结构性改革，推进优质内容的接地性传播，使主流价值传播简单明了、通俗易懂、清晰可辨。

一方面，借力新媒体平台，推动跨场景的内容消费与内容生产。新媒体平台能够有效承载和创造诸多跨时空的媒体消费场景，媒体在深度融合发展过程中要继续用好这类重要工具、中介和抓手，以直播、短视频等为重要呈现形态，借助平台赋予的全新数字形态，打造跨场景、跨时空的内容生产与消费新模式，形成具有广泛覆盖度和影响力的内容品牌矩阵体系，进一步提升网络空间中的优质内容密度，将主流价值贯穿渗透其中，实现具身体验与离身感知的无缝衔接，让主流价值更好被理解和认同。

另一方面，要发挥好新媒体平台的促交融特质，强化媒体内容生产中的共情要素。聚焦用户的内容消费需求，新型主流媒体在进行内容生产与传播时应基于新媒体平台的社交互动属性，探索实现"品牌化共情"，不断

拉近传播者与用户的距离，在情绪共鸣与共振中实现对主流价值的理解、认同与内化。在价值引领上，新媒体平台的共情与交互特征，能够有效助力社会主义核心价值观的传播与引领，传承好中华优秀传统文化，满足人民群众日益增长的精神文化需求；在用户反馈上，新媒体平台中直播和视频评论区的情绪表达，亦可作为内容优化的重要参考。强化社交分享的新媒体平台为用户带来更为公平和个性的表达机会，用户既可以通过点赞、转发、评论媒体内容表达观点，也可以分享自己制作的内容，以影像记录生活，彰显个性、表达态度。聚焦媒体深度融合，应进一步借力新媒体平台，建成立足社交关系与消费偏好的主流价值传播网络，实现内容供需的新转变，让主流价值内容更清晰、更易懂，提升用户对主流价值的认可度。

（四）深化融合经营探索，增进数字资源的高适配性

以深度融合为发展目标，新型主流媒体应注重以当前较为成熟的内容生态为根基，深入推进垂类传播与垂直消费，进一步激发数字产业生态活力，为构建融合发展新格局提供新机遇，助力数字经济健康可持续发展。

一是打造并利用好垂类传播与消费场景。以新媒体平台为工具，媒体内容的生产与分享打通了人际传播与大众传播，面向公众发布内容的同时立足于人际关系实现精准推送，基于兴趣形成的社群突破朋友圈汇集于内容转赞评区域，形成线下社交属性更强的垂类。大数据、人工智能、物联网等技术与媒体服务的深度融合，不断拓宽媒体内容等数字服务的应用范围和使用场景，在此过程中，技术对于用户需求的洞察与捕捉将助力激发媒体产业发展的内生动力。垂类传播背后的价值增值已然成为数字消费发展升级的新风口。

二是着力推进主流价值传播效能转化及长尾内容的价值变现。基于大数据挖掘与分析的融合传播能够更好地满足和匹配用户个性化消费需求，从而可以更有效地开展商业变现，由此也将进一步促进以往冷门小众的尾

部内容市场展现出更强劲的变现能力，加之协同联动或利用新媒体平台的激励政策、流量扶持，媒体融合经营模式将得到进一步延展，进而不断扩大数字消费的发展空间。围绕媒体与社会融合所实现的商业变现，因技术要素的嵌入而使得变现模式更趋多元丰富，变现边界不断拓展，由此将有效推动全媒体经营体系构建，创新经营模式，构筑媒体产业生态发展新图景，增强数字经济的发展韧性。

（五）立足文化发展高度，增强多元表达的联动性

当前，各类新媒体平台已然成为我国网络信息生态的重要组成部分，也因此承担着主流意识形态培育、主流价值传播的时代重任。在媒体深度融合背景下，新媒体平台应继续发力主流舆论引导，助力文化自信的创新表达，引领掀起参与新时代文化强国建设的新浪潮。

新媒体平台不仅要继续扮演好"内容集散中心"的角色，也要助力做好媒体与政府及社会的沟通连接，与媒体机构、政府部门、社会组织等一道探索技术与内容有机融合的解决方案，建立健全优质内容共创共享机制，更好地履行社会责任。同时，要充分发挥好载体支撑作用，积极响应文化强国建设，不断汇聚和输出优质内容、发出主流声音，为营造积极向上的舆论氛围与社会氛围贡献媒体担当。新媒体平台应继续探索引导用户参与内容生产与传播，鼓励用户差异性、建设性表达，形成人人可参与、人人可连接的开放式叙事新景观，讲好个体美好生活故事，进而从微观层面助力打造可亲、可爱、可敬的中国形象。

基于对用户生成内容的集成，新媒体平台为用户展示自我、记录生活、创新表达提供了一个高包容度的空间。鼓励用户的个性化展示与表达，促进社会交流互动，共同讲好中国式现代化故事，有助于在全社会范围内建立和增强文化自信。用户个体的表达汇成新时代的中华文化，也形成了根植于文化中更基础、更广泛、更深厚的自信，这将是推动社会发展的根本

性、支撑性和持久性的力量。面向媒体深度融合，新媒体平台应进一步发挥技术优势、资本优势、人才优势及其他比较优势，将满足人民群众的精神文化需求作为内容生产与传播的出发点和落脚点，强化跨域协同合作，持续完善对用户自主表达的体系支撑，同时增强精品意识、底线意识、红线意识，推动建构形成健康可持续的融合传播新生态，有力推进中华文化的自信与自强。

在全媒体传播视野下，中国媒体融合发展兼顾主流舆论引导与个体创新表达，注重多元内容汇聚与优质生态打造，聚焦内容汇聚、观点交互、凝聚共识、认同形成的传播场域建构，持续发力渠道可及、技术可及、内容可及与资源可及的发展目标，致力于在动态变化的舆论环境、产业环境、社会环境中保持本色、擦亮底色、凸显特色，为主流价值高效传播与引领、主流舆论新格局构建、数字经济跨越式发展提供有力支撑。

可及性理论关注服务供给与服务需求的适配性，为媒体深度融合发展提供了目标指向与标准参照。围绕媒体可及性的发展目标，技术赋能、要素融通、协同共构等将越发成为媒体融合发展的典型特征，并深入介入全媒体传播体系建设议程，助力主流舆论引导和主流价值传播，构筑"可见""可及"的时代景观。

着眼未来，推进媒体深度融合发展，应进一步强化优质内容的高频次、高质量供给，引导用户培养积极健康的内容消费偏好，以内容供需的良性循环，鼓励用户关注公共议题、参与公共事务、培育公共精神，为文化自信自强奠定坚实基础。同时，应始终将媒体价值可及性总目标置于全媒体传播体系建设、媒体深度融合以及国家治理体系和治理能力现代化建设的框架体系之内，凸显和发挥比较优势、协同优势，为经济社会发展和文明进步贡献传媒方案与智慧。

第二章

全媒体时代中国媒体融合发展的现实图景

第一节　全媒体时代广电媒体融合发展实践与影响

党的十八大以来，我国广电媒体融合发展取得重要进展和显著成效，全媒体传播体系不断完善，主力军全面挺近主战场，中央、省、地市、区县四级广电媒体持续强化优势输出，巩固自有平台建设成果，优化供给侧内容生产流程，形成跨层级、跨领域的良性生态网络，积极释放媒介技术价值，不断优化用户体验，经济模式不断重构迭代。当前，广电媒体深度融合发展进入全面攻坚期，融合发展的时间表、任务书和路线图已然明确。要进一步推动广电媒体融合的创新转型和跃升迭代，有必要系统剖析近年来广电媒体融合发展的实施进路，厘清融合效应及影响。

一、横向平台聚合与纵向传媒体系共构广电发展新格局

近年来，中国广电媒体融合通过横向层面更为广泛、深度的平台聚合，以及纵向层面更加立体、全面的传媒体系建构，有效促成新发展格局。广电新格局的基本成型既是技术创新的必然结果，也是时代发展的硬性要求。无论是产业规模的逐步壮大、产业结构的日趋合理，还是节目内容的不断丰富、制作水准的持续提升，都为广电媒体产业模式的升级，以及新的传播矩阵打造注入了活力。

于横向的平台聚合而言，其主要包括表层传播渠道的聚合，以及对行动主体和信息的汇集。首先，在全媒体时代的互联网传播模式中，各种传播媒介广泛融合，形成大众传播、群体传播、组织传播和人际传播等多种

传播形态相互交织的传播局面，不同传播形态之间相互融合并展开博弈，进而带来各类传播渠道的拓展与融合。在媒体融合国家战略指引下，省市级广电纷纷借力社交媒体平台进行全媒体业务布局，分别于网络 PC 端、手机移动端，以及微博、微信、抖音、快手等社交 App 拓展传播渠道与边界；省、市、县各级广电媒体根据自身特点，以中央媒体开展建设"中央厨房"为范例，全力打造个性化、特色化的全媒体信息处理平台。其次，从主体意义层面来看，新传播格局的形成主要仰赖于全媒体时代主体能动性的解放与提升，因此，在表层传播渠道聚合背后，实际上是相关广电行动主体及其生产内容的汇聚。一方面，在新的去物理化时空内，以往处在传播链条末端的个体受众因技术赋权而获得了信息生产力的解放，在信息的生产与传播中，他们既是信息的接收者，又是信息的生产者和参与者，与相关社会组织、政府机构，抑或智能化的数字主体共同构成了广电媒体融合过程中的行动者主体，而通过开放式的连接模式，各类主体得以形成一种潜在链接；另一方面，通过全媒体信息处理平台对屏幕前用户实施信息精准投放的背后，是新媒体后台通过云计算对于海量信息的汇聚，并根据用户不同的信息诉求，创造并推出更多异质多样的节目内容。① 如此，在传播渠道、传播主体及内容的聚合中，我国广电媒体逐步朝着"一体化"平台的贯通与成型迈进。

于纵向的传媒体系构建而言，全媒体时代，全国范围内县级融媒体中心展开建设并渐次打通，四级广电媒体逐步形成合力，全媒体生态体系与全产业链全盘激活。自 1983 年提出并实行"四级办广播""四级办电视""四级混合覆盖"方针以来，我国广播电视行业依托体制革新形成跨越式发展；之后，随着县级以上行政区逐步建立起自己的电台和电视台，有线广电网络在全国范围内建设推广并逐渐形成覆盖，更多样态且专业化的

---

① 李秋华. 用户核心的媒体融合："自利式用户" + 智能场景匹配［J］. 编辑之友，2023（7）: 60-65.

节目类型出现，中国广电媒体开始全方位崛起并形成腾飞之势；在智能终端和移动互联网普及初期，广电媒体一度遭遇严峻挑战，被迫进入发展瓶颈期；随着中央接连出台《关于推动传统媒体和新兴媒体融合发展的指导意见》《关于加强县级融媒体中心建设的意见》《关于加快推进媒体融合发展的意见》等政策意见，从中央到地方的各级广电主流媒体开始锐意改革，并通过对大数据、云计算等新技术的科学运用，开启了传统媒体新媒体化征程的第一步。而各级媒体在中央统一部署下，明确划分各自职能、准确定位发展方向，上下一体，同步前进。

如今，随着新媒介技术深度嵌入社会生活，广电行业的融合发展不再局限于对新媒介技术的简单引入与应用，而是更加注重在主体性层面的交互与发掘，尤其在人工智能与数字化技术的渗透之下，技术的物质性和具身性受到重视，媒介技术主体与自然人主体互嵌，形成了诸如沉浸人、媒介人、智人等新的传播主体，不仅对现有内容生产模式产生影响，而且重构着整个传媒生态。[①] 在此媒介环境中，四级办广电媒体在加速融合中也不断调整和优化着组织架构，在推进媒介技术变革的同时，将智能化行动主体引入内容生产的全链条中。另外，广电媒体还必须在全球化、现代化，以及媒介化的潮流中充当好主力军，在与新媒介技术的融合过程中，努力提升主流意识形态的传播效力，促进主流价值的回归，从而在主体层面和价值层面建构起一个更为健全、深厚的传媒生态体系。[②]

诚然，广电新格局的建构并不是一帆风顺的，其过程中也出现了诸如平台融合流于浅层相加、优质资源配置不均、县级融媒体建设水平不一、各主体对媒体融合理念与路径存在认知偏差等问题，产生了如新的传播主

---

① 王彬.构建全媒体传播体系打造新型主流媒体[J].当代电视,2023(4):9-14.

② 叶俊.重塑舆论中心：媒体融合在舆论引导中的运用与创新[J].新闻爱好者,2023(6):21-26.

体在意识形态及价值意义上的判断不准确、多元主体参与下的舆论博弈，以及国际广电节目产品对本土广电节目的冲击等媒介素养与伦理层面的新困惑。

二、内部资源整合与外部资本驱动共创广电新赢利

当前，广电媒体产业也进入供给侧结构性改革的攻坚期。各级广电媒体从经营模式出发深化改革，并通过新的供给拉动新的消费，在激发新动力的基础上重新激活相关产业链、形成新业态。[①] 整体来看，这一举措主要通过内外结合来进行，即在着手展开内部资源整合的同时，配合外部资本与市场的驱动，从而在内外联动中颠覆和重构原有经营模式，以实现广电媒体经营新的创新和创收。

不同层级和地区的广电媒体拥有不同类型的内部资源，而内部资源整合的方式决定了其融合路径的选择。从总体上看，传统广电媒体拥有的内部资源包括组织架构资源、内容资源、人才资源等。其中，组织架构资源是基础，内容资源是根本，人才资源是关键。组织架构资源的整合主要是对原有架构进行调整或重组，或提升相关职能。如中央广播电视总台在统筹广告经营、战略咨询、版权运营等功能的基础上，成立了总经理室；湖南卫视成立商业运营中心对所掌握的资源进行整合等。内容资源整合即通过对各自独特内容的集中而形成规模化、专业性的广电媒体平台，并以内容的汇聚打造自我品牌，以内容创新重构关系连接。如湖南卫视在收回版权与停止对外分销的基础上于2014年宣布的"芒果独播"，乘节目热潮之势进行后续的产品化、IP化，以及之后针对新生代网民推出的自制和定制性内容等策略，都是针对新媒体市场化进行的一种路径探索；不同于聚

---

① 曾祥敏. 中国式现代化电视事业的演进路径和三大创新动力[J]. 编辑之友，2023（6）：12-20.

焦小众用户群体，央媒广电的内容整合主要集中于对传统优秀文化的再发掘和再创新，从精神价值与文化意义层面打造电视荧屏景观，在彰显国家民族风貌的同时，引导地方广电媒体在相关内容方面的开掘与创新。人才资源的整合主要是针对近年来广电媒体内部人才流失和短缺状况所做的一系列努力，包括在体制机制的创新基础上吸引更多对新媒体熟悉且熟练应用的人才，优化升级队伍；搭建更为有效的人才管理体系及完善以收入分配为中心的激励机制，以激发和调动广电人才的积极性和创造性；以及加大人才培养的总投入比，以扩充人力资本存量，增加广电媒体的核心竞争力。[1] 整合不是简单的相加与集中，而是使各类资源形成深度勾连、发生有效交融乃至碰撞出具有时代意涵的价值意义，从而为广电媒体的深度融合发展提供强劲内推力。

与此同时，在全球化浪潮的裹挟下，广电媒体经营模式的革新及其产业化无法离开市场与资本的驱动，尤其是5G技术推广运用以来，广电媒体不断释放自身优势，形成了特色化和差异化的发展路径。一是新技术更进一步促进了新消费观念在全社会的弥散，促使广电主体对其经济属性予以重视；二是以广播电视集团化为序幕的体制革新促进了广电主体的思想解放，激发其更加大胆有力的创新融合，融资意识越发强烈；三是自广电网络上市以来，新媒体开放畅通的传播渠道促进资本和机构的重组，从而带来融资结构的合理化发展，吸引了更多投资主体的加盟。基于此，我国在近年来逐渐突破新旧媒体之间形而上的结合，转向更多实际层面的创新与融合，如在明确广电5G市场定位的基础上，积极开拓媒介资本市场，努力均衡媒介资源的交易和配置，并在完善市场结构的基础上扩大广电市场规模，以契合社会投资的高需求。另外，在充分结合市场经济环境的基础上，积极发挥广电媒体的政策优势来拓展市场主体，以展开多元化经营，

---

[1] 杨春光，张羽佳，杨乐.传统电视媒体推进媒体深度融合调研报告：从人力资源与激励的角度[J].中国广播电视学刊，2023（6）：10-12.

完善产业链，有效促进广电媒体产业赢利模式的立体化和成熟化。为了更便捷地展开外部融资，在秉持"全国一网"和"一省一网"建设目标的同时，各级相关部门通过制定更加具体合理的行业标准积极建立和完善广电产业资源评估体系，以便科学客观地评价各类媒介资源的发展价值。

三、短期借力转型与长期蓄力自谋共建广电新蓝图

在全媒体时代，面对互联网企业与新媒体技术的强势冲击，我国传统广电媒体进行了正面迎战与迂回借力的双重传播策略，从而造就了短期内借力转型与长期蓄力自谋的规划图景。近年来，两种策略同步进行，且逐渐形成重合之势，为广电媒体确立了新的发展方向。

鉴于当前爱奇艺、优酷、腾讯等巨头网络视频平台在对产业链的整合过程中不断增加自制内容的产量与密度，对传统广电媒体的发展形成冲击，大多数广电媒体，尤其自身资源较少或发展不景气的地市级广电，更多采取直接向新媒介借力来展开革新的策略。所谓借力，一是指借力新媒体的数字化和智能化技术；二是与其他层级及同级广电媒体，以及广播与电视之间展开互助。技术借力主要是指借鉴和运用新媒体带来的信息化技术手段进行相关产品的制作。数字化技术所具备的即时、便捷、易操作等特点，给信息的生产方式带来了根本性变革，使更多的普通大众被纳入信息的生产流程中，强烈冲击着专业化媒体；而多元主体参与的信息生产模式又导致了信息的过剩和泛滥，使得被动型受众向主动型用户转变。由此，用户成为整个信息链上的节点性存在，影响着相关内容的生产和传播。鉴于此，我国各级广电媒体积极置备先进的数字化采编播设备，全面推广数字化高清电视，广泛应用支撑慢直播、沉浸式具身体验等更精密的智能化技术；在推进大型广播电视基础设施建设方面，进行计算机网络数据库的建立，以全面升级内容播出的形式手段；结合新媒体技术改进卫星广播技术，形

成更广范围的内容覆盖,从而扩展和维系潜在用户。此外,相关设备的自动检测维修也在数字化和智能化技术的加持下得到提升,检测水准更加可靠,维修效率得以显著提升。于广电媒体之间的互助而言,一方面是上下级、同级广电媒体之间加强互融互通的频率,减少沟通阻碍,从而使不同地区的硬件与软件形成联通与呼应;另一方面是广播与电视之间通过信息、人力、物力等资源的共享而展开的互助,配合电视与广播两大传统媒体各自发挥其特色效力,共同开拓更加真实且贴近群众日常生活的栏目,在形成共赢局面的同时实现可持续发展。

而从长远来看,广电媒体的借力转型只是短期内的应对之计,可持续发展的形成仍需依靠自身内部的革新,因此需要进行长期的蓄力自谋。所谓蓄力自谋是指面对新媒体应用带来的挑战,传统广电媒体不甘落后与受挤压态势,依靠自身平台已有的资源优势与传播优势展开自我革新,具体包括形式上的平台打造与内容上的符号凝聚。其中,形式上的平台打造主要是通过建立专属视频 App 来进行。典型如湖南卫视在已有受众和品牌节目基础之上打造的"芒果 TV",从"独播"到"独特"再到"独创",新旧媒体通过各自突破与彼此交互,经过多年发展后形成了独具一格的融合模式,并与国内其他头部视频平台形成并驾齐驱之势;又如中央广播电视总台在 5G+4K/8K+AI 等新技术基础上于 2019 年上线的新媒体平台"央视频",以"品质"为首要定位促进主流价值的传播和实现。作为首个国家级 5G 新媒体平台,"央视频"近年来更是凭借优质可靠的数字技术在疫情进展的报道与传播中积累了忠实用户,为主流广电媒体在新时代的自谋发展做出示范。另外,在内容方面,传统广电媒体因传播内容的客观性和真实性而赢得观众长期信赖,其能指符号具有强大的凝聚力。如果说新媒体平台的打造是广电媒体从外部展开的自谋之路,那么内容上的创新与发力就是其力求从内涵上进行的延展开拓。传播的仪式观认为,大众媒体能够在时间维度上对社会形成维系,从而建构起一个有秩序、有意义的文化世界，而这正是广电媒体独有的优势。基于此，在全民主体性崛起的时代背景下，产生了更多微观层面的话语叙事，意义共享的方式和渠道更为多元，形式也更为开放和自由。在媒介赋权下，依托微博、微信、抖音、快手等社交媒体平台，并积极运用亲和、接地气的网络语言，大众媒体不仅激发了民众的积极参与，更将碎片化时空内的不同个体与群体聚合在一个想象的共同体内，形成或短暂或持久的兴趣、情感、舆论、文化等多种类型的共同体。[①]在传播的过程中，不同的传播主体使用、还原甚至创造出有意义的文化符号，不仅加强了个体与个体之间的联系，更使社会的文化或文明在几经岁月洗礼后得以还原与维系、革新或再造，成为连接古今、连接人与自然、连接人与社会的精神纽带。典型如近年来河南卫视别开生面，专注内容制作模式的创新，以文化定位逐步改版，针对各个传统节日推出一系列凸显中国美学的舞台节目，而各种民族符号在社交媒体平台被人们不断转发和点赞，更是在仪式感的营造中号召更多人参与其中，不仅增强了民族文化自信，也激发了传统媒体转型过程中的内部活力。

广电媒体通过向新媒体借力和内部的互助为自身的转型带来了新力量，全面提升了影响力，尤其县级广电媒体旧有的传播格局被打破重组，为之后的持续发展开拓了新的方向；但同时，在这一过程中也要注意不能将全部重心托付于他者，而要更多向内探索，从自身出发不断蓄力，在与新媒体的融合中挖掘潜能、激发更多传播主体的参与力和创新力。只有短期与长期结合，借力与蓄力并行，方能推动构建广电媒体融合发展的新蓝图。

---

① 汪文斌，唐存琛，毕翔．推进媒体深度融合必须切实推进"四转"[J]．中国广播电视学刊，2021（10）：30-32．

第二节 全媒体传播体系下地市级媒体融合进展

党的二十大报告提出，加强全媒体传播体系建设，塑造主流舆论新格局。推进地市级媒体融合发展是加强全媒体传播体系建设的题中应有之义，亦是塑造主流舆论新格局的重要切入点和着力点。从媒体融合到媒体深度融合，地市级媒体的发展目标逐渐从建立全覆盖的传播矩阵走向惠及市域用户的智慧全媒体传播体系，致力于实现信息内容的全面、全域抵达。

当前，聚焦全媒体传播体系建设，地市级媒体融合继续向纵深推进，融合广度与深度进一步延伸。作为我国媒体深度融合的重要一环，地市级媒体积极响应国家在媒体融合领域的战略布局，依托自有比较优势、资源禀赋，在融合思路、模式方面大力拓新，于优质内容输出、主流价值引领、科技创新应用、经营管理变革等方面取得显著成效，用户覆盖面、社会影响力及市场竞争力获得提升。[1]

锚定塑造主流舆论新格局，面对新技术对传播底层逻辑的深刻改变，地市级媒体亟须思考如何破解传播力难题，以及如何在新的融合生态中因地制宜找准发展方向。

一、中国地市级媒体融合发展现状及重要进展

面向移动化、社交化、智能化、视频化发展态势，基于对新传播环境、新传播规律、新传播对象的准确把握与认识，地市级媒体融合步伐加快，在新传播格局及生态建设中肩负重要任务，在技术迭代、内容提质、用户

---

[1] 郭海威，王晓红. 全媒体传播体系下地市级媒体融合发展研究［J］. 中国广播电视学刊，2023（8）：86-91.

拓展、机制创新中积极寻求并取得新突破，融合进程不断推进，融合实践持续深化，融合形态迭代升级。

（一）顶层设计日渐完善，融合方向清晰明朗

2022年3月，国家发展改革委、商务部发布《市场准入负面清单（2022年版）》，为主流媒体融合发展提供了规范性、方向性指引；2022年4月，中宣部、财政部、国家广电总局联合下发《关于推进地市级媒体加快深度融合发展实施方案的通知》，进一步明确地市级媒体深度融合发展的目标任务；2022年5月，中共中央办公厅、国务院办公厅印发《关于推进实施国家文化数字化战略的意见》，为地市级媒体参与文化数字战略实施提出任务要求；2022年8月，中共中央办公厅、国务院办公厅印发的《"十四五"文化发展规划》要求地市级媒体探索适合自身的融合发展模式。2023年2月，中宣部、国家广电总局发布市级融媒体中心建设的系列技术标准规范，为地市级媒体融合发展提供了规范参考与标准遵循。整体来看，关于地市级媒体融合的顶层设计日益优化，体现出较显著的垂直性和可操作性，契合并匹配了地市级媒体深度融合的发展需求，如通过制定行业规范及标准，规范地市级媒体融合发展，提高新型主流媒体的传播力和引领力。政策布局的日渐完善有效增强了地市级媒体在新传播生态中的适应力和竞争力，推动了地市级媒体融入新发展格局、贯彻新发展理念、发掘培育新增长点。地市级媒体融合呈现出提质增效扩容的新发展态势，将从市域层面助力全媒体传播体系建设及国家治理体系和治理能力现代化。

（二）融合范围不断扩大，聚力新型发展格局

基于政策布局、理念创新、新技术嵌入等因素驱动，从首家地市级融媒体中心挂牌，到全国60个地市级融媒体中心建设试点基本完成，地市级媒体融合扎实推进，融合范围不断扩大，跨层级、跨媒体、跨领域的融合

越发频繁，逐渐形成了兼具区域特色和时代特色的地市级媒体融合发展新格局。从融合数量来看，地市级媒体融合覆盖东西南北中，如近年来定西市融媒体中心、宜昌三峡融媒体中心、红河州融媒体中心、昌吉州融媒体中心、毕节市广播电视台融媒体中心、赣州市融媒体中心、鄂尔多斯市融媒体中心、昆明市融媒体中心等相继挂牌成立，呈现出特色突出、差异发展的媒体融合新格局，各地市级媒体在融合进程中相互交流借鉴并尝试实现资源共享，有效提升了地市级媒体融合发展效能及表现力；从融合深度来看，地市级媒体融合摆脱了简单的挂牌形式，从更深层次建立健全了资源融通机制，在参照既有融合经验的基础上，逐渐超越和跳脱出形式融合的基础发展框架，致力于实现技术创新、矩阵构建、人才培养、内容产制的融通共享，跨部门、跨媒介、跨行业融合向纵深推进，各类要素间协同联动、优势互补，推动地市级媒体融合迈向高阶，如金昌市融媒体中心在挂牌成立后，对人才队伍进行调配重组，并建立健全人员考核及选用机制，探索激发更广泛、更深刻的创新创造活力。目前来看，虽然面临资金不足、人才有限等发展困境，但是地方政府对地市级媒体给予了较大支持，在一定程度上助力了地市级融媒体中心成为当地信息聚合平台的定位，从基层组织层面为国家全媒体传播体系建设提供了有益尝试。与此同时，数字化、智能化时代的到来也为地市级媒体带来更多新的融合机遇，平台化、集团化、业务多元化等是新传播格局下地市级媒体深度融合的重要表征，地市级媒体融合继续向高质量服务供给进发。

（三）资源整合持续优化，延展综合服务边界

媒体融合的关键在于通过优化整合各类资源要素，汇聚形成协同合力，服务媒体转型升级与高质量发展。全媒体传播视野下，地市级媒体在融合发展进程中，关注并着力推动资源整合与优化配置，以切实提升资源利用效率，建立健全更为高效的生产流程与服务流程。鄂尔多斯市融媒体中心

以"中心+公司"模式推进融合改革进程，基于对已有资源要素的盘活重组，探索开展业务机制重塑、业务流程再造、发布渠道重构、运营模式创新，并尝试同央媒开展合作，形成资源的有效联动，致力于打造具有重要影响力的地市级媒体平台。基于对资源的整合优化，地市级媒体在融合进程中逐渐发掘和摸索出诸多有力抓手，服务范围与边界得以延展，服务质量得以提升，在一定程度上满足了用户多样化、动态性的消费需求，如在传统新闻资讯服务基础上，一些地市级媒体通过整合集纳市域资源，为用户提供生活服务、文旅资讯、电商服务等多样化服务，为用户提供丰富多样的产品和服务选项。抚州市融媒体中心在成立之后，尝试将媒体内容服务与生活服务、商业服务等对接，为用户提供全媒体综合信息服务。全媒体传播体系下，地市级媒体在资源整合与服务拓展方面持续发力，推动媒体服务实现创新升级，为提升地市级媒体品牌影响力与行业竞争力带来重要驱动力。

（四）技术创新有机嵌入，助力打造智媒生态

随着人工智能、大数据、AR、VR等技术在新闻传播领域的应用越发广泛深入，技术、媒体与人的融合程度逐渐加深，技术创新成为新传播生态的重要组成部分。在此形势下，地市级媒体正尝试向数字化、移动化、智能化布局挺进，人工智能、高清视频、区块链、5G、大数据等成为地市级媒体融合进程中重要的技术发展与应用目标，目前这些技术已或深或浅地介入地市级媒体内容生产与服务相关环节，助力构筑全媒体、智能型传播生态。2023年1月挂牌的嘉兴市新闻传媒中心在推动智慧融媒体数据平台建设的过程中，与市域内区县级媒体开展技术融合战略合作，旨在以技术创新为助力建成具有强劲支撑力和推动力的技术生态体系。基于前沿技术打造形成的传播大脑于2023年1月在浙江成立，旨在利用人工智能、大数据等技术赋能内容生产与传播，更好集聚流量，为包括地市级媒体在

内的省内媒体融合提供技术平台。地市级媒体在融合发展过程中，积极适应和拥抱智能传播的发展趋势，不断尝试扩大技术创新应用的覆盖面与垂直度，致力于内容的生动呈现、需求的高效满足、服务的精准匹配。围绕全媒体传播体系构建，技术创新日益贯穿于地市级媒体融合全流程，为主流价值传播宣导提供了框架遵循，推动促成地市级媒体的技术创新、服务升级、内容提质同频共振、齐头并进，在一定程度上提升了地市级媒体的内容传播力、品牌影响力、价值穿透力。但亦需意识到，在地市级媒体融合过程中，技术短板问题仍普遍存在，如何适应新技术发展趋向并将其为我所用、为我所控，是地市级媒体在今后深度融合过程中需要思考的重要议题。

（五）融合经营趋向深入，形成差异发展布局

媒体深度融合背景下，用户对媒体内容及服务需求呈现出差异性、交互性、多样性等特征，由此敦促媒体融合应致力于准确理解和把握新的社交关系、消费需求与经营业态，加快探索推进融合经营。在消费升级需求导向下，地市级媒体纷纷主动作为、积极求变，努力适应并匹配精准性、参与性、沉浸性的消费偏好，由内容生产向服务供给转变。烟台市融媒体中心着重整合重组既有经营资源，以"传媒+"创新拓展产业布局和经营领域，推动打造跨越多领域、覆盖全产业链的融合经营新生态。《荆州日报》通过与地方政府联动打造楚文化数字产业园，形成集合设计、创作、出版等多元业务的传媒产业链，产业转型取得较显著成效。通过深度挖掘和融合既有资源禀赋，地市级媒体积极尝试将多元化业务或资源要素进行整合配置，确定和强化自身核心优势，进而探索建立独特的媒体品牌形象，共构形成差异化的发布布局。总体来看，在深度融合进程中，地市级媒体努力培育和运用动态性、前瞻性、发展性思维，在融合经营方面持续发力，以全媒体传播体系为支撑，以地市级媒体自身内容生态为根基，着力推进

垂类传播与垂直消费，进一步激发数字产业生态活力，探索构筑数字经济新增长点，为媒体深度融合发展提供新思路。

二、地市级媒体融合发展面临的重点难点议题

伴随融合发展趋向纵深，地市级媒体在全媒体传播体系构建、主流舆论格局塑造、市域社会治理中发挥重要作用、扮演重要角色。聚焦地市级媒体深度融合，有必要正视和厘清地市级媒体融合发展所面临的重点难点议题，理解新传播格局下地市级媒体的发展逻辑，进而找到跨越式发展的着力点与切入点，于高质量发展视野下寻求创新突破。

（一）意识形态风险感知不足，舆论阵地占领不够

地市级媒体作为全媒体传播体系的重要组成部分，肩负舆论引导、意识形态培育等重要使命任务。立足中华民族伟大复兴的战略全局和世界百年未有之大变局，地市级媒体坚定履行主流媒体的职责使命，在传播正能量、弘扬主旋律方面敢于担当，但在意识形态风险防范及斗争方面，不时出现感知不足、把握不准、本领不强等问题，导致主流意识形态被冲击和挑战风险增加，舆论引导难度加大。随着全球网络互联互通水平提升，国内国际的信息传递更加便捷，由此也为国际舆论场中的不良思潮涌入提供了可能，加之 UGC、AIGC 在短视频、直播平台上越发占据主流甚至主导地位，部分观点表达逐渐超出主流价值框架，不时出现突破底线、红线的现象。然而，对于舆论场中的相关风险，地市级媒体缺位现象仍然存在，尤其在涉舆论安全、意识形态安全问题时，部分地市级媒体作为主流媒体未能对社会焦点、热点议题及时解读、回应、引导，造成主流媒体在重要舆情事件及舆论战中的失声现象，主流舆论阵地受到非主流思潮侵蚀、消解。面对视频化、强交互等信息传播发展趋势，地市级媒体需进一步增强

风险意识和斗争本领，做好应急预案，时刻警惕、提前研判、及时消除意识形态安全风险。

（二）爆款内容难以持续涌现，品牌建设活力不强

围绕媒体品牌建设，地市级媒体在优质内容创作输出上持续发力，涌现出一批具有较强传播力和影响力的精品力作，如三明市融媒体中心充分调动策划及采编力量，精心打造融媒精品，在新媒体平台上阅读量超百万、超千万的作品持续涌现。然而，对于部分地市级媒体而言，如何打造并持续输出爆款内容仍在艰难摸索之中，尤其面对传媒领域中快速变化的热点议题及用户需求，一些地市级媒体难以保障爆款内容的常态性输出，进而对地市级媒体品牌建设及提升的支撑力量较为薄弱。究其原因，一是创新意识不强制约优质内容产出，内容生产未能跟上消费需求变化，一些地市级媒体缺乏新内容、新服务、新体验，容易使用户失去兴趣；二是媒体特色不鲜明影响地市级媒体品牌脱颖而出，未能结合区域资源禀赋或体现媒体特有风格，容易使内容或服务陷入同质化困境；三是平台思维缺乏导致媒体内容创作难以匹配新媒体传播情境，部分地市级媒体在融合过程中将各类新媒体平台视为传播中介或工具，未能基于平台属性进行内容生产，导致内容与情境的适配疏离。锚定深度融合，地市级媒体需在爆款内容打造及持续输出上下功夫，满足用户差异化、高标准的消费需求，从而为地市级媒体品牌建设注入源头活水。

（三）缺乏科学评价指标体系，制约融合发展成效

科学有效的评价指标体系对于衡量地市级媒体融合发展成效具有重要意义，能够有针对性地指导和引领地市级媒体融合方向。在全媒体传播体系下，面向高质量发展，地市级媒体不断在内部绩效考核及激励机制方面进行适度优化调整，以期更好激发人才创新创造活力，并对外增加人才吸

引力。齐齐哈尔市融媒体中心通过打破身份、职称及工资进行晋升、绩效及薪酬分配的机制改革，并尝试创新改革经营策略，推动干部选用实现能上能下、公开透明。邯郸新闻传媒中心通过资源整合重组，创新绩效考核等管理制度，实现了经营收益及人员待遇的不断提升。然而，地市级媒体作为媒体融合国家战略的一部分，目前仍缺乏对包括管理能力、传播能力、营收能力、创新能力等在内的地市级媒体融合成效的综合性评价体系，进而未能立足全局视角对地市级媒体融合进行精准性、动态性和阶段性的效果评估，导致一些地市级媒体在融合发展过程中容易迷失方向或难以找准着力点，影响和制约融合效能。面向未来，聚焦地市级媒体融合评价体系构建，应探索将地市级媒体、网信部门、商业平台、行业协会、用户等多元主体纳入，建立健全融合成效评估维度，坚持点面结合、短期与中长期兼顾、横向与纵向并重，形成具有可操作性和现实指导性的评价指标体系，引导地市级媒体融合向上向好发展。

（四）数字版权保护机制滞后，影响信息传播秩序

地市级媒体作为主流媒体，在优质内容产制方面具有一定优势，加之媒体融合赋能，保障并有效强化了地市级媒体融合内容产品的常态化输出能力，一些优质原创内容也成为其他内容生产或传播主体的创意源头。近年来，围绕数字版权保护的应用试点、专项行动、指导意见等相继推进实施，多主体参与、多视角切入助力完善数字版权保护机制，为地市级媒体发展并壮大自身原创优势提供了有力保障。如"区块链+版权"应用试点单位公布，"剑网2023"、青少年版权保护季、冬奥版权保护等行动相继开展，这些举措为推动版权管理及保护提质增效发挥了重要作用。《中共中央 国务院关于构建数据基础制度更好发挥数据要素作用的意见》的发布，为盘活数据要素、推动数据知识产权运行指出发展方向。在此形势下，地市级媒体作为原创内容、主流舆论、用户数据等的重要来源主体，进一步

迸发开拓进取活力，在数据运用、业态创新等方面有所突破。截至2023年6月，我国总体网民、网络视频用户、短视频用户规模分别达到10.79亿、10.44亿、10.26亿，在驱动网络内容生态共创共享的同时，亦给数字版权保护带来潜在风险。人人可为在丰富网络内容的同时，容易造成盗版侵权现象呈现隐蔽化、扩大化倾向，进而对地市级媒体等原创内容主体造成困扰，因此亟须在数字中国建设大背景下，探讨健全更新数字版权保护机制，提振地市级媒体等主流媒体的原创信心与热情。

（五）运营管理模式亟须创新，边际效用有待提升

在新形势下，地市级媒体在运营管理方面加大创新力度，融合经营、高效管理成效显著。然而，从统筹布局、优化配置、集约发展等视角来看，一些地市级媒体仍有较大提升空间。从地市级媒体融合实践来看，融合投入不断增加，融合进程持续加快，人才、技术、资金等支撑较为充裕有力，但是融媒内容及产品时常陷入创新乏力、难以持续的困境，对用户的消费需求及偏好变化难以准确及时把握，边际效用亟待提升。面向平台化、数字化、交互性、跨界性的融合发展态势，地市级媒体在打造新型主流媒体过程中，既有管理惯性思维容易对融合创新形成一定阻碍，导致融媒内容及产品对用户吸引力不足，用户满意度提升有限。基于此，地市级媒体在融合发展过程中需进一步对运营管理模式创新保持关注和思考，于动态变化的传媒环境、舆论环境、社会环境中保持本色、擦亮底色、凸显特色，将自身媒体融合发展议程融入以技术赋能、要素融通、协同共构为典型特征的新传播格局，发挥比较优势、协同优势，在推动内容汇聚、观点交互、建构认同过程中赢得用户关注及认可，不断提升融媒内容及产品的边际效用，助力主流舆论引导和主流价值传播，支撑社会治理体系与治理能力现代化，为区域经济社会发展贡献媒体方案与智慧。

三、地市级媒体融合未来发展方向及演进思路

立足新的内容生态、社交生态和技术生态，地市级媒体应在找准方位、把准方向的基础上，继续发挥、培育和强化比较优势，以改革创新为驱动、以价值引领为导向、以优质内容及服务为核心，推动构筑健康可持续融媒生态。

（一）强化主流价值引领，推动内容输出提质增效

地市级媒体融合以构筑健康优质的内容生态为指向，需要以高质量内容供给引领用户内容消费偏好，形成积极向上的内容供需良性循环，推进主流价值传播与引领。在全媒体传播视野下，地市级媒体应依托自有或其他内容平台，着力推动跨场景的内容生产及消费，尝试利用新型视听平台等载体在创造跨时空消费场景方面的独特优势，以短视频、直播等为呈现形态，借助新传播格局下丰富多样的数字形态，构筑具有广泛覆盖度和影响力的内容品牌矩阵体系，提升地市级媒体对网络内容生态的贡献度，将主流价值贯穿其中。同时，地市级媒体要将主流价值贯穿于内容生产与传播始终，基于新传播生态的深交互属性，探索实现"品牌化共情"，不断拉近媒体与用户的距离，使用户在情绪共鸣与共振中实现对主流价值的理解、认同与内化。聚焦深度融合，地市级媒体应充分用好各类传播平台，建成立足社交关系与消费偏好的主流价值传播网络，深化内容生产供给侧结构性改革，推进优质原创内容的接地性传播，实现内容供需的新转变，使主流价值传播简单明了、通俗易懂、清晰可辨，助力提升用户对主流价值的认可度。

（二）增进科技创新应用，驱动生产传播范式变革

当前，与5G技术相伴的新媒介技术日益成熟，人工智能、大数据、

区块链、AR、VR等技术为地市级媒体融合带来新的动力和机遇。推进地市级媒体深度融合，应紧盯技术创新发展趋势，探索厘清和强化新技术应用对地市级媒体内容生产、传播与消费的赋能机制，创新拓展传播情境，驱动地市级媒体的内容生产与传播范式变革。一方面，地市级媒体应探索推进内容产品的智能化定制，以数据和技术体系为支撑，及时精准抓取用户关注的热点、焦点议题，把握用户需求，有效筛选和配置内容生产与传播的关键要素；另一方面，要尝试以新技术为依托创新内容形态，尤其面向可视化、交互性的消费需求，地市级媒体应着力探索推动内容传播向虚实结合、协同共创转变，用好虚拟数字人等新兴传播形态，强化内容输出过程中的技术含量，以契合新传播生态中的内容消费新偏好。同时，地市级媒体需加快探索开展跨行业的深层次合作，利用内部或外部技术力量，开展跨机构、跨领域、跨媒介的融通合作，衍生云旅行、云课堂、云政务等新型融合业态。基于技术创新所衍生的融媒内容产品，既是对用户新消费需求以及行业转型升级的合理回应，也是推进地市级媒体深度融合的突出表征。

（三）建立健全评估体系，引导提升传播力影响力

围绕地市级媒体深度融合，应探索建立具有现实指导性和可操作性的评价指标体系，进而找寻促进地市级媒体深度融合发展的关键点与实现路径。要结合地市级媒体融合发展现状及实际，明确评估目标、指标、方法、标准等内容，从传播扩散、价值引领、运营创新、服务供给等多视角对融合成效进行系统性、综合性考察，同时要以动态性、前瞻性思维及时更新评价指标体系，以准确、全面、及时评估地市级媒体融合效果。以评估体系为参照，地市级媒体要着力夯实融合传播的渠道、人才、内容等基础，推进实现各类资源要素的协同联动，形成融合发展合力，不断扩大主流价值影响力版图，从而更好连接民心、凝聚共识。基于评估维度及指标，地

市级媒体亦应在叙事模式方面加大创新力度，适应场景化、深交互、跨媒介的新型叙事需求及特征，加快向舆论场供给输出更具传播力、引导力和影响力的融媒内容产品，以提升用户内容消费的在场感、参与感、沉浸感，进一步缩短媒介场景与用户的距离。

（四）加快数据资产建设，挖掘释放数据要素价值

新传播格局下，内容生产与分享的广域连接打通了人际传播与大众传播，在面向公众发布内容的同时基于人际关系实现精准推送，基于兴趣形成的社群突破朋友圈汇集于内容的转赞评区域，形成具有较强社交属性的垂类消费。人工智能、大数据、物联网等技术与媒体内容的深度融合，不断拓宽媒体内容的应用范围和使用场景，在此过程中，技术对于用户需求的洞察与捕捉将助力激发媒体产业发展的内在动力，垂类传播背后的价值增值，已然成为数字经济发展升级的新风口。基于此，地市级媒体应加快探索以自主或合作方式加快数据资产建设，整合、挖掘和盘活各类数据要素，以此为支撑打造并利用好垂类传播及消费场景，释放并放大数据要素价值。以数据为驱动，地市级媒体在融合进程中将能够更精准把握和满足用户个性化消费需求，促进以往冷门小众的尾部内容市场展现出更强劲的变现能力，加之协同联动或利用社交媒体等平台的流量扶持等激励政策，地市级媒体融合经营模式将进一步延展，不断扩大数字消费的发展空间。围绕数据资产建设，地市级媒体的变现模式将更趋多元，由此将有效推动全媒体经营体系构建，构筑媒体产业生态发展新图景，助力增强数据经济的发展韧性。

（五）扩大公共服务覆盖，增强服务均衡性可及性

党的二十大报告提出，提高公共服务水平，增强均衡性和可及性。地市级媒体作为提高公共服务水平的重要抓手，加快融合进程正是对这一要

求的积极响应。地市级媒体在扮演好内容生产者、传播者角色的同时,要不断强化和凸显工具作用、中介作用和桥梁作用,助力做好政府与社会的沟通连接,增加公共服务供给接口,同政府部门、社会组织、用户等一道探索内容与服务融合的解决方案,提高媒体的公共服务水平,更好履行社会责任。地市级媒体要发挥好主流意识形态培育、主流价值传播的载体作用,着力汇聚和输出优质内容、发出主流声音,为营造积极向上的舆论氛围与社会氛围彰显媒体担当。另外,应深化同社交媒体等平台的连接、合作,引导用户参与内容生产传播,鼓励差异性、建设性表达,推动形成人人可参与、人人可连接的开放式叙事新景观,通过讲好和展现个体故事,汇聚形成讲好中国式现代化故事的巨大合力,进而有助于在全社会范围内建立和增强文化自信。基于深度连接、广泛覆盖的传播网络,以满足人民群众的内容消费、服务消费等需求为出发点和落脚点,地市级媒体应探索进一步优化服务供给与配置,通过引入第三方专业力量助力提升内容服务、政务服务、商务服务水平。

第三节　全媒体时代县级融媒体中心建设进展

随着信息技术快速升级迭代,各类新兴媒体竞相涌现,已有传播格局被打破,新兴媒体竞争优势越发凸显。作为新时代媒体深化改革的重要抓手,推动媒体融合发展成为媒体改革创新的必经之路。党的十八大以来,党和政府在顶层设计和路径规划方面为媒体融合提供了强有力的方向指引,习近平总书记多次就媒体融合发表重要论述,为媒体融合的推进实施提供了基本遵循和具体方法路径。

县级融媒体中心建设作为媒体融合的基层实践,在承担基层媒体转型发展任务的同时,更肩负着联系和服务基层群众的重要使命。2018年8月

21日至22日，习近平总书记在全国宣传思想工作会议上发展重要讲话时强调："要扎实抓好县级融媒体中心建设，更好引导群众、服务群众。"在新时代背景下，充分认识县级融媒体中心建设的力量支撑，剖析当前县级融媒体中心建设所面临问题，找寻解决问题的有效对策，对于促进县级融媒体中心建设发展前进，助力统一思想、团结力量、凝聚共识，具有重要意义。

一、县级融媒体中心建设动力供给充沛

为扎实推进县级融媒体中心建设，党中央高瞻远瞩，从战略全局层面为县级融媒体中心建设做出了周密细致的顶层设计，各级党委政府、县级媒体单位及相关社会力量积极响应，认真贯彻落实习近平总书记的重要指示精神，在媒体领域掀起新一轮以县级融媒体中心建设为标志的改革高潮，媒体融合进程进一步加快。从驱动力来看，县级融媒体中心建设是由党和政府主导，媒体、社会等多重力量参与共同促成并不断推进的，各方力量共构了当前我国县级融媒体中心建设的动力系统和生态体系，协同合作推进县级融媒体中心建设取得新进展。[①]

（一）县级融媒体中心建设政策支撑有力

党和政府作为县级融媒体中心建设的顶层设计者和执行监督者，始终作为一种核心驱动力引导县级融媒体中心建设发展向前。继习近平总书记在全国宣传思想工作会议上对县级融媒体中心建设做出重要指示后，2018年9月20日至21日，中宣部在浙江湖州长兴县召开县级融媒体中心建设现场推进会，对在全国范围推进县级融媒体中心建设做出部署安排，要求

---

① 黄楚新，郭海威．县级融媒体中心建设的动力供给和优化对策［J］．中国记者，2019（8）：25-28．

2020年底基本实现在全国的全覆盖，2018年先行启动600个县级融媒体中心建设；2018年11月14日，中央全面深化改革委员会第五次会议指出，组建县级融媒体中心有利于整合县级媒体资源、巩固壮大主流思想舆论，并审议通过了《关于加强县级融媒体中心建设的意见》；2019年1月15日，中宣部和国家广电总局联合发布了《县级融媒体中心建设规范》《县级融媒体中心省级技术平台规范要求》；2019年4月11日，中宣部和国家广电总局联合发布了《县级融媒体中心网络安全规范》《县级融媒体中心运行维护规范》《县级融媒体中心监测监管规范》。在县级融媒体中心建设过程中，政策始终作为一种方向性、引导性、推动性和规制性力量，确保县级融媒体中心建设在预定轨道内健康顺利开展。随着县级融媒体中心建设进入新阶段，所面临内外部环境更加复杂，此时政策力量的必要性更为突出，更加需要党和政府进行统筹谋划，为县级融媒体中心建设提供强有力制度支撑，为我国媒体融合纵深发展提供充足动力。

（二）县级融媒体中心自发创新变革

作为县级融媒体中心建设的核心主体，县级媒体是融媒体中心建设的具体执行者和推动者，媒体力量贯穿始终，无论是响应顶层设计、负责政策具体落地，还是实行内部变革、进行自主把控等，其始终处于关键地位。从当前发展成效来看，各县级媒体主动担当，积极响应国家战略，推动党和政府的政策主张迅速落地实施，对于推进媒体融合进程、做好宣传舆论工作具有重要意义。在县级融媒体中心建设过程中，各县级媒体依托自身资源禀赋，纷纷从内容生产、发布、运营、人才、资本等方面进行全方位的创新改革，充分调动和发挥自我发展积极性，积极探索新方法、新模式、新领域，内生动力持续迸发。其中，作为全国首家县级传媒集团，长兴传媒集团表现较为突出。长兴传媒集团与索贝联合打造的融广播、电视、报纸、网络、移动端五位一体的指挥平台系统，强化跨部门、跨终端协同能力，高效统筹各端业务，助力长兴传媒集团在新闻、政务及增值服务领域不断取得新突破。

（三）多元社会力量助力县级融媒体中心建设

县级媒体是党和政府联系基层群众的重要纽带和桥梁，直接服务于基层人民群众。在县级融媒体中心建设过程中，社会力量提供积极有效的反馈，表达自我需求或诉求，县级融媒体中心则在保障媒体公共性不被削弱的情况下，通过提供更加多元丰富的服务满足社会需求。首先，县级融媒体中心建设要始终坚守公共性，传播好党的声音，守护好社会主流价值观，不断巩固扩大意识形态阵地。其次，经济社会发展水平提升带动消费升级，人们追求美好生活的愿望更加强烈，社会多元信息需求成为县级融媒体中心建设的有效驱动力，县级融媒体越发肩负起繁荣社会主义文化的历史重任。另外，社会力量也逐渐参与和介入县级融媒体中心建设与发展过程，主要表现在用户参与内容生产、互动更为有效、社会资本进入等方面。与此同时，在驱动县级融媒体中心建设不断发展向前过程中，技术作为关键要素也从未缺席，大数据、人工智能、5G、AR、VR、区块链等技术被广泛嵌入县级融媒体中心建设，技术的力量在县级融媒体中心建设过程中不断被放大，其既是社会力量驱动的结果，又最终服务于社会大众。

二、县级融媒体中心建设面临突出问题

当前，县级融媒体中心建设正在如火如荼进行，新机制、新模式不断被探索应用，并取得了较为显著的发展成效。但同时需要清醒地认识到，县级融媒体中心建设仍然面临诸多问题与困境，深入挖掘剖析、找到问题所在，将有助于加快县级媒体融合进程、推动媒体融合向纵深发展。

（一）思想观念认识不足

在县级融媒体中心建设过程中，一些县（市）的思想观念认识不足，导致县级融媒体中心建设成效有限。一是建设县级融媒体中心的主动性不足，部分县（市）将其视为完成上级所安排的行政任务，而没有深刻理解县级融媒体中心所肩负的联系群众、引导群众、服务群众的重要使命，被动参与导致对融媒体中心建设重视程度不足，推进无力。二是对县级融媒体中心建设目标认识不足，一些县（市）在融媒体中心建设过程中一味图大图全，追求高大上，认为只有照搬"中央厨房"，打通所有渠道，才是成功的融媒体中心，殊不知县级融媒体中心建设应坚持因地制宜，根据各地不同发展状况，找到适合当地的融媒体中心建设与发展目标，才是当下县级融媒体中心建设所最需要的。

（二）媒体融合程度不深

部分县级融媒体中心在建设过程中仍处于"相加"阶段，将县级媒体简单合并叠加在一起，分疆而治的局面长期存在，融媒体中心只是县级各媒体宣传部门的共同办公区，机构冗余现象常见，各平台之间独立运作，未能形成有效联动，导致媒体融合浮于形式。如在内容生产方面，一些县级融媒体中心内部各部门依旧保持独立采集、生产和加工信息，继而通过各自所掌握渠道进行分发，或是共同采集信息，将一次生产的内容在多渠道进行分发，而不是针对不同渠道传播特点对信息进行差异化加工。另外，一些县级融媒体中心在建设发展过程中缺乏互联网思维，过度重视渠道拓展，忽视内容运营、用户维护、服务供给等环节，继而导致传播力、影响力不足。

（三）机制配套有待完善

目前，县级融媒体中心建设整体动力支撑较为有力，但是在融合过程中，机制配套不足问题仍然突出，主要涉及人才配置、资金投入等方面。在人才配置上，融媒体中心运营需要具有互联网思维、能掌握新媒体传播规律并具有相关媒体运维能力的人才，部分县级融媒体中心严重缺乏相关专业人才，且未能形成有效的人才培养模式，加上缺乏有吸引力的薪酬、晋升等评价激励机制，导致本就缺少人才的融媒体中心人才流失严重。资金不足也是阻碍县级融媒体中心建设向前推进的重要因素，县级融媒体中心建设经费主要来自政府拨款和单位拨款，这种单纯的"输血"难以完全满足较高的资金投入需求，导致融媒体中心建设动力有限。

（四）东西部融合进展差异大

县级融媒体中心的建设与发展往往与当地经济社会发展水平相适应，由于东西部地区经济社会发展水平差距较大，间接导致东西部的县级媒体融合进展存在较大差距。东部地区经济发展水平相对较高，其人才、资金、技术等资源更为丰富，对融媒体中心建设的支撑也更为有力，而西部地区本身缺乏相关配套资源，加上其对人才、资金等的吸引力不高，导致县级媒体融合进程发展缓慢，同东部地区的融媒体发展水平差距逐渐加大。但这并非意味着西部地区县级融媒体中心建设始终处于落后地位，甘肃玉门作为西部地区的县级市，即是一个鲜活的成功样本，其通过提出"新闻＋政务＋应用服务"的建设思路，搭建了"一中心四系统＋爱玉门App"的融合媒体共享平台，为西部其他地区的县级融媒体中心建设提供了有益参考。

（五）功能服务有待延展

相比建设发展较为成熟的县级融媒体中心，部分县（市）的融媒体中心虽然强调融合，但仍主要聚焦在信息传播功能上，党建服务、政务服务、公共服务、增值服务等潜在的延伸类功能尚未被开发或投入应用，因此其整体功能较为单一，对群众的吸引力不强。在全媒体环境下，人们的信息需求越发多元化、差异化，各大商业媒体或平台都在积极布局，试图通过覆盖生产生活的各个领域，为用户提供个性化、全域化的信息服务，在增加用户黏性的同时，提升媒体或平台的价值与影响力。县级融媒体中心作为连接地方人民群众的媒体平台，坐拥丰富的地方信息资源，如果不能进行有效整合进而为群众所用，就难以突出融媒体中心的价值所在，导致其因缺乏竞争力而难以发展壮大。

三、县级融媒体中心建设创新优化的思考

目前来看，县级融媒体中心建设仍存在一些误区，面临一些困难。在新时代背景下，要继续推进县级融媒体中心建设，塑造县级融媒体更好的发展格局，就要有针对性地解决当下所面临问题，积极开拓思维，创新思路方法，多维持续发力，进一步优化县级融媒体中心建设的内外部环境，推动县级媒体融合进程行稳致远。

（一）要充分认识县级融媒体中心建设的重要性

更好引导群众、服务群众是县级融媒体中心建设与发展的重要使命。2018年9月，中宣部在浙江长兴召开县级融媒体中心建设现场推进会，会议指出要努力把县级融媒体中心建成主流舆论阵地、综合服务平台和社区信息枢纽。在建设过程中，应深刻意识到县级融媒体中心的首要任务是作为新型传播平台和主流媒体巩固壮大主流意识形态阵地，扩大主流价值的影响力版图，从而让党的声音可以传得更开、传得更广、传得更深入。县级融媒体中心作为党的新闻舆论的重要阵地，不仅承担着县级媒体的转型升级，更应自觉承担起举旗帜、聚民心、育新人、兴文化、展形象的使命任务，要坚持团结稳定鼓劲、正面宣传为主，不断增强和凝聚社会共识，

形成网上网下同心圆。进而基于这一自主可控的信息服务平台，向基层群众提供多元服务，从而有效拉近党和政府与人民群众的距离，助力推进国家治理体系和治理能力现代化。

（二）促进县级融媒体中心建设从相加走向相融

要推动县级融媒体中心建设加快向前发展，就必须克服和解决媒体"相加"而非"相融"的问题，县级媒体融合不能停留在形式融合，而应深入到思想观念、体制机制、资源整合等层面，实现深度融合。今后县级融媒体中心建设应基于目前的融合发展现状，继续强化融合的深度、广度和力度，加快进行媒体机构改革，充分打通各媒体之间以及媒体组织内部各部门之间的沟通渠道，基于县级融媒体中心，实现各类资源的聚合共享。目前多家县级融媒体中心建设已经在深度融合方面取得实效。以北京市朝阳区融媒体中心为例，其通过搭建"一报一台一网两微一端一抖"等融媒体平台，带动平台、信源、产品、渠道、技术、人才、数据、媒资管理等的深度融合，重构与优化了采编发体系流程，生产力、传播力、引导力得到显著提升。

（三）进一步强化县级融媒体中心建设配套支撑

县级融媒体中心建设需要多方共同参与，形成合力。目前来看，在党和政府的高度重视下，政策供给充足，可用于县级媒体融合的资源也较为丰富，创新丰富机制配套是进一步激发县级融媒体中心建设与发展活力的关键。一方面，要高度重视融媒体中心人才队伍建设，创新人才引进机制、培养管理机制、评价激励机制等，充分调动人才工作热情，强化县级融媒体中心建设的智力支撑；另一方面，要创新资金保障机制，在现有的"输血"机制基础上，充分发挥主观能动性，激活自身"造血"能力，创新业务板块，增加收入来源，从而缓解建设资金不足的压力。另外，县级融媒体中心建设应重视借力，因地制宜，善于借梯登高、借船出海，注重同其他组织机构、单位、企业等形成战略合作，以降低成本、提升效率。

（四）做好东西部县级融媒体中心建设对口支援

整体来看，相比东部地区，西部地区县级融媒体中心建设进展缓慢。人才、资金、技术等关键资源匮乏，导致县级融媒体中心建设动力不足。对此，应做好东西部县级融媒体中心建设的对口支援，通过结对子等形式，让东部地区发展程度较好的县级融媒体中心对口援助西部发展程度较低的县级融媒体中心，在人才、资金、技术、机制、模式等方面对西部县级媒体融合进行定向帮扶。与此同时，应充分发挥县级融媒体中心在乡村振兴战略中的重要作用，将其作为助力脱贫攻坚的重要抓手，在扶持县级媒体转型升级的同时，为西部地区经济社会发展注入新动能。

（五）创新拓展服务领域 助力打造良好生态循环

综合服务平台和社区信息枢纽是县级融媒体中心建设的重要目标，为了实现更好引导群众、服务群众，县级融媒体中心建设应在深度融合的同时，创新拓展服务领域，将县级融媒体中心纳入国家和社会治理体系。县级融媒体中心建设应在做好媒体宣传工作的基础上，形成集新闻、党建、政务、公共服务以及增值服务为一体的综合性服务体系，最大限度地满足基层人民群众最多元、最广泛的需求，从而实现提升宣传思想工作效果、打造政府良好形象、增强人民群众幸福感、增进和凝聚社会共识等多重目标。在此基础上，县级融媒体中心将逐渐发展成涉及多领域、涵盖多功能的媒体生态系统。完善的信息供需机制使县级融媒体中心得以高效运营，并最终形成良性循环，切实增强自身的传播力、引导力、影响力、公信力。

第四节　短视频助力媒体深度融合的生态考察

新一轮科技革命和产业变革为媒体发展带来新的机遇，媒体融合不断向纵深推进。习近平总书记在主持中共中央政治局第十二次集体学习时强调，我们要运用信息革命成果，加快构建融为一体、合而为一的全媒体传播格局。这一重要指示进一步明确了融合创新是今后媒体发展的头等大事。

近年来，主流媒体在媒体融合方面不断尝试，从技术、生产流程到组织架构，虽不乏局部亮点，但总体效果平平。CTR 报告显示，主流媒体在短视频平台的表现优异，如央视新闻、人民日报的抖音号粉丝量在 2020 下半年已实现双双破亿，短视频正越发成为建设新型主流媒体、推进媒体深度融合的重要手段。

一、短视频之于媒体深度融合的重要性

在新传播格局下，公共空间与个体生活的交叉重叠、互联网的开放交互、媒体功能的转型与互补等因素使媒体融合作为一项重要议题引发广泛关注，且随着融合进程的加速，深度融合势在必行。

唯有"深改"，方能"深融"。媒体深度融合意味着要深化从内容到渠道、从观念到作风的全面革新。无论传播环境如何变化，内容建设始终是主流媒体打造影响力、赢得竞争力的根本所在，为人民群众提供高质量内容，一直是主流媒体的责任和使命。同时必须意识到，内容和渠道并不意味着影响力，当信息无处不在、无所不及、无人不用时，当个体获得信息生产与传播的权力时，能否有效协同专业力量与社会力量，能否构筑平等互动、令人信赖的朋友关系，能否理解和把握新的沟通机制，关乎媒体融

合生态的构建,更关乎媒体的传播效力。[1]

就形态而言,短视频能够汇聚图文声像,实现全媒化表达,同时又能有机嵌入多种传播形式。近年来,以短视频为工具和载体,多家主流媒体纷纷发力,推出一大批形态丰富且有影响力的融媒体产品。嫦娥五号登月期间,央视新闻、"央视频"与抖音合作,将短视频与互动玩法相结合,鼓励网友使用"抓月亮道具"拍摄视频,累计获超过 8 亿人次互动量。2021 年"两会"期间,人民日报融合图表等形式,推出短视频《小红线,向上攀!》,生动展现中国 GDP 的增长态势。随着短视频对媒体融合过程介入程度的加深,主流媒体的声量、互动量等显著提升,传播力、影响力不断增强,融合持续向纵深推进。

就功能而言,短视频在传播过程中呈现出鲜明的自主性、多元性、流动性、继承性、共构性等特征,而这些特征正契合了媒体在深度融合过程中所追求的功能延展、丰富与完善。河南卫视《端午奇妙游》作为小而精的互联网视频产品,兼顾电视文艺晚会与移动收视特点和需求,每个"单点式"节目均能截成短视频,具有独立的叙事张力和丰富的视觉性,在社交平台广泛传播,以主观视角切入,让用户体验到强烈的带入感。

随着短视频进入社会生产生活的各个领域和场景,短视频越发成为一个无所不包的内容和服务系统,这与媒体深度融合的发展方向不谋而合。当前,短视频的工具属性不断凸显,以此为切入口、着力点,其在媒体融合发展过程中的角色和功能将得到更充分体现。

二、短视频之于媒体深度融合的迫切性

随着新基建的加速,5G 的超高速率、超强连接、超低时延使得超高清

---

[1] 王晓红,郭海威.短视频助力媒体深度融合的生态考察[J].新闻战线,2021(10):49-52.

视频成为社会的主要表达形态，视频将一切生活、活动、消费场景连接，创造出新的时空感，视频越来越多地进入日常，短视频成为人们交流的重要方式。与此同时，媒体融合进入深水区，深度融合面临新要求、新问题、新挑战，弄通用好短视频，进而推动媒体深度融合迫在眉睫。

媒体深度融合亟须观念转型。过去播出意味着结束，今天播出意味着开始。在新传播格局下，网民对内容的关注逐渐胜过对信源的关注。媒体传播端如果缺乏对话题的足够重视和足量分发，传播效果往往难以实现最大化。在2021年"两会"报道中，人民日报发布的"两会"策划类视频数量最多、声量最高，原因即在于其面对无处不在的短视频资源，发挥编辑能力和把握情绪传播的能力，有效整合网络中的短视频资源，进行整合发布，形成覆盖完善的传播矩阵。央视新闻推出的《全国政协委员唐江澎在"委员通道"的发言：好的教育究竟什么样？》获得抖音平台点赞量TOP10榜单第一位，虽取得较大影响力，但是并非因为用了短视频的形式，而是契合了人们的普遍关注。另外，2021年"两会"期间，在邰丽华用手语"唱"国歌的报道中，新华社在总台首发报道2分钟后便在快手平台推出10秒精切短视频，6分钟后又在抖音发布该条短视频，在对该事件的报道中，新华社报道总量为5072万次。因此，媒体深度融合需要用好短视频，但是也应注重和用好整合传播，形成广泛的矩阵传播效应，其背后是融合传播观念的转变与演进。

媒体深度融合亟须思路转变。当前不少媒体对新媒体传播的认识存在误区，只是将完整节目拆条为短视频形态投放，忽视了大小屏带来的创作思维的转变、公共参与的诉求。未来深度融合过程中，必须探索建立多屏传播机制，善于找到历史与现实的共鸣点，契合年轻用户喜闻乐见的美学风格，激活更广泛群体的情感体验。河南卫视的《唐宫夜宴》，以抠像、3D、5G、AR和VR等技术辅助内容叙事，唐装女子在虚拟的字画中穿梭、舞动，带来极美的视觉体验。通过将精彩瞬间拆条短视频传播，其在短时间内获得大量关注。以短视频为深度融合切入点的同时，应致力于硬内容、精制作，创新风格，聚焦垂直题材和细分内容，不固守小众边缘，而应尝试实现大众意义上的最大化传播。从"爆款"到"破圈"，网络视频行业流行词的变迁，传递出短视频内容创新逻辑与运营方向的调适与革新。同时，在媒体深度融合过程中，以短视频为中介的与用户的情感连接与共鸣正变得越发重要。通过在报道期的不同节点推出形态各异、内容丰富的内容产品，对于寻求建立与用户之间的情感共鸣和思想认同，继而实现价值传播至关重要。尤其在重大事件报道中，短视频内容在多平台的同时投放或嵌入，能够实现快速发酵事件、形成话题讨论的舆情效果。

三、短视频之于媒体深度融合的策略性

短视频突破电视的线性时间流和固定收视的制约，形成新的视听文化流。在推进媒体深度融合过程中，应充分理解和结合短视频自身的特征属性，并以主流媒体自身优势为依托和支撑，形成强有力的功能互补，进一步促成和保证媒体深度融合的有效有力。

一方面，及时更新发布，提升媒体曝光度。短视频作为重要的流量生产力，其更新频次和产量关系到内容和媒体本身的曝光度。以四川广播电视台的抖音号"四川观察"为例，其作为粉丝眼中的"抖音劳模"，从采编到审校严格要求互联网速度，新闻工作者 24 小时轮轴工作，保证十分钟完成新闻的核实、审校流程。数据显示，"四川观察"在 2020 年 9 月 15 日至 2020 年 10 月 15 日，30 天内发布 750 条短视频，日均更新 25 条，最快可以做到 5 分钟更新一条视频，单日发布 30—40 条。更新频次最高时，"四川观察" 24 小时连发了 68 条视频，而高频的发布速度也激发了粉丝不停催更的活跃度。高频次的内容发布可以在一定程度上提高爆款出现的概率，同时，在爆款形成的流量红利之后，高频次的内容可以形成流量的长尾效

应，带动后续内容出圈，而对于已关注的用户，高频次、快速跟进热点的内容发布，可以提高该账号在固有粉丝中的曝光率和持续关注。

另一方面，坚持真诚交互，提升用户黏性。越来越多媒体在新媒体平台建立自己的人设形象，人设本质上是一种社交化传播，用以维系同用户间的情感交流。人设构建过程中最重要的是要与对方建立亲切和令人信赖的互动对话关系。"观观"（"四川观察"的昵称）有着四川文化特有的喜感，真诚而轻松地面对世界，深受粉丝欢迎。但与此同时，以短视频驱动媒体深度融合，亦应坚持用独到的观点、价值观、文化特质区提高辨识度、强化风格，而不是简单依靠一个拟人化的形象。同理，在当下的慢直播热潮中，众多媒体推出慢直播形式，然而，慢直播的关键不在于使用慢直播这一形态，而在于情感的建立和沟通，如"四川观察"推出慢直播，力图为用户打造陪伴式的沉浸体验。这其中的关键在于，慢直播为用户搭建了一个可供普通人平等交流、积极互动的场景，成为用户孤独心灵的寄托，尤其对爱聊天、爱摆龙门阵的四川人而言，直播间成为一个线上聊天室，让人们可以在任意时间获得及时有效的交流。这种互动场借助某种意义、意向的空间唤起人们共同的情绪，进而从身临其境的观看到直接参与的活动，在此过程中，短视频、直播是否有信息价值已不再重要，因为创造交流的情境胜于信息。在短视频助力媒体深度融合过程中，注重真诚交互，即应牢固建立传播的对象感和场景感，从用户视角决定内容输出，致力于形成情感的共鸣、共振。

此外，借力短视频推进媒体的深度融合，亦应对算法等保持关注和思考。于人工智能而言，识别内容和读懂用户是其对于内容管理和内容价值挖掘的主要取向。尤其随着大数据、人工智能、物联网等成为社会公共服务基础设施，技术贯通生活的广度、深度远胜以往，于此而言，技术识别对未来内容生产、传播产生至关重要的影响。对于主流媒体来说，则应在深度融合过程中，针对算法、用户偏好、内容生产等进行深入研究，推出优质精品短视频内容,提升短视频的可见性、可理解性,提升媒体的传播力。

四、短视频之于媒体深度融合的方向性

当下,视频超越"观看"的功能及意义正得到更为清晰的验证。短视频、直播等逐渐扩展和介入娱乐、生活、商务、公益、知识传播等领域,并涵盖从内容制作、网红孵化、运营推广到商业变现的全产业链。凭借高吸附力和高融合度,短视频与不同行业、产业、终端、形态等的跨界融合为媒体深度融合带来新的机遇和可能。

一是"短视频+"成为常态。短视频在某种程度上突破了时间的制约和空间的界限,连接起所有可以连接的一切,使生活的每一个方面每一个细节都能够被立体化地呈现,也使得每一个人、每一次微小的创新可以被看见。短视频加速了互联网微观化、细节化、垂直化的趋向,也创造了"视频+"新的增值空间,其在超越个体的自我秀的同时,也有效助力乡村发展振兴、传承旧学新知、赋能美好生活。未来,随着媒体的建设性功能越发凸显,作为解决问题、满足需求的创造性活动,短视频将在媒体深度融合过程中充分发挥自身功能,以人民为中心,助力开启美好生活。在此过程中,主流媒体要实现深度融合,亦应对短视频的应用场景、模式等保持关注,切实推动媒体融合提质增效。

二是视频服务系统将更趋优化完善。随着短视频、直播对社会生产生活的介入程度加深,视频不仅成为新的社交方式,而且不断扩展成为集娱乐、知识、生活、商务、公益于一体的无所不包的内容体系,并逐渐形成从内容制作、网红孵化、运营推广到商业变现的覆盖全产业链的全方位的视频服务系统,视频成为无处不在的生产力。未来,主流媒体在融合创新过程中,应注重思维方式和运作模式的彻底变革,要意识到多屏生产不只

是从大屏到小屏的简单平移,其背后是观念、产品、配套机制等的一系列整体性变革。以短视频为切入点推动媒体融合走向深入,一方面要理解和把握短视频平台的传播逻辑,另一方面要坚持好底线思维,在追求商业效益的过程中,应始终将社会责任放在首位。

三是守正创新仍然是根基。无论在何种传播环境下,内容始终是重中之重。在当前的传播格局中,不是内容没有价值,而是缺乏有价值的内容,情绪化传播、轻量化传播更多。从建设性新闻视角来看,媒体的内容应该是多层次、多元化的,对社会问题有深刻观察、对复杂问题进行科学解释,同时贡献可操作化的解决方案。在今后推进媒体融合过程中,应不断强化主流媒体在内容生产制作方面独一无二的优势,用权威观点引领社会舆论方向,用系统化、规模化的信息汇聚实力,触碰并满足不同人群的内容需求,将内容变成一种高质量服务。

第三章

全媒体时代中国媒体融合发展的行业扫描

第一节　媒体融合视野下的科普短视频传播

2016年5月30日，全国科技创新大会、中国科学院第十八次院士大会和中国工程院第十三次院士大会、中国科学技术协会第九次全国代表大会在北京召开，习近平总书记在发表重要讲话时指出："科技创新、科学普及是实现创新发展的两翼，要把科学普及放在与科技创新同等重要的位置。"这一重要论断凸显了科普事业在国家科技创新发展和科技事业发展中的重要性，是新媒体时代实现科学传播高质量发展的根本依据。

科技创新是经济高质量发展和社会变革的不竭动力。高质量的科学传播和科普事业是科技创新发展中不可或缺的一环，决定着公众对于科学的理解和支持程度。从时间跨度上看，科学传播的发展历程大致可以分为三个阶段：传统科普、"公众理解科学"、有反思的科学传播。近年来，科学传播的载体已由过去传统媒体时代的图书、报纸、杂志、广播等逐步向互联网和移动终端过渡，传播渠道日渐多元化，科普短视频成为其中最主要的传播方式之一。科学传播凭借短视频短小精悍、内容丰富、参与门槛低、互动性强等天然优势迎来了新的发展阶段，日益通俗化、大众化。

2015年1月，中共中央办公厅、国务院办公厅印发的《关于加快构建现代公共文化服务体系的意见》提出："提升公共文化服务现代传播能力。着眼于形成与我国经济社会发展水平相称的传播能力，加快构建现代文化传播体系，保障信息传播的高效快捷和安全有序。"其中，构建科学传播现代公共文化服务体系成为近年来公共文化知识传播领域的研究热点。本节主要以使用短视频作为媒介形式的科学传播为研究对象，对科普短视频的发展特色与问题进行梳理分析，并针对现存的主要问题提出对策建议。

一、科普短视频的发展现状

（一）传播主体：公众参与科普成为常态

1983年，"公众理解科学"的科学传播研究范式正式由英国皇家学会提出。"公众理解科学"以政府组织和科研工作者为主体，是一种自上而下的线性科普，是当时科普教育的主要传播方式。随着时代的发展，"公众理解科学"的科学传播范式逐渐被"公众参与科学"范式取代。"公众参与科学"范式将公众参与的范围扩展到科学知识生产、分配、交换与消费的各个环节。其中，社会公众在科学知识传播环节的参与程度日益提高，科学传播的主体越来越平民化、大众化。越来越多的企业媒体或自媒体将普及科学知识作为自身定位，在各个平台开设短视频科普视频账号，将一些专业性强、深奥复杂的科学原理以简明易懂的形式传递给社会公众，如企业媒体"腾讯医典"、自媒体"无穷小亮"。"无穷小亮"抖音账号的运营者张辰亮凭借幽默风趣的科普方式带"热"了冷门的生物学和博物学，截至2023年12月，该账号的粉丝数量已超过2424万。

曾是科学传播主体的科学共同体在新媒体环境下，借助互联网平台的连接力与影响力纷纷建立自己的视频账号，如入选"典赞·2019科普中国"十大科普自媒体的"二次元的中科院物理所"bilibili账号，其运营团队由中国科学院物理研究所的科研人员组成，通过发布科普文章、短视频，开展科普直播等形式面向青少年进行科普。除此之外，越来越多的主流媒体开始重视科学知识的普及，这些媒体会在相关节日转发或原创发布以科普为主题的短视频。例如，围绕新冠疫情防控，《人民日报》、新华社等主流媒体纷纷推出关于防控新冠病毒的科普短视频，其中，《人民日报》微信公众号在新冠疫情暴发初期就转发了有关新冠病毒的解读视频，在社会突发公共危机时期为广大民众带来可靠的关于新冠病毒的科普，让社会大众深入了解新冠病毒的感染机制与预防措施。在新媒体时代，短视频科学传播的主体主要由科学家（或科学机构）、科技爱好者、主流媒体、普通民众等构成。

（二）传播形式：娱乐化与趣味性表达

在新媒体技术不断迭代升级的背景下，移动互联深刻改变了传统科普的传播逻辑——平民化趋势越发明显。[①] 区别于以往传统的纯文字形式的科普传播，科普短视频发布时间往往不是固定的，传播主体一般依托重大节日或社会热点推出相关科普内容，在表现形式和创作手法上多使用幽默风趣、观赏性强的艺术化表达与叙事方式。例如，抖音短视频平台上名为"泽桥科普"的自媒体，运用多种叙事角度进行关于健康知识的科普，其打造的"肾脏的自白""肝脏的自白""打响保胃战""大脑的自白"等系列短视频合集均运用第一人称的叙事视角，对人体肾脏、肝脏、肠胃等器官进行功能介绍与疾病防范科普，视频区别于传统的健康科普，内容生动有趣，更容易激发受众对科学知识学习的热情。

短视频传播的主要形式包括真人出镜讲述、情景剧、视频或图文＋配音、动画等。有的科普视频在表达形式上采用网络流行语、表情包等青年亚文化语言形式，以轻松有趣的方式传播科学知识。马歇尔·麦克卢汉提出"媒介即人的延伸"，短视频媒介将复杂难懂的科学原理转化为人们易于理解的视听语言，使科学传播实现了"内容赋能"，延伸了社会大众获取和了解科学知识的能力。

---

① 郭海威，赵熳.科普短视频的发展现状、面临的问题及优化对策［J］.科技智囊，2022（8）：68-72.

(三)传播效果:平台科普初具规模

与传统媒体相比,短视频凭借其短小精悍、图文并茂的视听优势,使得科普传播效果有了极大改善,这从近年来各种互联网平台科普短视频自媒体数量的增多和粉丝用户的积累便可见一斑。以抖音短视频平台为例,截至 2022 年 10 月,抖音平台万粉知识创作者数量已超过 50 万。此外,快手、bilibili、小红书、微博、知乎、豆瓣等平台上也活跃着众多从事科普短视频创作和传播的 UP 主,这些科普短视频的总传播量也十分可观。至今,各网络平台上的科普短视频已经成为公众获取科技相关信息、学习和了解科学知识、跟进科技发展趋势、掌握科学方法以及提升生活质量的重要途径。

依托短视频平台推荐算法和视频合集的优势,科普短视频实现了传播效果的跃升。一方面,短视频平台对视频内容进行标签化分类,把相同主题的科普短视频制作成合集,便于受众统一观看和学习,这大大提升了传播效率。例如,在快手短视频平台以"科普"为关键词进行搜索,搜索结果显示为"看世界""宇宙""科学""动物""地球""实验"等不同栏目,这些栏目是平台根据传播内容的相似性划分的不同的科普合集,能让受众快速找到想要学习的科学知识和内容。另一方面,短视频平台通过大数据描绘用户画像,依据受众不同的需求偏好推送不同的科普内容,利用推荐算法机制实现点对点传播,实现了科学知识和受众的精准匹配,在一定程度上激发了受众对科普短视频的学习兴趣和热情。

二、科普短视频发展面临的风险与难题

(一)科学"祛魅"背后的娱乐化倾向

在新媒体时代,科学传播格局已由以科学工作者为主体转变为由科学

家、科技爱好者、普通民众等多元主体共同参与，而科普短视频的账号主体大部分为非专业人员开设的自媒体账号，科学机构与科技工作者在短视频科普格局中缺位。短视频科学传播的主体泛化虽然打破了"科学家"和"普通民众"的二元对立传播格局，消解了传统科学的精英话语权，但使科学"祛魅"的同时也导致了科学共同体权威的"祛魅"，以科学家、科学机构为主的科学共同体在短视频科学传播领域有被边缘化的风险。娱乐化与趣味性表达一方面让高深莫测的科学知识走下神坛，为科学揭开了神秘的面纱，另一方面也使科学的严肃性和权威性面临被消解的风险。

（二）虚假信息、谣言等伪科学泛滥

在"公民参与科学"的科学传播范式之下，科普短视频在其发展过程中不可避免地会出现一些问题。其中，科普短视频传播主体越来越平民化、知识传播的门槛越来越低，容易造成科普短视频质量良莠不齐。尤其在面对社会重大突发事件时，未经证实和非权威来源的科普类短视频的传播往往会造成伪科学、非科学信息泛滥，虚假信息和谣言大行其道，从而导致民众认知错误，进而引发群众恐慌。更有甚者，一些自媒体在商业利益的诱惑下，不顾信息的来源和渠道，发布未经证实或本身就是虚假信息的短视频内容，导致大量劣质科普短视频充斥网络，这既不利于清朗科学的科普网络环境建设，也容易对社会公众造成误导。

（三）知识产权保护面临困境

在人人都是生产者、人人都有麦克风的时代，社交媒体、短视频平台在大量涌现新颖有趣的科普短视频的同时，其短视频内容、文案、表现形式等趋于同质化。在5G技术被广泛应用的环境下，下载、篡改、分发短视频变得越来越容易，科普短视频的知识产权保护成了一个难题。有些视频博主抄袭他人视频创意或直接将视频作品片段搬入自身账号中以转移原创博主视频的流量和注意力，这类行为一方面会打击原创者的创作热情，另一方面也对原创者著作权构成侵犯，甚至进一步助长侵犯版权的不良风气。科普短视频的知识产权与科技信息传播活动一样，都是知识经济时代促进科技发展的重要因素，同样需要被重视。另外，一些短视频平台的内容监管、审核机制还存在诸多不足之处，亟待优化提升。

（四）社会受众科学素质水平参差不齐

一个国家的公民科学素质水平在某种程度上决定着国家科学传播与科普事业的发展水平，更影响着科技事业的发展。据中国科学技术协会2021年1月发布的第十一次中国公民科学素质抽样调查结果显示，2020年我国公民具备科学素质的比例达到10.56%，比2015年的6.20%提高了4.36%。然而，我国科学传播地域性的不均衡问题依然严重，东西部地区的公民科学素质水平差距进一步拉大，城乡差距依然明显。这具体体现在东部地区公民科学素质水平持续领跑，2020年比2015年增长了5.26%，增幅最快；西部地区公民科学素质水平2020年比2015年增长了4.11%，增幅相对较慢。另外，中老年群体、低文化程度人群的科学素质水平存在较大提升空间，这也是未来短视频科普传播的重点对象。虽然科普短视频凭借其短、平、快的传播特点让科学知识普惠民众，不像传统的纯文字科普那样对于受众的科学素质水平要求较高，但其依然需要受众有一定的科学知识储备。公民科学素质发展不平衡仍是目前科普短视频传播中亟须补齐的短板。

三、科普短视频发展的对策与建议

（一）引领者：科学共同体、主流媒体共同引领

从人类的认知依赖性和公民科学素质良性运转的角度来看，科学传播

依然需要专家的主导和参与。这就要求以专家为代表的科学共同体在新的科学传播格局中继续作为引领者，发挥权威性与科学性作用，更多地投入科学传播，用好当下流行的科普短视频工具。科研机构或政府相关部门可鼓励科研单位、科研工作者或科学协会等开设相应的科普短视频账号，以民众喜闻乐见的表现形式将科学原理或知识进行普及，可探索建立有效的评估和激励机制，调动科研单位和科研工作者的科普积极性和热情。

在真伪信息越来越难以甄别的互联网环境下，主流媒体应在科普短视频传播格局中发挥其应有的传播力、引导力、影响力、公信力。尤其是在突发公共危机事件中，民众对未知事件有较强的求知欲，此时就需要各地各级主流媒体在第一时间利用短视频等传播形态对相关事件进行科普，用权威的科学信息与知识让谣言不攻自破。

（二）把关人：平台应谨防伪科学和剽窃现象

近年来，科普短视频在科学传播上取得了长足进步，如可观的播放量、持续增长的粉丝数量以及推荐算法机制等。这些都离不开短视频商业平台的运作。科普短视频清朗的网络传播环境既依托于传播主体的专业性和自觉性，也离不开短视频平台的把关和监管。短视频平台在鼓励科普短视频创作和传播的同时，也应对科普短视频的内容质量和原创性进行严格把关，建立完善的内容审核机制，从传播源头杜绝伪科学、非科学内容以及科普短视频的抄袭剽窃现象。在对优质原创性科普视频予以鼓励的同时，平台也应对蓄意抄袭、剽窃他人原创科普视频的博主实施禁言、封号等惩罚措施。同时，平台应不断优化关于科普短视频的推荐机制，打破"信息茧房"，让受众接触到更丰富的科普知识，而非局限于某一方面的内容。

（三）驱动力：5G、大数据等技术加持

2020年9月，中共中央办公厅、国务院办公厅印发的《关于加快推进

媒体深度融合发展的意见》指出："要以先进技术引领驱动融合发展，用好5G、大数据、云计算、物联网、区块链、人工智能等信息技术革命成果，加强新技术在新闻传播领域的前瞻性研究和应用，推动关键核心技术自主创新。"科学技术是科研领域的研究成果，科普传播应更加重视先进科学技术的应用，充分利用先进技术为科普短视频"赋能"。具体而言，短视频的创作者可以尝试增加5G、AI、AR、VR、虚拟人、三维动画等技术在科普短视频中的应用，探索打造更加优质的视听效果，助力提升科普短视频的传播效果。例如，在"元宇宙"频频出圈的当下，有条件的视频创作者可将"数字虚拟人"作为视频主体，将虚拟人这一人工智能技术应用到科学传播领域，打造将虚拟主播作为传播者进行科普的短视频账号和团队，甚至可将其打造为精通科学知识的虚拟偶像，激发受众对科普更高的认知热情。

（四）基石：公民科学素质与媒介素养

据第十一次中国公民科学素质抽样调查结果显示，2020年我国公民的科学素质状况完成了国家"十三五"的发展目标任务。缩小东西部地区及城乡之间民众科学素质水平的差距，提升中老年群体和低文化人群的科学素质是"十四五"时期提升公民科学素质的主要任务。公民科学素质的提升不仅依托于科学知识的大众传播，更需要社会教育、学习教育和家庭教育的合力突围，只有抓好科普教育的每一个环节，才能实现公民科普教育的整体提升。在推动公民科学素质提升方面，相关科研单位或科普教育相关单位可充分依托短视频、直播等媒介形态，定期或不定期开展线上高质量科普宣传活动，加强对科学素质薄弱群体的教育和普及力度，着重提升该类群体科学素质和甄别伪科学信息的能力。

公民媒介素养的提升在当今科学传播依托于短视频、直播等各种新兴媒介的时代依然尤为重要。提升公民的科学素质并不是最终目的，培养公民在海量信息的互联网环境中能够以理性、审慎的态度辨别真假信息才是科普的根本目标。学校、社区、相关机构应围绕科普短视频等不同媒介形式的科学传播内容，开展媒介教育，让民众在面对纷繁复杂的科学传播媒介时能够具备辨别真伪的能力，进而提升民众科学素质。

在新形势下，以科普短视频为载体和抓手，推动科普传播提质增效扩容，对于助力科技创新、经济高质量发展、国家治理体系和治理能力现代化具有重要意义。面向未来，为推动科普传播行稳致远、不断取得新成效，科学共同体与主流媒体需要充分发挥自身的引领作用，落实平台监管对科普短视频的把关作用，以 5G、AR、VR 等先进技术为驱动，注重提升民众科学素质和媒介素养，从而为开创科普短视频高质量传播新局面奠定扎实基础。

第二节　新媒体构筑全民阅读新景观

阅读能够帮助人们启迪心智、开阔视野、陶冶情操，既是社会个体提升自我素养和认知能力的重要手段，也是一个国家和民族文明程度与精神境界的重要体现。党的十八大以来，全民阅读日益上升到国家战略高度，连续多次写入政府工作报告，成为我国建设文化强国、提升文化软实力的重要组成部分。2019 年 8 月，习近平总书记在看望《读者》编辑部工作人员时指出："人民群众多读书，我们的民族精神就会厚重起来、深邃起来。要提倡多读书，建设书香社会。"

在媒体融合视野下，新媒体的快速发展进一步推动了全民阅读的提质增效，新技术、新渠道、新形态为全民阅读提供了新选择、新体验、新方向，构筑形成全民阅读的新景观。新媒体在不断迭代升级中完成自我"补偿"，其作为信息传输媒介的功能越发丰富优化，为人们的阅读活动带来巨大变革，推动走向更加精新、精品、精准的未来阅读。在信息传播格局一直处于动态演进过程的当下，准确认识新媒体在助力全民阅读过程中的角色和作用，对于把握全民阅读的未来发展方向、实现高质量的阅读具有重要意义。

一、新媒体打造内容生产新生态

当前，借助5G、人工智能、大数据、云计算等技术，新媒体不断实现跨越式发展升级，其功能属性日益凸显，对内容生产的介入和影响日益深刻。新媒体的发展推动实现新的内容生产生态，为全民阅读提供内容基础。

（一）内容生产全员化

在新传播格局下，作为阅读活动价值链上游的内容生产，其生产主体越发趋于多元化，内容生产逐渐突破以社会精英或专业作者为中心的固有模式，成为一种人人可为的活动。内容生产者与用户的界限趋向模糊重叠，每个人都可以基于自己所在或感兴趣的领域进行内容生产创作，且依托新媒体渠道，内容生产、传播更加便捷，可以源源不断地输出大量的用户生产内容，为全民阅读提供丰富资源。在内容生产过程中，用户参与内容生产成为常态，通过与内容生产者有机互动，用户需求成为内容生产的重要考量，在此形势下，全民阅读本质上是内容的共创共享。[1]新媒体激发了全员参与内容生产的热情，社会创新活力不断增长，将进一步推动优秀文化的传播传承与创新，并助力实现知识的普惠。

（二）内容主题多样化

全员化的内容生产、多元化的传播渠道使得所生产内容的主题多元，

---

[1] 黄楚新，郭海威. 新媒体构筑全民阅读新景观[J]. 科技与出版，2020（7）：29-34.

覆盖广泛，内容生产者从不同视角、不同领域进行内容创作，有效丰富了阅读内容的品类，逐渐形成了以主流价值为引领、以多样主题为支撑，百花齐放、百家争鸣的内容生态局面。多样化的内容主题既是新媒体赋能于内容生产者的体现，也是内容生产者对差异化阅读需求的回应。一方面，新媒体的发展进一步拓展了内容生产的边界，无论是哲学、艺术、科学知识，还是经验常识，都能依托新媒体予以呈现和阅读；另一方面，面向不同用户、不同群体、不同时期的阅读需求，内容主题也将得到延展，如在新冠疫情期间，多家阅读平台推出"抗疫"专题，在普及疫情防控知识的同时，为用户提供丰富多彩的内容选择。

（三）内容质量精品化

2019年3月4日，在看望参加全国政协十三届二次会议的文化艺术界、社会科学界委员时，习近平总书记强调："要坚持以精品奉献人民。"随着新媒体越发深刻地介入全民阅读过程，人们对内容的新形式、新样态逐渐习以为常，对阅读的价值需求将回归到内容本身，有内涵有深度的精品力作将是人们的普遍追求。从区域来看，各地结合自身优势，不断优化体制机制建设，鼓励优质内容创作，力图打造新的文化高地；从平台来看，各大内容平台推出系列精品扶持计划，通过资本注入、流量倾斜等手段助力精品有质内容输出。新媒体环境下，内容领域的多方共建共享共治趋势日益显著，低质、劣质、无效内容的生存空间将被压缩，优质内容的需求和供给不断加大，内容生态将持续向好向优发展。

（四）技术应用常态化

在信息传播领域，技术革新推动新媒体发展演进升级，使得新媒体操作更加便捷化、高效化，内容生产过程中的技术应用趋于常态化。如人工智能技术可用于辅助或独立进行内容生产，并逐渐被应用于内容的翻译、校对等工作，显著提高了内容生产效率；大数据、云计算等技术可以助力实现内容生产的云端化，并能促进更有价值内容的挖掘与输出；5G 的普及应用则将进一步颠覆和变革现有内容生产格局，与 XR 以及 4K/8K 等技术的结合将为全民阅读提供大量高品质、沉浸式内容体验。以技术应用匹配内容生产，并不是两者的简单嵌入，而是以技术为支撑，创新内容生产与表达，从而释放更大的文化价值，继而内容价值将反哺技术应用，以唤起更大的技术驱动力。

二、新媒体引领阅读习惯新变革

作为人体的延伸，新媒体正极大拓展人的各类感官系统，从而最大限度地还原和实现面对面的交流，信息传播与获取的全程、全息、全效带来了阅读方式的巨大变革，不断优化和提升阅读体验，引领全民阅读新风尚。

（一）全媒介阅读拓展多样化场景

得益于技术助力，人们的阅读场景正从过去的单一场景转向多元场景，场景深度也得到进一步拓展。从阅读形式来看，在传统的纸质阅读之外，数字阅读成为全民阅读新趋势。电子阅读、有声阅读、可视化阅读在提供多样化内容形态的同时，丰富了阅读场景，人们可以随时随地进行阅读，尤其随着 5G 技术的落地，AR/VR 等技术带来了沉浸式阅读，阅读场景更加广泛，场景深度得到延伸，全息阅读逐渐成为现实。新冠疫情期间，2020 年中国数字阅读云上大会开幕，运用 5G 向人们展示、解锁了新阅读体验，人们可以通过线上进行 VR 看展、逛书店、体验 5G 富媒书，将用户阅读体验推向极致。伴随技术创新升级，其对媒体深度融合的驱动力将更加强劲，全民阅读将继续向全域场景、深度场景演进，阅读体验更加优化。

（二）交互式阅读增进参与感体验

在新形势下，以新媒体为支撑的阅读活动越发呈现出显著的交互性特征，其不仅指向用户与创作者的交互，同时贯穿于阅读活动的全过程。依托各类新媒体形式，用户可以同创作者进行有效互动，用户反馈在一定程度上会融入内容创作过程中，进一步激发用户进行交互参与的热情。随着人工智能等技术被有效运用在阅读活动中，人机交互能够为用户带来更好的阅读体验，如利用智能语音操控系统可以实现对智能音响、电视、车载影音等设备的即时交互，体验有声阅读，解放人的双手双眼。围绕共同关注的阅读内容，人们可以在各类新媒体平台形成讨论社群，用户之间形成有效互动，共同参与对相关阅读主题的讨论。当前，随着国家在5G、大数据、人工智能等新基建领域进行战略部署，围绕新技术出现的新用法、新玩法将为阅读带来更多机遇和可能，人人交互、人机交互亦将取得更大突破，为全民阅读提供更加深度的交互参与体验。

（三）个性化阅读满足差异化需求

新媒体极大释放了内容生产潜能，为用户提供了大体量、全领域、多主题的阅读内容，当用户注意力逐渐成为稀缺资源时，差异化、个性化阅读需求将更加凸显，用户倾向于选择和阅读自己感兴趣的内容。一方面，丰富的阅读资源为用户提供了多样化的阅读选择，用户能够充分发挥主观能动性，根据自我阅读偏好寻找合适的阅读渠道、平台、内容，满足个性化的阅读需求；另一方面，技术的应用将使得个性化的阅读需求得到更大满足，基于人工智能、大数据、云计算等技术，平台可以实现对用户的精准画像，对用户的阅读偏好进行精准定位，想其所想，感其所感，基于用户画像，实现阅读内容的精准推送，随着技术应用和产业模式的创新升级，人们的阅读需求更加多元细化，精准化、定制化阅读需求将更加旺盛。

三、新媒体激发阅读消费新动能

在智能互联、万物皆媒的环境下，可用于开展阅读活动的智能设备和移动终端越发丰富，阅读服务方式、手段、范围等都得到有效拓展，阅读活动的全程、全员、全息、全效特性更加凸显，促使阅读消费更易达成。

（一）产业链条更加完善

在新媒体环境下，内容的传播和接收载体发生变革，多元化的阅读消费需求被激发，由此催生出丰富多样的阅读服务，包括内容本身及其衍生服务，如基于文学IP可改编成影视剧、动漫、主题音乐、游戏、主题商店、周边衍生、舞台剧等多种形式，涉及内容选题、生产、加工、分发、营销等多重环节，内容产业链条更加完善，各环节的衔接配合更加顺畅。以此为支撑，内容种类更加丰富，且垂直、个性、定制化的精品内容输出更加高效，能够为用户提供全品类、高品质的阅读资源。如近年来，各大网络视频平台将IP资源作为核心生产要素挖掘其内容价值，并围绕用户需求扩展服务范围，形成全产业链，从而汇聚更多生产要素，以撬动更大价值，进一步激发阅读市场用户的消费活力。

（二）赢利模式趋于多样

新媒体为阅读活动提供了更多平台和消费入口，同时也为业务模式的升级提供了新思路。在新媒体环境下，免费与付费相结合、内容与服务相结合将助力开拓更大价值空间，赢利模式更加多样。在保持传统的广告、作品版权等赢利模式的基础上，付费阅读被越来越多的用户接受，人们愿意为感兴趣的内容付费，订阅服务、版权运营、电子硬件、广告以及衍生产品和服务等多元化赢利模式趋于常态化。通过创新运营模式，如借助短视频、直播等平台进行阅读产品的推广，在增加阅读 App 以及内容本身曝光量的同时，能够有效提升阅读品牌和 IP 价值，实现阅读内容的销量增长，助力全民阅读。

（三）场景边界得到拓展

新媒体积极拥抱新技术、新形态，阅读场景变得更加多元，得益于 5G 加持，全息、全场景阅读正在实现，也是未来阅读的必然发展趋势。与此同时，随着用户付费习惯逐渐形成，人们愿意为能够满足自身阅读需求的内容付费，加上各大内容平台都开通了支付入口，阅读消费行为可以随时随地达成，阅读消费场景无论在范围上还是深度上都得到了显著拓展。从场景范围来看，人们可以通过线上线下各种渠道进行阅读消费，借助各类新媒体平台，可以实现对所需内容的即时下单支付；从场景深度来看，依托 5G、AR/VR、人工智能等技术，人们足不出户就可以感受到沉浸式阅读，同时可以在虚拟场景中实现阅读内容的云选购。场景边界的拓展为阅读消费提供更多可能，人们可以根据需要在全息场景中选购纸质书、电子书以及 5G 富媒书等，新的消费形式在提升阅读消费积极性的同时，也将推动实现全民高质量的深度阅读。

四、新媒体勾勒未来阅读新趋势

新媒体作为阅读活动的重要工作和中介，在增进阅读乐趣、增强阅读积极性、提升阅读品质、优化阅读体验等方面发挥了重要作用，是加强高质量的全民阅读的重要手段。以新媒体为基础，借力国家的政策引领、技术的创新迭代以及多元的阅读需求，未来阅读将向品质突出、智能交互、全息体验发展演进。面对新形势新机遇，要确保未来全民阅读向好向优，实现国民文化水平提升和国家文化软实力增强，需要从以下几个维度进行权衡、考量。

（一）把握好内容精品与主题多元的相互关系

为了更好满足不同主体的个性化、差异化阅读需求，新媒体环境下的内容生产将呈现多元化的主题，且围绕同一主题，多方生产主体、多元话语模式、多种表现形式等共构形成品类繁多的阅读资源体系。然而需要警惕的是，如此庞杂的阅读资源往往夹杂低质劣质以及无效内容，甚至不乏反主流价值观的内容，容易形成价值误导，严重者可能使主流价值观面临被冲击和消解的可能。因此，在确保阅读主题多元化的情况下，政府、平台、作者等主体间要做好协同配合，鼓励向社会输出优质精品内容，把握好主题导向，充分发挥主流价值的引领作用，实现"开卷有益"，为全民阅读打造良好的内容生态，促进全民阅读的高质量健康发展。

（二）兼顾好技术体验与人文精神的双重追求

以新媒体为基础、以新技术为驱动的数字阅读将迎来更大发展机遇，运用新技术为用户打造前沿、优质的阅读体验是未来阅读的重要发展方向，但在此过程中，应避免技术至上，要在技术应用的同时兼顾人文价值，从而实现阅读价值的最大化。在内容生产过程中，应坚持技术的工具属性，不能以新技术、新形态为噱头进行炒作，而忽视内容本身的价值，导致开屏惊艳、内核空虚，难以真正向用户输出有价值的内容。在内容配给过程中，不能唯技术是从，应坚持算法推荐与人工干预相结合，用主流价值导向驾驭算法，从技术和人文双重视角出发，为用户推荐有质有品的多样化内容资源，最大限度弱化或避免"信息茧房"，让阅读真正深入人心、浸润心灵。

（三）推动好社会价值和商业价值的共同提升

全民阅读既关系到国民文化素养、国家文化软实力的提升，也对内容产业的发展升级具有重要影响，在未来的全民阅读发展过程中，政府、平台、作者等各方应兼顾好社会效益和经济效益，坚持底线思维，坚持社会效益优先，致力于实现社会价值和商业价值的共同提升。一方面，要继续推进全民阅读的战略部署，做好主流内容生产、传播，增进主流内容的阅读供给，传播好中华优秀传统文化，增进知识普惠，努力为人民群众提供更加优质的阅读内容、产品和服务，增进全民阅读的社会效益；另一方面，要在维护好社会效益的同时，进行运营创新，探索多元化的赢利模式，推动产业健康稳定发展，力争打造数字经济领域新的增长点、增长级。新媒体在助力全民阅读过程中，社会效益与经济效益相辅相成、相互促进，即社会效益是经济效益实现的重要前提，经济效益为社会效益的实现提供有力保障。

（四）处理好政策引领与监管规范的辩证统一

新媒体为全民阅读带来诸多机遇，但其开放性、交互性等特征，以及可能带来的碎片化阅读、虚假知识泛滥等现象，则容易对知识体系的系统性、结构性造成冲击，同时也容易对用户造成误导。为形成良好的阅读生态，需坚持多方共治、齐抓共管，在政策引领与监管规范上做好平衡。为实现建设文化强国这一战略目标、建立健全加强全民高质量阅读的引导性政策、完善优质内容激励机制，平台方与创作方需协同响应，在精品输出上下大功夫，共同助力构筑良好内容生态。与此同时，针对新媒体环境下的全民阅读已经出现、正在凸显、可能发生的系列问题，政府、平台、协会等应高效联动，形成方向明确、分工合理、决策科学、执行有力的监管规范体系；创作者应加强自律意识，严格自我把关；用户应主动提升媒介素养，做好监督，养成良好的阅读习惯。由此，推动形成正面引领、全面监管、多方共建、健康向上的全民阅读生态，充分挖掘释放全民阅读的意义和价值空间。

第三节　全媒体时代主流媒体的视频化转型

当前，以 5G、大数据、人工智能等前沿技术为支撑，新闻传播业正迎来巨大变革，视频化成为媒体转型升级的重要趋势。据第 53 次《中国互联网络发展状况统计报告》显示，截至 2023 年 12 月，我国网络视频用户规模达到 10.67 亿，占全体网民的 97.7%；短视频用户规模达到 10.53 亿，占全体网民的 96.4%。面向快速变革的视频化趋势和庞大的网络视频用户群体，主流媒体积极应变、主动求变，以经济社会数字化、智能化、沉浸化转型为契机，紧抓媒体深度融合的战略机遇，全面推进视频化转型。

立足新发展阶段，全面厘清和透视主流媒体的视频化生态布局，剖析主流媒体在视频化转型过程中所面临的挑战与困境，准确把握技术赋能视域下的转型趋势，对于探寻视频化转型的优化路径、推动主流媒体高质量发展具有重要意义。

一、主流媒体视频化转型的生动实践

视频本身具有动态化呈现、场景化叙事、易引发情感共鸣等特征属性，伴随短视频、直播等新传播形态的迅速兴起，视频传播在深交互、全域化、多模态等方面不断取得更大进展，"视频化生存"成为当下人类社会发展的真实写照。[1] 在媒体融合向纵深推进过程中，视频化转型升级是主流媒体实现自我变革的重要着力点、切入口和突破口，尤其在各类短视频、直播等内容平台加持和助力下，主流媒体结合自身优势资源基础，在视频内容输

---

[1] 黄楚新，郭海威，余晨雨.论主流媒体的视频化转型[J].媒体融合新观察，2022（2）：8-11.

出方面不断提质增效扩容，为提升品牌影响力、话语感召力、舆论引导力、价值引领力提供坚实支撑。

（一）发挥旗帜作用，壮大主流舆论阵地

近年来，主流媒体在融合转型过程中，紧跟新闻传播发展新态势，守正创新，推出一大批具有重要影响力的视频类作品，舆论引导成效显著。

围绕习近平总书记系列重要讲话和指示批示精神，主流媒体精心策划内容选题，以短、中、长视频以及直播等传播形态，进行深层次、系列化宣传阐释，引起重大反响，让党的声音飞入寻常百姓家，从而推动党的宣传思想工作在潜移默化中发生巨大变革，在网上网下营造形成认同核心、拥护核心、跟随核心、捍卫核心的良好舆论氛围。

围绕党的十九大、改革开放40周年、新中国成立70周年、决战决胜脱贫攻坚、全面建成小康社会、打赢新冠疫情防控阻击战、中国共产党成立100周年等重大主题，主流媒体应用多元化视频表达形式，发出时代强音，在主流价值引领和主流舆论格局构建方面发挥重要作用。

围绕党的创新理论成果和重要决策部署，主流媒体在践行深度融合过程中，以视频化转型为契机，持续关注深化改革、创新发展形势，多维度宣传展示经济社会创新发展的新举措、新气象，坚定贯彻落实党管媒体、党管意识形态、党媒姓党，将马克思主义新闻观贯穿于视频化转型实践的各个环节，充分发挥了主力军、主阵地作用。

（二）专注自有优势，切实提升品牌影响力

在全媒体格局下，新技术应用、新传播形态普遍赋能，用户可以基于特定技术应用实现差异化、个性化的内容生产，网络空间中的短视频、直播内容更趋多元丰富，视频类内容生产与传播效率也显著提升。在视频化转型过程中，主流媒体积极发挥自有专业优势、资源优势、渠道优势，深

耕"自留地"，打造主题丰富、形态多样、覆盖广泛的良好视频生态。[①]

一方面，在推进深度融合发展过程中，主流媒体锚定垂类内容持续深耕，以多元化内容供给满足用户个性化、差异化需求，不断稳固扩大目标用户群体，切实增强品牌影响力。据《2020中国媒体抖音发展年度报告》显示，截至2020年底，认证为媒体的抖音账号较2019年底实现了71.4%的增长；2020年入驻抖音的媒体MCN近百家，同比增长150.0%，媒体MCN旗下创作者则同比增长500.0%。可见，媒体视频化转型仍处于高速发展阶段。

另一方面，主流媒体在视频化转型过程中坚定使命担当，始终在正确的政治方向、舆论导向和价值取向框架下开展视频内容创作与传播，为主流价值传播与引领添薪助力。近年来，全国"两会"期间，各主流媒体纷纷借力5G、人工智能、大数据、AR、VR等技术，推出交互化、沉浸化的视频传播形式，以新形态、新体验助力提升主流价值传播力、影响力、感召力。

（三）创新表达方式，强化高质量内容供给

为更好融入视频传播大趋势，主流媒体在视频化转型过程中，积极应用5G、人工智能、大数据、AR、VR、全景影像等技术，探索AI主持人、Vlog（视频日志）等新传播样态，创新表达方式，在输出高质量视频内容方面卓有成效。[②]

一是创新话语表达。为更好适应移动互联网时代的用户内容消费偏好，主流媒体在短视频、直播传播过程中，力图做到既接"天气"，也接"地气"，在严肃正式的官方表达之外，亦有活泼、欢快的年轻化、网络化表

[①] 王晓红，郭海威. 短视频助力媒体深度融合的生态考察 [J]. 新闻战线，2021（10）：49-52.

[②] 黄楚新. 全面转型与深度融合：2020年中国媒体融合发展 [J]. 现代传播（中国传媒大学学报），2021，43（8）：9-14.

达,让党的创新理论、社会主流价值更易入脑入心。《主播说联播》作为中央广播电视总台下的短视频栏目,采用有别于《新闻联播》的话语风格,在幽默风趣中赢得广泛的用户认同。

二是创新视频形态。面向移动化、碎片化、交互化的内容消费态势,主流媒体在视频化转型升级过程中,在视频时长、格式、体验方式等方面主动探索创新,更好满足用户需求,不断巩固壮大主流舆论阵地。2021年全国"两会"期间,主流媒体推出系列Vlog类型短视频,将新闻专业主义与网络化话语风格、接地气的镜头语言相结合,将用户带到"两会"现场,在拉近同用户距离的同时,建立紧密的情感联系,凝聚社会共识。

(四)丰富渠道布局,构筑全方位传播体系

站在视频化转型的新的风口,主流媒体全面进军视频领域,形成短视频、中视频、长视频、直播等全域覆盖的视频传播格局,分发渠道多样,为主流媒体全方位、立体化传播形成有力支撑。

一方面,主流媒体全面入驻各类短视频、直播平台。《2020年媒体融合传播指数报告》显示,2020年,各类主流媒体在聚合视频客户端的粉丝数量增长迅速,视频生产与传播收效颇丰。报告显示,2020年,报纸、广播、电视在聚合视频客户端的入驻率分别达到89.1%、42.4%、97.0%,其中报纸、电视在聚合视频客户端的入驻率均实现了超过30.0%的增长。

另一方面,主流媒体积极发力自建短视频平台,如人民网的"人民视频",中央广播电视总台的"央视频",其作为聚合性视频内容平台,集内容创作、发布、整合、交互等功能于一体,集聚广泛的视频内容创作资源,源源不断推出符合传播新规律、用户新需求的视频产品,在彰显文化自信、繁荣社会主义文化、引领社会主流价值、引导产业升级方面持续发挥建设性作用。

二、主流媒体视频化转型的现实之困

在过去的"十三五"时期，主流媒体深刻领会习近平总书记有关媒体融合的指示精神，全面贯彻落实党中央的相关决策部署，在转型升级过程中取得一定成绩，但也应清醒认识到，主流媒体视频化转型还面临不少问题，需要继续在传播渠道、技术应用、赢利模式、人才培养等方面花更多力气，推动主流媒体的视频化转型、深度融合在"十四五"时期再上新台阶。

（一）渠道应用主导权亟须增强

主流媒体在发力视频生产与传播过程中，通过入驻聚合类视频平台加快推进视频化转型进程。数据显示，2020年，报纸、广播、电视在抖音平台共新增577个账号，平均用户数分别达到196.8万、44.6万、221.6万，较2019年分别实现了161.0%、228.0%、47.0%的增长。依托抖音、快手等聚合类视频平台，主流媒体在爆款产品打造、粉丝规模增长等方面取得显著成效。

与此同时，2020年媒体运营自建安卓客户端共308个，较2019年少一半，但平均下载量较2019年增长1.5倍。虽然入驻聚合类视频客户端能够有效享有用户规模红利，但是相比自有内容平台，其可控能力较弱，主流媒体在此类聚合平台上的视频内容生产与传播往往受到平台特定算法、规则等的制约，对传播渠道缺乏一定的把握和掌控能力，虽然收获广泛粉丝，但是主流媒体自身品牌影响力依旧受限。

相比商业媒体，主流媒体建设发展关乎舆论安全、意识形态安全，在国家发展全局中占据重要地位，而视频又越发成为当下媒体内容输出的主要形式之一。因此，在借力商业平台进行转型升级过程中，应始终坚持以我为主，切实增强对视频内容生产传播渠道的主导权，严防来自主流媒体之外的非公有资本等力量介入视频内容生产传播，进而干预、操控社会舆论。

（二）技术导向风险需引起关注

伴随融媒体建设走向深入，人工智能、大数据等技术与内容生产传播的连接更加紧密，技术越发深刻介入和渗透到视频内容创作与分发的全流程。基于对用户使用习惯等各类大数据的挖掘分析，能够精准识别用户的视频消费偏好、趋势，从而影响甚至主导主流媒体的视频内容输出。在此形势下，过去以人工为主导、以实现社会效益为先的生产分发模式逐渐向数据主导、算法主导模式转变，流量成为横向视频内容综合效益的关键指标。然而，过度依赖技术所导致的滥用用户隐私数据、"信息茧房"效应、低劣质内容泛滥、创新创造力匮乏、价值导向出现偏差等问题时有凸显，对网上内容生态建设带来诸多风险挑战。[1]

目前，虽然一些内容平台及主流媒体自身围绕技术应用进行了诸多创新探索，但要做到对技术的完全可管可控仍有较大发展空间。尤其身处智媒时代，人工智能、大数据等技术的重要性不言而喻，盲目的技术乐观主义或技术悲观主义均不可取，把握好技术应用的"度"，平衡好技术理性与人文理性是主流媒体在视频化转型过程中需要深刻思考的重要议题。

（三）赢利模式多元化有待探索

以短视频、直播等形式为切入口和着力点，主流媒体在深度融合发展过程中，也在不断发力经营活动拓新，然而，由于受到体制机制等因素影响，部分主流媒体在经营模式创新方面活力不足，赢利模式单一、变现困

---

[1] 于璇，黄楚新.论全媒体时代主流价值的高质量有效传播[J].传媒，2021（19）：93-96.

难是当前多数主流媒体共同面临的紧迫问题。

在媒体深度融合背景下，跨界经营是主流媒体有效实现营收的重要路径，一些媒体正通过"媒体+"模式涉足教育、文旅、地产、智慧城市等诸多领域，将视频内容生产传播同跨界营销有机整合，取得一定成效。然而，主流媒体在视频化转型过程中，赢利模式探索普遍存在两种问题：一是解决了多元化经营渠道"有没有"的问题，即在助农惠农、电商引流、承接政府外包等方面均有涉足，但品牌影响力不足，导致赢利能力弱；二是囿于制度障碍或创新理念缺乏，未能跳脱传统经营板块，自有优势未充分发挥，跨界融合经营进展缓慢，导致在营收新增长点的探索上长期处于停滞不前的状态。

在主流媒体视频化转型过程中，为实现转型升级可持续、高质量发展，主流媒体应在注重视频内容生产传播的同时，抓好经营变现，以内容支撑经营，以经营反哺内容，把握好视频内容的精品化、场景化消费特征，在多元化赢利模式探索上下更大功夫。

（四）复合型人才资源仍显紧缺

主流媒体的视频化转型要实现高质量发展，人才始终是关键所在。围绕视频类内容，部分主流媒体存在着职工年龄结构不合理、视频专业化能力不强、技术研发运维以及经营管理人才匮乏等问题，加上未能形成有效的考评激励机制，人才队伍的创新创造积极性不高，难以吸引高层次人才。

一方面，部分媒体从业者理论素养仍待提升，主流媒体肩负着引导社会舆论的重要责任，不能一味迎合碎片化、移动化、网络化的视频内容消费需求，应坚持将社会效益置于首位，然而为追求流量而弱化甚至忽视"四个意识""四个自信"的现象时有出现，应注重提高思想政治素质。另一方面，在新传播格局下，用户的内容消费偏好正不断发生变化，主流媒体在视频内容创作、传播及营销阶段与用户需求仍有一定脱节，以适应行业转型之需、价值引领之需、时代发展之需，强化视频领域人才专业技能培养培训、加大全能型人才引进力度，是主流媒体实现转型升级的重要破题点。

三、主流媒体视频化转型的可能性空间

当前，媒体视频化转型已然成为媒体深度融合的一大趋势和重要表征，各主流媒体竞相发力布局。但是要推进视频化转型的可持续、良性、高质量发展，主流媒体需要在科学客观的评估基础上准确认识自身的短板与长板，准确把握发展大势，围绕视频化转型探索更多发展可能。

（一）强化把关优化内容生态

新传播格局下，人人都可生产传播视频内容，网络空间中视频内容形式、主题纷繁多样，满足多元化用户需求。然而，有质有品的高质量内容将始终是主流媒体制胜的重要法宝，面对视频化转型同样如此。

一方面，主流媒体要进一步明确自身定位，强化责任意识、底线意识。从内容创新视角，要把握当前传播环境下用户阅读需求变化，紧跟信息传播领域新技术新应用新业态的发展态势，持续推出打造有思想、有深度、有重点的高质量视频类内容，提升讲好中国故事、传播好正能量的能力水平；从内容把关视角，要始终坚持正确政治方向、舆论导向和价值取向，以实现社会效益为根本，密切关注网络舆论格局发展变化，在内容生产与传播各环节加强把关力度，推动打造健康可持续的网络内容生态。

另一方面，主流媒体要主动出击，融入国家网络空间治理大局。对于错误导向的内容要坚决予以批驳反击，严防不良信息内容误导舆论。发力"媒体+"，与政府相关部门建立密切联系，主动及时回应社会关切，为民众答疑解惑，避免网络谣言等内容影响社会发展大局。同时，在媒体内部

应进一步强化落实意识形态工作责任制,全面提升媒体从业人员的政治站位,进而不断提高对网络舆论的引导和驾驭能力。

(二)技术支撑丰富应用场景

深化技术在视频化转型中的融合嵌入,推动数字内容生态升级。主流媒体应积极适应网络化、技术化的融合发展大趋势,在视频化转型过程中,注重对5G、人工智能、大数据等技术的引进和应用力度,以技术手段加持视频内容生产传播,拓展视频内容应用和消费场景,继而助力提升内容产品附加值和影响力。以5G技术为例,其高速率、低时延等特征,从内容、形态、渠道等多维度解放视频内容生产传播,5G技术应用将有效助力革新短视频、直播等传播场景与格局,进一步延展视频传播边界,同时有效衔接视频生产传播的创新链与产业链,为用户带来新的观看体验。

坚持自主可控,强化技术交流合作。主流媒体在应用新技术过程中,应探索将自主研发与合作开发相结合,基于自身技术能力基础及技术应用需求,加大同国内、国际相关技术研发团队的交流合作,聚焦媒体融合转型,紧盯科技创新发展新态势,在自主可控的范围内积极主动开展新技术的引用与应用,推出更多形态多样、功能丰富的视频内容产品,为用户提供多样化选择。

(三)业态创新拓展赢利渠道

一是强化品牌建设,壮大视频内容产业。主流媒体的视频化转型应注重在自有品牌建设上加大投入力度,围绕视频内容生产传播,探索新业态、新模式,培育新增长点。善于激发人才创新创造活力,加大对业态创新的支持力度,可通过探索实施孵化工程、强化工程,扶持打造具有较大影响力的视频类品牌节目,集成完善相关产业链。坚持同具有较强实力的技术公司、内容平台等开展合作,围绕视频内容,开发多样化的消费场景,有效挖掘释放主流媒体的视频内容产业发展活力。

二是以"媒体+"积极破圈，推动视频内容消费升级。主流媒体在视频化转型过程中，既要抓住内容生产传播这条主线，也要遵循当前媒体深度融合与消费升级大势，顺应用户对高品质、多功能的内容产品的需求增长。以自有优势为支撑，开展跨界合作，坚持用户需求导向，打造以视频内容为核心的覆盖全领域、多功能的消费场域，满足用户对全媒体的多元想象。把握并运用好视频类内容的交互性、融合性等特征，以跨界融合不断拓展视频内容产业的市场空间，进而丰富营销渠道，实现盈利增长。

第四章

新形势下媒体融合发展的
典型案例研究

第一节　科技支撑省级党报新闻客户端传播力提升

当前,我国科技实力正在从量的积累迈向质的飞跃、从点的突破迈向系统能力提升。科技创新在推进媒体深度融合、实施全媒体传播工程、做强新型主流媒体进程中具有十分重要的地位。新型主流媒体的"新"体现在网络进军的实现程度以及移动互联网端对新技术的深度应用。在新型主流媒体的建设过程中,新闻客户端建设是省级党报媒体融合的重要实践,是其在移动互联网上的延伸。《内蒙古日报》作为省级党报,较其他地区省级党报既有共通性,又因内蒙古自治区特殊的地理位置、资源禀赋等体现出一定差异性。因此,基于对一般性与特殊性兼顾的考虑,研究选取《内蒙古日报》"草原云"新闻客户端为研究对象,探究其在打造主流移动新媒体平台、巩固壮大新闻舆论阵地方面的有益尝试。

一、省级党报新闻客户端发展现状

党的十八大以来,习近平总书记围绕推进媒体深度融合发展,发表了一系列重要讲话,做出一系列重大部署,先后提出构建全媒体传播格局、形成全媒体传播体系的明确要求。党的十九届五中全会通过的《中共中央关于制定国民经济和社会发展第十四个五年规划和二〇三五年远景目标的建议》,提出了实施全媒体传播工程的要求,标志着媒体深度融合发展进入全面落实的新阶段。作为当代社会应用最广泛的媒体技术,以"三微三端"(微博、微信、微视频、App客户端、互联网等多媒体直播端、抖音端)构建起的全媒体传播矩阵正不断提升省级党报的传播力、引导力、影响力和公信力，尤其是省级党报自建的新闻客户端，在扩大主流价值影响力版图方面发挥了重要作用。

（一）新格局：平台化思维重构媒体生态

在媒体融合向纵深推进的过程中，省级党报创新融合形式不断满足移动互联网用户需求，在媒体信息技术赋能主流意识形态话语发展的同时，不断改进传统媒体在内容生产和渠道分发等方面的不足。其中，新闻客户端凭借有效的交互性和地域贴近性等优势，成为省级党报链接用户、发挥主流价值影响力的主要渠道。①《2021年全国党报融合传播指数报告》显示，2021年我国党报新闻客户端建设率达78.7%，党报自有平台的平均用户总数近三年均超过第三方平台的平均用户数，新闻客户端已成为当前党报发展的重要新媒体阵地。

2019年，按照中国共产党中央委员会宣传部（简称"中宣部"）"五个规范"建设标准（《县级融媒体中心建设规范》《县级融媒体中心省级技术平台规范要求》《县级融媒体中心网络安全规范》《县级融媒体中心运行维护规范》《县级融媒体中心监测监管规范》），以旗县融媒体中心全媒体传播体系为核心，《内蒙古日报》"草原云"新闻客户端正式上线。客户端以大数据为支撑、以内容生产为核心、以信息服务为优先、以产业发展为目标、以综合管理为保障，构建"新闻+政务服务"的综合信息服务平台。目前，内蒙古自治区超半数旗县融媒体中心已完成"草原云"入驻，包括乌海市广播电视台、乌兰察布市广播电视台等多家广电媒体、融媒体中心。2021年，"草原云"新闻客户端联合103家旗县级融媒体中心开设"草原云·我帮你"为民服务联动平台，并实现内蒙古自治区18个试点旗县"四

---

① 郭海威，薛德岳，黄佳蔚.科技支撑省级党报新闻客户端传播力提升策略：以《内蒙古日报》"草原云"新闻客户端为例［J］.科技智囊，2022（6）：71-76.

个中心"资源优化整合。在移动优先发展策略下,"草原云"新闻客户端传播主流声音,用小屏引领大屏,形成覆盖政务联通、分众板块、蒙汉一体服务等特点的"草原+"模式,社会治理效能日益凸显,成为内蒙古日报社打造新型传播平台,推动媒体融合发展的重要发力点。

(二)新特征:多样表达呈现特色融媒产品

随着人工智能、5G等新兴技术的发展,特色融媒体作品的多样化表达成为省级党报媒体融合向纵深发展的新特征。信息传播形式的多元化在信息输出时能够提高信息的生动性、全面性、针对性与广泛性,也能增强用户体验感与接受度。当前,省级党报新闻客户端在对传播信息内容进行集约化处理后,会针对不同用户群进行内容的二次开发,呈现在融媒体中的作品既不失传统党报在采编环节上的全面性和严谨性、在内容上的专业性等特征,又能在表达形式上适应新闻客户端传播语境,呈现出多样性。

"草原云"新闻客户端以视觉为主要传播元素,借助声音元素表现内容、传递意义。"草原云"新闻客户端"视觉"频道以"视频""读图""创意"三大板块进行融媒作品推送,"创意"板块采取"绘本+海报+摄影+有声书"的形式制作融媒体产品,差异化的视觉呈现手段可以让用户摆脱审美疲劳,感受视觉元素背后的文化内涵和社会纵深。例如,融媒体产品《母亲节丨我们对你的爱,何止今天!》以母亲节为话题切入点,将剪影动画与口语化表达融合,内容生动形象、通俗易懂,通过视觉的差异化呈现与多样化表达展现母亲与女儿不同时期的形象,利用立体动画包装制作,形成独具特色的视觉效果,带给用户耳目一新的视觉体验。以HTML5、歌曲、漫画、海报、慢直播等形式对产品进行差异化包装,拓宽了"草原云"新闻客户端的内容产品视野,符合新媒体传播规律,取得了良好的传播效果。

（三）新尝试：内联外通体现多元聚合力

在融媒体浪潮下，媒体格局和舆论生态正在加速重构，省级党报新闻客户端以变应变不断推陈出新。根据第 53 次《中国互联网络发展状况统计报告》显示，截至 2023 年 12 月，我国 10.92 亿网民中使用手机上网的比例达 99.90%，短视频、网络视频用户规模达到 10.53 亿和 10.67 亿。随着移动互联网实现高度覆盖，互联网行业竞争趋紧，省级党报新闻客户端建设也在新变化中不断做出新尝试。当前，省级党报新闻客户端不仅作为主流移动新闻平台承担着权威信息发布的重任，也在通过吸引机构、媒体、个人入驻，强化多元聚合力，以开放平台的姿态拓展自身公共服务职能，助力国家治理现代化。例如，"草原云"新闻客户端在 2021 年 12 月"上新"，新版本涵盖 1 个运营体系、15 个系统、10 个链条，搭建起以"云"为基础、端为基地、"号"为辐射的"草原"品牌。在 2022 年"两会"期间，"草原云"新闻客户端推出《今日，内蒙古官宣！》《一起向未来·两会故事》等融媒体产品，以速度、高度、热度、温度全方位展示"两会"热点，让网络空间的主旋律更响亮、正能量更强劲。

二、省级党报新闻客户端建设现实之困

在构建形态多样、手段先进、竞争力强的新型主流媒体要求下，以"草原云"新闻客户端为代表，省级党报从数量、内容、形式、技术等方面均有较大突破。但随着媒体行业向智能化方向演进，省级党报新闻客户端在建设过程中面临的困境与问题逐渐凸显。

（一）"新闻+政务服务"模式有待完善

在移动政务飞速发展的当下，对于政务服务资源的利用成为中央媒体、

省级媒体新闻客户端发展的新方向。在对"草原云"新闻客户端与其他省级党报新闻客户端的对比研究中发现，当前省级党报新闻客户端中政务服务功能的开发需要进一步加强。例如，虽在"草原云"新闻客户端中"帮帮"功能界面有多位记者帮助解决民生问题，但用户求助、投诉窗口链接并不直观且滞留待回复问题较多。同时，"草原云"新闻客户端在邻里社交、生活资讯等智能化民生服务方面也有待加强，亟须链接各方资源，加快拓展更多便民服务功能。作为主流媒体的省级党报，其权威性和公信力是其新闻客户端发展移动政务服务的天然优势，随着"新闻+政务服务"模式的不断完善，省级党报新闻客户端的社会治理能力将日益增强。

（二）新闻评论较少、良性互动偏弱

对于省级党报新闻客户端来说，社论、评论、新闻短评等形式是提升新闻传播质量、吸引用户的重要手段。目前，省级党报新闻客户端新闻评论栏目设置普遍较少，仅依靠信息量提升传播力，缺乏新闻评论对新闻传播的价值赋能。新闻评论内容偏少会导致新闻客户端的媒体专业性下降，无法与其他互联网新闻客户端竞争，造成用户流失。通过对"草原云"新闻客户端的内容进行分析，发现在能体现媒体态度和深度的社论、评论板块中，"草原云"的文章大多转自其他主流媒体，缺少独有的评论。省级党报新闻客户端自身态度观点输出较少，容易导致用户互动率不高、新闻内容的评论留言较少，无法形成用户与媒体编辑在新闻客户端中的良性互动，不利于新闻客户端增加用户黏性。

（三）新闻内容定制与"订阅"功能欠缺

当前，随着新闻源的高度开放，独家新闻的制作难度越来越大。省级党报作为传统主流媒体，需要对其新闻客户端推送内容去粗取精、增加高质量内容供给，以提升媒体品牌影响力。传统党报新闻客户端有内容严肃、以时政为主、表述严谨等特征，能够满足用户对时政类信息的需求，但在其他类型内容方面，党报新闻客户端应形成定制化内容产制模式。"草原云"新闻客户端的新闻定制功能仍有待优化，频道数相比于头部新闻客户端仍有差距，优化服务能力、精细划分频道有利于提升用户对新闻客户端的使用率和满意度。同时，"草原云"新闻客户端及其他省级党报新闻客户端普遍缺少"订阅"功能，用户无法精确地在海量信息中快速获取所需内容或持续关注特定社会话题。省级党报新闻客户端应提高用户主动获取信息的能力，强化"受众本位"意识，增强用户对新闻客户端的认同感，巩固用户群。

（四）界面特色不足、反馈功能不完善

人机互动是新闻客户端系统界面设计的重要环节，在迭代升级中不断满足用户新需求，体现省级党报新闻客户端操作系统的亲和性与科技创新能力。省级党报新闻客户端的人机互动，应符合操作便捷、指令简单、界面简洁等要求。目前，"草原云"新闻客户端虽具备相关特性，但美观度仍有提升空间，暂未呈现出作为少数民族地区省级党报新闻客户端应有的特色与风格。省级党报新闻客户端的界面风格在一定程度上会直接影响用户对其融媒新闻客户端产品的品牌认可度。同时，"草原云"新闻客户端应增设用户反馈窗口，使用户需求以及对客户端建设的意见能及时触达"草原云"后台，在页面设计与基础功能设计中，应增加搜索栏热门新闻、话题滚动功能，满足用户快速浏览实时热门话题的需求。省级党报新闻客户端对首页搜索栏时事滚动功能的开发，将有效增强新闻客户端的内容时新性。另外，新闻客户端界面下方功能图标与动画交互应包含科技元素，优化界面图标的细节有利于用户感受省级党报新闻客户端建设的温度与人文关怀，增强新闻客户端用户黏性。

三、省级党报新闻客户端建设推进之举

在媒体深度融合的"阵痛期",为更好推进省级党报新闻客户端高质量发展,省级党报需要正视其在发展过程中面临的问题,迎难而上,从顶层设计、激励机制、技术革新、用户体验等层面进行建设性、针对性的改进与完善,推动政策、资金、人才、技术深度融合,实现省级党报"报、网、微、端"同频共振。

(一)顶层设计层面:聚合区域资源、拓宽政务服务功能

省级党报的新闻客户端建设应高度重视顶层设计,因势利导、统筹谋划,通过不断深化探索形成理念、功能、思路等较为系统的优化方案。一是推进新闻客户端理念融合,以互联网思维优化配置,整合新媒体资源。例如,以"草原云"新闻客户端为龙头,继续扩展内蒙古自治区旗县融媒体矩阵,打造"一端多通"的全媒体传播体系。二是推进新闻客户端功能融合,要做好"新闻+政务服务"实践,尝试对传播手段和话语方式进行创新,在发挥主流媒体舆论引导功能的基础上,进一步拓展政务服务功能。三是推进新闻客户端思路融合,推动省级党报新闻客户端与社会思想文化公共资源、社会治理大数据资源的跨界融合,将其转化为巩固壮大主流思想舆论阵地的综合优势,通过充分整合各类资源打造新时代治国理政新平台。省级党报在宏观政策制定中,应探索配套出台有利于新闻客户端发展的提质增效方案,把握"新媒体发展优先战略",在领导力量、内容发布、人才选用、技术支撑等方面优先向"草原云"新闻客户端倾斜。

(二)激励机制层面:细化绩效考核、建立互动激励机制

在激励机制层面,应加强两个方面的政策支撑。一是省级党报新闻客

户端运维人员的奖惩绩效考核标准，要避免"一套标准"与"固定薪资"，要细化绩效考核维度和指标，建立分层考核和薪酬体系。按照事企一体化体制机制适当扩充中层领导班子，选拔一批在融合进程中有干劲、有担当、有想法的中青年优秀人才，调整充实到省级党报新闻客户端各频道领导岗位。在对《内蒙古日报》媒体融合的实地调研中发现，薪资绩效偏低、晋升空间较小等是阻碍媒体融合向纵深发展的现实因素。二是建立新闻客户端互动激励机制，解决新闻客户端运维人员与用户交互性偏弱的问题，融媒体采编部门需要转变运维思路与工作方式，运用多媒体手段加强与用户间的交流。例如，对"草原云"新闻客户端用户的留言、转发等互动信息及时进行回复并定期统计数据，通过数据分析用户的新闻需求与兴趣点，掌握新闻客户端发展盲点与不足；通过发布新闻话题等形式调动用户积极性，与用户进行线上对话，实时了解用户对新闻客户端建设意见，对活跃用户或热门评论用户定期给予不同形式的奖励，以期有效提升省级党报新闻客户端的影响力。

（三）技术革新层面：突出技术主导、加大技术投入

新闻客户端发展到一定阶段，用户的增长与留存需要依靠自身所形成的品牌形象。当前，移动互联网行业竞争激烈，加快推进平台的技术革新是同质化竞争态势下破圈突围的重要路径。实践经验表明，互联网平台发展的核心是具备独立自主研发能力的科技人才。省级党报新闻客户端在发展中需引入外部市场化人才，尤其是高新技术人才和互联网运营人才，打造全媒体人才队伍。当前，部分省级党报新闻客户端融合技术支撑力量不足，客户端功能尤其是政务服务功能较弱，应从三个方面着手改进：一是理念上要明确技术引领变革的重要性，无论是采编播一线记者还是中高层领导，在推动省级党报媒体融合、加速新闻客户端建设的具体决策制定中都要融入技术驱动这项关键要素；二是在部门结构上，加大对于技术部门

的各类资源支持与投入，细化目标扎实推进新功能研发，增强新闻客户端迭代能力、缩短功能开发周期；三是通过技术升级优化新闻传播流程，加强与用户间的有效互动，实现用户留存与商业模式的重构。同时，加强5G、大数据、云计算、区块链等信息技术应用，以移动化、视频化、直播化带动内容供给侧改革，使短视频、移动直播成为省级党报新闻客户端常态化的内容呈现方式，让技术赋能成为推进省级党报新闻客户端变革的强大驱动力。

（四）用户体验层面：生产更多优质内容、强化平台功能

目前，省级党报新闻客户端在提高用户阅读体验感、增强用户黏性方面仍可以继续优化。首先是围绕新闻客户端进行内容创新，在保持新闻内容原创优势的同时，生产更多优质内容。其次是新闻客户端主页频道设置需不断细化丰富，如可以增加"旗县频道"，加强省级新闻客户端与省市级广电、旗县融媒体中心等的有机联动。

在优质内容生产与频道扩展方面可以参考《人民日报》客户端中的内容呈现模式与频道分布样态。一是主旋律特色明显，频道类别详细精准；二是评论板块借力传统媒体；三是音视频运用较频繁。新闻客户端的界面在保证直观性、简洁性的同时要更具美观性与科技感。例如，"草原云"新闻客户端增添草原文化等相关元素，使用户在使用新闻客户端的同时感受到内蒙古自治区的民族特色。优化省级党报新闻客户端页面、交互图标，增加热搜滚动等实用功能，不断提升用户体验。

省级党报新闻客户端不应只是新闻资讯平台，也应成为用户的生活服务平台。运营者需要思考在做好新闻、政务服务后，如何把新闻客户端与用户的生活紧密联系起来。例如，可以推出天气查询、车票购买、酒店预订、人员招聘、快递物流、旅游资讯查询等功能，让用户享受便利生活。新增如政务服务大厅、民生缴费、检举投诉等不同类型服务端口，对接省

级政务服务平台,实现线上资源的有效整合。未来,可试水电商领域,与乡村振兴等国家战略相结合,重塑省级党报赢利模式,带动当地产业发展。

第二节 西北五省区地市级党报媒体融合探索

2013年提出的共建"一带一路"倡议,旨在传承丝绸之路精神,打造开放合作平台。在2021年7月1日庆祝中国共产党成立100周年大会之际,习近平总书记再次强调要"推动建设新型国际关系,推动构建人类命运共同体,推动共建'一带一路'高质量发展"。多年来,"一带一路"倡议已经成为带动"陕""甘""宁""青""新"五省区发展的重要动力,也是西北地区扭转地理位置劣势,变内陆边陲为枢纽核心,加快互联互通、全方位提升对外开放水平的重要抓手。其中,抓好"一带一路"核心区域各城市的媒体融合工程建设,成为助力区域发展与"一带一路"建设深入融合、进一步扩大国家战略优势的关键信息支撑和重要服务保障。

基于此,我们对西北五省区33家地市级党报展开调研,分析西北五省区地市级党报媒体融合发展的现状和成果,讨论该地区深入推进媒体融合的难点和突出矛盾,从西北五省区媒体发展实际和地市级党报建设的战略全局出发提出媒体融合可行性发展对策,为西北五省区地市级党报加速整合区域资源、加大改革创新力度、提升媒体融合实效提供系统科学、更具针对性和可行性的意见参考。

一、西北五省区地市级党报媒体融合的发展现状

西北五省区地市级党报共33家,其中陕西省10家、甘肃省12家、宁夏回族自治区5家、青海省2家、新疆维吾尔自治区4家,如表4-1所示。

第四章 新形势下媒体融合发展的典型案例研究

表4-1 西北五省区地市级党报名称汇总

西北五省区	地市级党报名称
陕西省	西安日报、铜川日报、宝鸡日报、咸阳日报、延安日报、汉中日报、渭南日报、榆林日报、商洛日报、安康日报
甘肃省	兰州日报、嘉峪关日报、金昌日报、白银日报、天水日报、武威日报、张掖日报、平凉日报、酒泉日报、陇东报、定西日报、陇南日报
宁夏回族自治区	银川日报、石嘴山日报、吴忠日报、固原日报、中卫日报
青海省	西宁晚报、海东日报
新疆维吾尔自治区	乌鲁木齐晚报、克拉玛依日报、吐鲁番日报、哈密日报

自2014年媒体融合上升为国家战略以来，西北五省区积极探索媒体融合的路径和方向，考察媒体发展基础，研究融合发展规律，主动开展跨界合作，推进媒体转型和融合进程，取得显著成效。西北五省区地市级党报承担起推动地域媒体融合的重要角色，逐步建立起完善的全媒体平台和融媒体矩阵，深化内容生产供给侧改革，参与搭建地市级融媒体中心，促进体制机制适配媒体融合要求，在横纵贯通和多向融合中，推动媒体融合的"中间地带"发挥出中坚力量，打造成主流舆论宣传引导和媒体综合服务的重要平台。

目前，西北五省区地市相继挂牌建立了地市级融媒体中心或进行类似探索。同时，也在支持和推进区县一级的融媒体建设。如甘肃省庆阳市实行市级主流媒体与县级融媒体中心融合发展的新模式，实现平台共建、资源共享和人员共融。在组建形式上，西北五省区地市多采用"广电＋报业"的融合模式，以融媒体中心、新闻传媒集团等机构形态打破单一媒体限制，整合有效资源形成传播合力，如表4-2所示。一些地市还扩充了资源整合的部门范围，纳入新闻网、网络信息中心等机构，提高区域整体传媒资源的利用效率，适应信息化、移动化的融媒体传播趋势。西北五省区虽在全国地市级媒体融合进程中暂时处于较为薄弱的位置，但区域"广电+报业"跨界融合的探索意识萌发较早。例如，宁夏回族自治区各地市从2014年起陆续进行了"广电+报业"的融合探索。其中，银川市在2016年整合银川日报社和银川广播电视台成立银川市新闻传媒集团，在全国范围内率先实现了省会级城市跨媒体整合运营。

表4-2　西北五省区地市"报纸+广电"融合模式建设

地市	新机构名称	合并时间	合并单位		
中卫市	中卫市新闻传媒集团	2014年8月	中卫日报社	中卫市广播电视台	中卫新闻网
石嘴山市	石嘴山市新闻传媒中心	2014年11月	石嘴山日报社	石嘴山市广播电视台	石嘴山市网络信息中心
银川市	银川市新闻传媒集团	2016年4月	银川日报社	银川广播电视台	
榆林市	榆林传媒中心	2016年12月	榆林日报社	榆林广播电视台	榆林新闻网
延安市	延安市融媒体中心	2019年9月	延安日报社	延安广播电视台	
武威市	武威市新闻传媒集团	2020年1月	武威日报社	武威市广播电视台	
固原市	固原市新闻传媒中心	2020年1月	固原日报社	固原市广播电视台	

在西北五省区地市级党报媒体融合发展过程中，各省会城市党报积极发挥示范引领作用，在内容资源、平台建设、人员结构、体制机制创新、媒体传播和影响力等方面表现出领先优势。但是，西北地区不同省份，以及同省份内不同地市的党报媒体融合发展进程差异明显，呈现出融合水平参差不齐、发展不均衡的状况。[①] 其中，陕西省各地市的整体融合水平高于

---

① 郭海威，黄楚新，贺文文，等.探索与超越：我国西北五省区地市级党报媒体融合状况[J].科技与出版，2022（1）：70-76.

西北地区其他省份地市；宁夏回族自治区对地市级媒体融合的探索更早，目前已全部建成相关媒体融合机构，实现了地市级媒体融合的成功转型。

（一）创新优质内容生产，扩大主流舆论影响

《关于加快推进媒体深度融合发展的意见》强调，要推进内容生产供给侧结构性改革，更加注重网络内容建设，始终保持内容定力，专注内容质量。西北五省区地市级党报在媒体融合进程中普遍重视报纸的内容载体，各地市报纸日均发文数量稳定；出于新媒体平台发文内容更简单、时间更自主、形式更灵活等原因，不同地市党报新媒体账号的发文情况差异较大。

在新媒体环境下，西北五省区地市级党报加强创新探索，提高团队采编发能力和原创内容生产能力，尤其在重大主题报道中充分发挥媒体融合后团队协作和内容生产优势，坚持守正创新，做大报纸品牌。如陕西《宝鸡日报》在文字消息和评论上多次获得中国新闻奖，坚持以平民化视角、专业性角度、权威性声音立好党报报道水准，在全媒体时代提高报纸吸引力。

伴随媒体融合发展，西北五省区地市级党报强化互联网思维，利用以大数据、云计算为支撑的全媒体平台和移动传播新技术，打造优质媒体内容和新闻产品。如甘肃天水日报社"新天水"客户端上线 AI 虚拟主播；甘肃《定西日报》设立"直播定西"新闻专栏等。围绕新冠疫情防控，西北地区地市级党报纷纷推出优质的 H5、条漫、图解、动画等原创新媒体产品，利用新技术、新应用创新媒体传播方式，提高内容生产、技术应用和公共服务能力，占领信息传播制高点，以融合创新让党媒发声更快、更广、更强，在提升主流媒体竞争力的同时，进一步增强主流舆论的影响力。

（二）搭建一体融合渠道，增强联动传播效能

目前，西北五省区地市级党报基本建成了较完善的媒体传播矩阵，形

成了以报纸、网站、"两微一端"为主体,头条号、人民号、抖音号等平台账号为支撑的媒体传播集群。截至2021年9月30日,西北五省区地市级党报中,82%开通了微信公众号,其中,粉丝数超十万的账号有7个;91%入驻了抖音,其中,粉丝数超十万的有18个;97%开通了微博账号,其中,粉丝数超十万的有11个。

从抖音数据来看,西北五省区地市级党报纷纷发力布局短视频赛道,平均粉丝数高于微博、微信账号。西北五省区中陕西省在抖音运营方面综合表现最佳,在西北五省区粉丝数前五名的地市中陕西省地市占据了四位,还诞生了以榆林、延安为代表的百万粉丝数账号,取得了较好的传播效果。

综合评论数、获赞数和转发数3个数据指标,评估地市级党报抖音、微信、微博、头条号和人民号5类新媒体平台的用户交互和体验能力,发现抖音平台对用户的连接能力更强。随着媒体融合向纵深推进,"党报+短视频""党报+直播"成为主流媒体破圈传播的重要趋势,日活跃用户数和用户规模都很大的抖音平台吸引了更多党报入驻,地市级党报不断通过"新闻+短视频"的方式加快内容转型,从而发挥在地性优势,强化主流舆论引导,实现党报传播力、影响力、引导力和公信力的提升。

综合各类数据指标,西北五省区地市级党报初步建成多渠道、跨平台、立体化的融合传播机制,其中近六成地市级党报的新闻网站初步具备地方综合性信息平台、党的学习教育平台、面向区县的新闻服务平台、民生政务服务平台等功能。西北五省区地市级党报在转型过程中,逐渐适应渠道和平台特性,建立起内容适配的分层分发机制,推动实现新闻及时、准确、真实、权威和深度传播,努力构建一体融合的传播渠道,放大联动传播的整体效能。

(三)体制机制改革探索推进,人才队伍建设改善

体制机制改革是深化主流媒体融合的重点和难点,西北五省区地市级

党报集团相继制定了关于推进媒体深度融合发展的指导意见和征求意见等，为支撑融媒体传播体系建设提供制度保障。随着媒体融合向深度推进，西北五省区地市级党报对体制机制改革重要性的认识也在不断加深，以省会城市为代表的地市级党报积极进行体制机制创新，在组织架构、管理方式、经营模式、人才结构等方面做出调整，推进现代化的全媒体传播体系改革。

宁夏回族自治区《石嘴山日报》等多家党报新闻中心对自身组织架构进行重塑，通过压缩内设部门和精减人员，进一步整合报社资源，打通内部机构，通过调整绩效考核方式和激励机制等，吸引和招募技能型青年人才。面对全媒体人才短缺和难招的局面，西北多数地市级党报选择内部培养的方式，通过专题培训、业务实战、观察学习等，持续加大对现有人员的培训力度，引导现有人员建立全媒体产品观念，增强全媒体技能。总体来看，西北五省区地市级党报体制机制改革和人才结构调整的力度有所增强，但未来如何继续增强新思维、新模式、新产业的变革意识，创新人才结构和运营方式，仍是决定西北五省区地市级党报突破浅层次融合，构建集约、系统、高效的有机整体，提升区域媒体融合水平的关键。

（四）综合服务能力提升，"全媒体+"巩固脱贫成果

"十四五"规划提出要实施全媒体传播工程，在运营层面即要求媒体用好信息资源，扩展内容形态，挖掘用户数据价值，形成"新闻+"的传播生态。"泛内容"发展定位为媒体提供了新的发展路径，推动媒体连接政务、服务和商务资源，重塑社会影响力。调研发现，西北五省区多家地市级党报都在网站及客户端上自建便民服务端口，向平台用户提供办事、查询等民生服务功能，聚合政务信息资源。

以银川市新闻传媒集团为代表的西北五省区地市级党报通过提供"媒体+"服务，不断推动媒体助农的专业化、品牌化和长效化发展。利用全

媒体平台内容生产能力，助力地方产业品牌化建设和特色经济发展，既能发挥地市级党报的主流媒体作用，提升服务能力和社会影响力，也成为地市级党报加快融合发展，加强自身造血和商业化能力建设的有效路径。

二、西北五省区地市级党报媒体融合现存问题

西北五省区地市级党报在进行深度融合战略转型的过程中，发展定位、资源配置、人才培养、内容生产等方面仍存不足，导致其在纵向媒体融合框架中难以占据有利地位，受到省县两级媒体的双重挤压，与当前媒体融合四级布局产生尴尬错位。

（一）发展思路模糊，战略定位不清

目前我国出台的关于媒体融合的指导政策和顶层设计重点关注中央、省级和县级媒体，而地市级媒体融合在政策支持上相对处于"空心地带"。此外，为打造示范型县级融媒体中心，省县两级经常绕过地市级直接对接，导致地市级媒体融合工作不仅在资源配置上有所欠缺，在政策指导上也相对滞后且不具针对性，以至于地市级媒体融合整体发展迟缓。纵观西北五省区地市级党报媒体融合进程，由于指导政策的缺位，媒体融合发展以自发转型探索为主，缺乏立足西北特殊区域定位的全局性布局。部分地市尽管有媒体融合的观念，但在制订当地党报媒体融合工作规划时，难以因地制宜，实施方案相对宏观，落地性有待增强。调研西北五省区33家地市级党报发现，尽管不同城市的经济发展水平、地处区域、资源基础等差异明显，但许多地市级党报的媒体融合规划具有较强相似性，在路线制定上与各地的实际情况有一定程度的偏移。如何从客观实际出发，将顶层设计、内部基础和地理位置有机结合，走出适应本地的党报媒体融合发展的个性化路线仍需全面考量。

（二）服务功能贪多求全，难以真正融合

在地方行政力量推动下，西北五省区地市级党报融媒体矩阵覆盖全面、硬件支撑有力。但由于缺乏针对性的政策指导以及对本地用户需求的准确判断，部分地市级党报在服务功能的供给上缺乏明确规划和目标，融媒体传播矩阵片面追求"全面手"，在服务功能、分发渠道、内容形态上力图面面俱到，而未能充分立足当地特色。全面开花的融媒体传播矩阵需要大量人员支持，而地市级党报人才本就较为紧缺，很难同时满足多个新媒体平台迫切的内容生产需求，从而导致信息内容传播效果不佳。传播渠道的占有率和传播效果之间不直接存在正相关性，高渠道占有率不仅增加了内容生产的难度，降低了内容产品的质量，也增加了把关的难度。调研显示，西北五省区33家地市级党报新媒体平台覆盖率较高，在各主流平台上开通官方账号成为"标准化配置"，但就具体运营来看，产品内容同质化倾向严重，鲜有基于本地特色"量体裁衣"的产品出现。

（三）有效内容生产供给不足，传播影响力有限

首先，西北五省区部分地市级党报对各新媒体平台的性质和用户特征不加以区分，单一地将传统纸媒生产的内容照搬到新媒体平台，导致内容"供给侧"和用户"需求侧"不对等，用户数量及各项互动指标数据普遍偏低。调研数据显示，西北部分地市级党报在人民号、头条号、微博上发文频繁，但评论、转发、点赞等互动量趋近于0，虽在传播渠道上达成了全渠道覆盖的目标，但传播效果欠佳，传播影响力较小。

其次，西北五省区地市级党报供给的内容产品质量难以满足用户需求，新闻信息形式较为单一，H5、AR、VR等生动活泼的融媒体产品相对少见。调研数据显示，西北五省区63.6%的地市级党报每周在各平台发布新闻多于100条，但其中48.5%的党报在此期间没有发布任何融媒体产品，

内容形式创新性有待增强。

最后，西北五省区地市级党报在新媒体平台发布的新闻中原创内容较少，多数内容是转载的更高级别党媒信息，或是对不同来源信息进行简单加工。地市级党报虽难以与商业内容平台在传播渠道占有率和信息传播效率等方面抗衡，但其在本土信息传播方面具有天然优势。若地市级党报在融媒体传播矩阵中持续输出"失焦"内容，将进一步造成媒体资源浪费，用户黏度降低，传播力、影响力下降。

（四）人力资源流失严重，新型人才引进困难

西北五省区许多地市级党报的现行机构和岗位设置难以满足媒体深度融合发展需要，给创新转型造成一定阻碍。部分地市级党报的从业人员在无编制且薪酬较低的情况下身兼数职，在完成报社原有工作之外需兼顾各融媒体平台的内容发布与维护，工作烦琐且任务量大，在一定程度上影响了从业人员的工作积极性，造成离职现象严重、人员流动性较大。此外，中青年干部力量薄弱，报社缺乏新生力量。部分地市级党报从业人员的年龄结构不合理，新媒体技术人员稀缺。结构失衡的党报人才队伍对新媒体、新技术不够敏感，缺乏内生学习动力，人才转型受阻。

（五）商业模式亟待探索，媒体融合造血困难

经营创收的高低直接决定了媒体自身发展空间的大小。一方面，2021年疫情防控常态化，媒体行业经济发展呈下行趋势，面对新媒体在技术和营销上的双重挤压，地市级党报传统广告业务受挫，收入大幅减少。另一方面，虽然地市级党报大多完成了初步的融媒体矩阵搭建，在新媒体平台开拓了传播渠道，但受限于平台算法规则和流量分发规律，部分地市级党报尚未完全掌握媒体融合的赢利点、新媒体平台用户的痛点和需求点，未能找到有效的商业模式和赢利路径，导致新媒体运营长期处于亏损状态。

调研数据显示，西北五省区地市级党报新媒体经营情况单独核算大部分为亏损状态。部分党报依靠精品内容突出重围，获得流量关注，但其带来的经济效益大部分归平台所有，"为他人作嫁衣"，合理的融媒体赢利模式尚未形成。

三、西北五省区地市级党报媒体融合发展优化方向

（一）树立战略思维，借力多级媒体，明确方向路径

首先，依照中央出台的相关政策和当前媒体融合发展形势，西北各省级党委政府应对下辖地市的媒体融合深度发展进行顶层设计和政策指导，在平台、技术、资源、人才等方面进行统一规划和部署，加大财政支持力度，不断升级地市级媒体融合的战略规划，推进媒体融合进程向纵深发展。其次，西北各地市级党委政府应制定推动当地媒体融合发展的具体政策措施。针对党报融媒体造血功能差、资源利用率低等问题，地市级党委政府应持续加大财政定向支持力度，加大对媒体融合技术研发和平台建设的扶持力度，同时，出台有利于党报融媒体集团发展的融资政策，利用政策倾斜，以资本投资的方式代替财政补贴等硬性扶持方式，以市场环境刺激其发展活力。最后，西北五省区地市级党报应借力中央、省、县三级媒体，协同全生态资源，扭转媒体融合短期效应为乘法效应。目前，省级媒体与县级媒体已打通互联，云平台建设如火如荼，地市级党报应加强与省县两级媒体的合作，依托云平台上接省级媒体，下连县级媒体，打造全方位、立体化的地市级新型主流融媒体平台。

（二）因地制宜，找准定位，助力"新闻+"服务民生

西北五省区地市级党报应立足本地经济发展，遵循差异化发展原则，

因地制宜找准定位，发挥地域特色，避免媒体融合沦为照搬照抄的空壳。地市级党报应是地市舆论引导主阵地，是地市基层党和政府与人民交流的平台。地市级党报媒体融合发展也应遵循这一角色定位，围绕了解群众、贴近群众、引导群众、服务群众的核心理念，打造地市基层党委和政府与人民群众交流的新场域。地市级党报融媒体中心在坚守核心功能定位的同时，应增强市场竞争意识，提高自我造血能力，向"新闻+政务服务商务"的方向转变，探索多元经营道路，以更好地为本地群众服务。一方面，在融媒体平台中导入本地各类公共资源和政务服务端口，发挥制度优势和资源优势，加强区域合作，形成协同高效的区域融媒体"新闻+"平台，避免地市级与县区级通而不融，造成重复开发和资源浪费；另一方面，加强与党委、政府相关部门合作，在本土领域内开发重点企业客户，发挥媒体内容生产和渠道优势，开发微信公众号运维等服务项目，开拓产业运营市场。

（三）内外并重，协同推进，创新内容生产与服务流程

当前，西北五省区地市级党报多平台信息的生产与分发基本遵循"一次采集，多种生成，多元传播"的模式，该模式对于体量庞大的中央级和省级融媒体中心而言，打破了传统媒体内容生产的环节隔绝问题，提升了灵活性；但在地市级党报媒体融合过程中，若过分强调生产流程中的"中台"思维，不考虑地市级媒体融合的具体情形，则易造成另一种僵化。因此，应灵活多元地探索直接高效的流程模式，充分挖掘融媒体内容生产活力，提升地市级党报融媒体的影响力。西北五省区地市级党报应依据自身发展和城市规模选择适合自己的生产管理机制，破除原有组织架构间的壁垒，变革传统低效的中心制为项目制，实行公司化运作，将报、网、微、端放入同一个生产链条中，实现内容生产、渠道分发、技术资源等在同一融媒体矩阵中的共建共享，从而打造一个基于纵向扁平化、横向集约

化组织架构的、面向政务、商务、服务等多种用户需求的内容生产和管理体系。

（四）守正创新，锤炼特色，积极探索"供给侧"改革

西北五省区地市级党报在融媒体建设过程中虽然发布内容持续密集，但有效内容供给不足，传播效果不理想。应借鉴"供给侧"改革思路，制定党报产出内容的严格质量标准。淘汰千篇一律的复制粘贴型新闻产品和传播效果差的分发渠道，合理优化既有产能，深挖本地用户需求，通过建立本市特色数据库，开发信息增值服务业务，打造真正有传播力和引导力的融媒体产品。一方面，地市级党报在"守正"的前提下，需要选择适合内容呈现的形式，可通过H5、AR、VR等科技手段以可视化、可交互的形式呈现内容，创作融媒体产品，丰富报道内容，优化用户体验；另一方面，融媒体内容生产需要锤炼特色，地市级党报在构建融媒体矩阵时，可根据不同新媒体平台的内容分发机制和用户特点，精准定位本地政务民生、教育医疗等内容，打造本土特色信息生产传播优势，加强地市级党报媒体与本地新媒体用户之间的联系，强化传播精准度和覆盖率。

（五）凝聚精神，激发活力，打造优秀新媒体人才队伍

第一，媒体融合是一个动态过程，仅对一线采编人员进行融媒体培训难以满足媒体融合深度发展需要，可通过项目制实践方式对地市级党报集团的所有工作人员进行培训，使之成为集多项技能于一身的融媒体全才。党报集团内部可通过实操培训、"传帮带"等模式推动传统媒体人才转型，并进行月度、季度、年度融媒体作品评选活动，对优胜者予以奖金激励，切实提高融媒体产品质量。党报集团外部可以协同新兴媒体、企业、高等院校等相关机构，通过开放式、跨界互动的联合培训，培养全媒体人才。第二，建立常态化招聘机制，实时补充全媒体人才。对于党报集团紧缺的

人才，可以特设人才创新实践基地，进一步加大人才引进力度，完善人才队伍结构。第三，改革人才收入分配制度，实施股权期权激励和项目合伙人制度，在高质量完成的项目中抽取一定比例的超额利润奖励给项目团队，突出绩效考核，按劳分配，多劳多得，激发党报工作者的积极性，提高团队活力。

总体而言，西北五省区地市级党报媒体融合不断向纵深推进，虽然各地市级党报媒体内部融合进程快慢不一，但现代化的融合传播矩阵已基本成型，融合成效不断凸显。面向新传播格局，今后要在明确发展定位、创新内容生产、推进体制机制改革、提升综合服务水平、打造优秀人才队伍等方面继续发力，从而有效推动地市级党报媒体融合持续高质量发展。

第三节　全媒体视域下"两会"新闻报道创新实践

随着互联网信息技术快速迭代升级，其在新闻传播过程中的运用也越发广泛深入和成熟，媒体内涵和外延都得到极大拓展，加之媒体融合继续向纵深推进，全媒体时代已然来临。

2019年1月25日，习近平总书记在主持中共中央政治局第十二次集体学习时强调，全媒体不断发展，出现了全程媒体、全息媒体、全员媒体、全效媒体，信息无处不在、无所不及、无人不用。在全媒体环境下，信息传播格局、传播方式和舆论生态都发生了巨大变革，尤其当前国内国际舆论场的不稳定因素时有出现，新闻舆论工作所面临的挑战更加严峻。

2019年3月，全国"两会"召开。国内各家媒体积极贯彻习近平总书记的讲话精神，主动作为，守正创新，充分发挥全媒体报道优势，对"两会"进行了全面立体报道，推出一大批有影响力的新闻作品，有效扩大了主流价值的影响力版图，取得良好传播效果。

一、技术升级赋能传播模式创新

在全媒体快速发展过程中,技术革新所带来的传播驱动力越发凸显和强劲。新兴信息技术不断渗透进信息采集、生产、分发、反馈等新闻传播全链路中,为传播模式创新持续赋能。[①] 在2019年"两会"报道中,各家媒体纷纷借力新兴技术应用,在打造全程、全息、全员、全效的媒体传播格局上加大投入,构筑出内容硬核、形式多样、表达生动的新传播图景,在让党的声音传得更开、传得更广、传得更深入方面成效显著。

(一)信息生产智能多元

2019年"两会"期间,多家主流媒体积极创新,将人工智能等前沿技术应用到新闻信息的采集与生产过程中,从源头开始努力打造全媒体环境下的智能媒体,其在生产效率及效果方面表现突出。

新华社在2019年"两会"报道中为记者配备智能眼、全能耳等新型智能设备,在信息采集的初始阶段即开始发力,使新闻信息采集更加高效、智能。这款由我国自主设计研发生产的AR直播眼镜把记者的眼睛变成了摄像机,能够将记者在新闻现场所看到的直观景象直播给观众,而且这一智能设备能够实现人脸识别,实时呈现眼前人物的身份信息。全能耳由新华社与搜狗共同合作打造,借助人工智能,全能耳能够实现高清录音、语音转录、同声传译等多种功能,且能够做到智能过滤无效信息。这些新型轻量化、便携式智能设备给新闻采集带来了减负与加速,记者只需要一部手机、一副眼镜即可实时进行新闻报道,这亦是新华社持续创新、打造新型智能媒体的缩影。

[①] 王晓红,郭海威.全媒体视域下两会新闻报道创新研究[J].中国新闻传播研究,2019(2):67-78.

光明网推出的钢铁侠三代视频采集设备在"两会"新闻生产中同样表现不俗。它在钢铁侠二代基础上进行了改良创新，使新闻报道现场的信息采集质量再上新台阶，有效保证了所采集视频内容的画面稳定和流畅，同时辅以光明网的多信道移动直播云台，能够实现对视频内容的一键包装、一键切换、一键分发，做到新闻生产提质增效。

人民网推出 AI 机器人克鲁泽，其在负责智能接待的同时，还能完成一定的智能采访工作。以人工智能和大数据等技术为支撑，克鲁泽除了能够进行新闻采访，还能实现较高程度的人际交互，参与相关热点议题的讨论，另一款智能机器人悟空同样表现优异。

另外，中央广播电视总台的智能机器人小白、小度等在"两会"新闻报道中也表现出彩。新华社的媒体大脑 MAGIC 借助大数据分析助力新闻生产，产出《一杯茶的工夫读完 6 年政府工作报告，AI 看出了啥奥妙》等众多高质量新闻作品。

（二）信息传输丰富高效

5G、4K 等新技术被充分应用到 2019 年"两会"新闻报道中，同 AI 合成主播等一起发力新闻传播，使"两会"新闻报道在信息输出过程中表现更加快捷、高效、生动。

作为新一代移动通信技术，5G 具有高速率、低时延、大容量等信息传输优势。2019 年"两会"期间，"两会"现场及附近均实现了 5G 信号覆盖。以中央广播电视总台为例，其在"两会"报道中充分融合运用 5G、4K、VR 等技术，全景观、立体化、高清晰地实时报道"两会"，保证了新闻信息传播的高速、高效、高质。

AI 合成主播是 2019 年"两会"新闻报道的一大亮点。各中央主流媒体均自主或同科技企业合作推出自己的 AI 合成主播。这些"主播"除了能够完成新闻播报任务，还具备一定的人际交互和新闻作品加工能力，作为媒体传播创新的最新成果，同样是媒体未来创新发展的重要趋势。新华社在2019年"两会"报道中推出AI合成主播新小萌，与另一智能主播新小浩一起参与"两会"报道，持续输出大量高质量的播报新闻。

《光明日报》与光明网联合推出的AI合成主播小明借助其拟人化的虚拟形象，配以生动丰富的表情、声音等，在仅有文字输入的情况下，实现对字幕、演播室场景等的自动配置和切换，播报形象栩栩如生，取得良好传播效果。

与此同时，封面新闻推出的AI虚拟主持人小封、长城网推出的虚拟主播冀小蓝等智能主播在2019年"两会"新闻报道中纷纷亮相，依托最前沿技术成果，"两会"新闻报道具有越来越强的丰富性、生动性和可观赏性，新闻传播效果也得到显著优化提升。

从传播形式来看，2019年"两会"新闻报道中的Vlog和数据新闻表现突出，吸引了大量观看，并引发关注讨论。

（三）信息接收灵活多样

在全媒体环境下，信息传播无处不在，无所不及，用户的信息接收形式也更加灵活多样，在2019年的"两会"报道中，用户的信息接收渠道和手段得到更大丰富，保证了"两会"信息能够以各种高效形式传达给每一位观众。随着互联网信息技术快速发展，信息接收终端不再只局限于传统媒体、电脑和手机，AR/VR眼镜等智能设备开始成为新的接收终端选择，使信息接收形式与效果更为丰富。

2019年"两会"期间，《人民日报》的AR版现身于人民网"人民视频"的移动客户端中。用户在打开客户端后，通过其中的AR扫面功能，可以扫描《人民日报》报纸上"两会"报道的有关图片，扫描后即可在手机终端上看到与该图片相关的"两会"现场、新闻注释以及可视化的数据等内容，实现内容的多维度、深层次呈现，用户由此获得了更加丰富的新闻信息，同时也更直观清晰且透彻地了解"两会"进展。

《解放军报》依托其移动客户端，加入了 AR 功能，有效实现了《解放军报》内容与中国军网八一电视内容无缝对接，打通渠道推动不同平台、形态内容的互联互通，实现不同媒体的深度融合。与此同时，《解放军报》App 上的 AR 功能支持 3D 模型展示，进一步丰富了其信息服务功能，从而能够更好地满足用户需求。

随着信息接收渠道不断丰富，用户对信息接收形式选择的余地更大，可以依据自身需要以最合适渠道接收信息，这在一定程度上满足了用户的个性化需求，无疑对传播效果、用户体验的提升贡献巨大，也将有助于培养用户忠诚度，提升媒体自身的影响力、传播力和公信力。

二、导向坚守推动报道内容创新

2019 年 1 月 25 日，习近平总书记在主持中共中央政治局第十二次集体学习时强调，要旗帜鲜明坚持正确的政治方向、舆论导向、价值取向，通过理念、内容、形式、方法、手段等创新，使正面宣传质量和水平有一个明显提高。在 2019 年"两会"新闻报道中，各主流媒体以坚守正确导向为底线，从报道内容上强化创新，在对内传播、对外传播和媒体整体布局方面取得良好效果。

（一）凝聚全民共识，强化思想引领

在新时代背景下，国内舆论形势整体健康向上发展，但仍不乏一些消极、质疑甚至是反动的声音，所面临挑战依旧严峻而不可懈怠，因此，新闻舆论工作应继续重视和发力本土传播，做好思想引领工作，从而维护国内舆论场的安全稳定。

2019 年"两会"期间，各主流媒体从全局出发，把握大势，在守正创

新上花大力气、下大功夫，身体力行做到因势而谋、应势而动、顺势而为，时刻牢记正确舆论导向，唱响主旋律，壮大正能量。与此同时，通过不断强化理论建设，宣传党的新思想、新观点、新论断和国家的新政策，切实提高了媒体在国内舆论场中的传播力、引导力、影响力和公信力，有效凝聚起了全民共识，引领国内舆论健康发展。

新华社推出《人民的殿堂》《一路前行》《七十年，我们一直在见证》《同心追梦》等多部重磅微视频，通过讲解中国发展过程中的伟大探索、伟大实践以及其中的动人故事，触动和激发人民群众的民族自信心和自豪感，有效传播并培育了社会主流价值，强化了主流价值观的思想引领作用，使主旋律更加高昂、正能量更加强劲。

央视网"奋斗路上"系列报道紧密围绕"两会"相关议题，以美丽乡村、文化传承、就业创业等为切入点，全方位立体化呈现"两会"场外我国经济社会发展成就成果，让民众深刻感受到新时代中国取得的重大进步，助力增强人民群众的幸福感、获得感和满足感。

强化思想引领是确保主流意识形态安全和舆论安全的重要保障，"两会"新闻报道借力技术创新，积极探索新形式、新语态传播，有效确保了意识形态安全、文化安全和国家政治安全。

（二）立足全球视野，讲好中国故事

习近平总书记多次强调要推动国际传播能力建设，讲好中国故事、传播好中国声音，向世界展现真实、立体、全面的中国，提高国际文化软实力和中华文化影响力。在全球化不断加速的新传播形势下，具备全球视野、强化国际传播能力建设是构建新传播格局的题中应有之义，也是媒体发展的重要目标和方向，要准确把握和抓住有利时机，加强在国际传播领域全面布局，主动作为，坚持不懈讲好中国故事，从而形成同我国综合国力相适应的国际话语权。

在 2019 年"两会"新闻报道中，CGTN 创新传播形式，以数据新闻的形式对外讲述中国故事，通过借助大数据统计分析的 3D 交互和爬虫技术，推出 WHO RUNS CHINA（《为人民》）、WHAT CHINA COUNTS（《数读两会之政府工作报告篇》）、WHAT CHINA JUDGES（《数读两会之两高报告篇》）数据新闻三部曲，基于翔实的数据支撑，以可视化方式加以呈现，使其在对外传播过程中具有鲜明特色。WHO RUNS CHINA（《为人民》）以可视化技术对每位全国人大代表的年龄、民族、教育等信息进行立体展示，体现出人民代表来自人民，亦服务于人民，充分展现人民代表大会的制度优势。WHAT CHINA COUNTS（《数读两会之政府工作报告篇》）依托大数据分析，清晰呈现 65 年来政府工作的"变"与"不变"，让读者看到中国的不断发展和进步。WHAT CHINA JUDGES（《数读两会之两高报告篇》）从两高工作报告入手，可视化回顾法治中国的发展进程。在"两会"这一重要时间节点，充分抓住海外媒体等对中国的关注，用数据向世界解读中国发展进程，具有较强的感染力和说服力，这些新闻报道一经发出，便在海外引发大量讨论解读，产生了巨大反响，有助于世界更好地了解中国、认可中国。

新华社的《制度自信从哪里来？美国小哥看中国式民主》《栽花论政："洋记者"解码中国民主生命力》借由新华社美籍记者对外讲解中国特色社会主义民主制度。从短片在短时间内收获的巨大浏览量和互动量来看，确实取得了很好的传播效果。

（三）丰富媒体布局，推动立体传播

在全媒体时代，传统的传播格局被打破，媒体传播生态发生了重大变化，传播理念与方式不断更新，要打造新的传播格局，就必须紧密结合媒体发展态势，丰富媒体布局，积极构建全方位立体化的现代传播体系。

2019 年"两会"期间，各家媒体借力媒体深度融合，依托强大的媒体传播矩阵，有效扩大了媒体传播的覆盖面，在增强媒体传播力和影响力的

同时，更有效地传播了"两会"声音。

从人民网的"两会"新闻报道来看，其在媒体融合方面不断深化布局，通过融专题、融产品、融栏目和融互动，积极开展"两会"新闻报道，从传播形式、传播样态、传播内容、传播范围和互动参与方面持续发力，依托原有媒体融合成果，以"两会"为核心主题，打造精准化、特色化的"两会"主题传播矩阵，使"两会"报道更精准有效地触达到社会各个角落，强化媒体的社会引导力。

海外网在开展对外"两会"传播过程中，还充分考虑到其所面向的包括6000万华人、500万留学生和7000万学习中文的外国人的特殊受众群体，在传播过程中兼顾技术、语言、文化等因素，进行多渠道、多形态、多样式的立体传播，激发海外用户参与到"两会"话题的讨论当中，从而扩大"两会"报道的海外影响力，让世界看到中国、认识中国、了解中国。

2019年"两会"报道在立体传播方面进行了诸多尝试，也取得了显著成果。今后在继续推动打造立体化传播格局方面，应注重从以下方面展开。首先，要统筹传统媒体与新兴媒体布局，加快推进媒体融合进程，最终形成传统媒体、新兴媒体、融合媒体共进的传播生态格局。其次，要统筹线上线下媒体布局，做到线上线下统筹兼顾，保证媒体传播同时覆盖两个场域。最后，要统筹国际国内媒体布局，在新形势下，媒体所要担负的责任也越来越重，不但要做好国内舆论引导和意识形态培养建设工作，还要加入国际传播竞争，积极对外传播中国声音，驳斥国际舆论场中针对中国的各种负面声音，切实增强在国际国内两个舆论场的公信力，掌握话语权。

三、群众路线催化用户体验创新

在全媒体时代，新型信息技术为民众提供了自我赋权的机会与可能，尤其是随着移动互联网等技术的快速发展，网络空间日益成为社会舆论的重要场域。习近平总书记在人民日报新媒体中心听取人民日报微博、微信公众号、客户端建设情况汇报，观看新媒体产品展示后强调，党报党刊要加强传播手段建设和创新，积极发展各种互动式、服务式、体验式新闻信息服务，实现新闻传播的全方位覆盖、全天候延伸、多领域拓展，推动党的声音直接进入各类用户终端，努力占领新的舆论场。在新时代背景下，走好群众路线尤其是网上群众路线，对于传播党的声音、占领新的舆论场至关重要，在2019年"两会"新闻报道中，媒体在走好群众路线方面积极探索实践，在为用户提供良好信息服务体验的同时，提高了自身舆论引导的能力，有效传播了党的声音。

（一）创新话语体系

当前，面对复杂的舆论形势，创新针对国内舆论场的话语传播体系从而有效引导和管控舆论显得尤为必要和有意义，也是提升媒体影响力的重要途径。一方面，要创新话语风格和表达方式，要用民众喜闻乐见的话语表达接收习惯与方式来传播和发布信息，走好群众路线，同时积极保持主流意识形态的"朝阳群众"参与感，维护和增强民众正能量话语表达的自豪感和获得感，从而有效提升媒体的传播效果，增强舆论引导力和社会凝聚力。另一方面，要继续强化媒体传播话语的理论体系建设，牢固坚守和创新马克思主义新闻观，为新型话语体系提供扎实的理论基础与支撑，从而在开展对内传播过程中切实有效传递党的声音。与此同时，要敢于向非主流意识形态和错误思潮亮剑，加强正向内容和话语供给，迅速消解舆论场的不良社会思潮和情绪，积极弘扬社会正能量。[①]

在2019年的"两会"新闻报道中，Vlog成为一大亮点，多家媒体都推出了Vlog新闻作品，产生了很好的反响。这种形式的新闻报道打破了传

---

① 王晓红，眭黎曦.融媒体生产中的舆论引导创新［J］.公关世界，2017（11）：52-55.

统新闻报道的模式化窠臼，通过日常生活式的记录向观众传播第一视角的新闻现场，且日志作者在拍摄过程中不是拘泥于严肃的新闻报道，而是以更为生活化、口语化的语言，以交流式的话语表达来进行记录拍摄，拉近与观众之间的心理距离，让观众在观看视频时更能感受到亲近感、现场感和参与感，从而使其更愿意观看和理解新闻作品，产生更好的传播效果。如人民网推出的《两会夜归人 VLOG》既记录"两会"报道的参与过程，又将镜头转向民众，后续发起的"寻找夜归人"活动，引发众多媒体人和民众共同参与，将人与人之间的距离再次拉近。

（二）丰富产品形态

随着技术在新闻报道中的应用越来越广泛和成熟，新闻信息的产品形态也变得越发丰富和多元，H5、短视频、Vlog、数据新闻等多种内容形态开始出现在民众面前。全媒体时代，这种丰富的新闻产品形态能够很好地满足不同用户针对新闻信息的个性化、差异化需求，进而使用户体验不断得到优化提升。在 2019 年"两会"新闻报道中，得益于媒体深度融合的显著成效，全媒体传播矩阵表现突出，各种传播形态被充分运用到"两会"新闻报道中，在全方位、立体化、广覆盖传播的基础上，实现对"两会"的多样态表达，使用户各取所需，即根据自身喜好选择合适的新闻产品。尤其在县级融媒体中心的助力下，党的思想传播的"最后一公里"被打通，来自基层的人民群众能够更便捷地获取相关信息，媒体深度融合成效凸显。

在 2019 年的"两会"新闻报道中，评书作为一种中国传统表演艺术形式第一次参与其中。人民网在"两会"期间推出音频栏目《刘兰芳两会评书》，以说评书的形式来聊"两会"，具有一定的新意，让听众在听评书的同时，能够更好地了解"两会"信息，取得了较好的传播效果。

另外，新华社、《人民日报》等推出的数据新闻在"两会"新闻报道中同样表现优异，借助人工智能、大数据等技术，将数据进行整合归纳，通过可视化的形式呈现在用户面前，视觉体验较好，有助于理解。

（三）鼓励参与互动

2019年"两会"的新闻报道在走群众路线时更用心，也更细心，不断在落细、落小、落实上下功夫，通过各种渠道实现与民众之间的沟通互动，让民众能够更多更深入地参与"两会"新闻报道活动，使其能够更真实地接近"两会"，从而增强其参与感和主人翁意识。[①]

各家媒体在"两会"报道中均借助各种形式与民众实现互动，如人民网在"两会"前发起"两会调查"作为"两会"预热报道，引发了450万人次的参与，网民参与热情不断高涨。与此同时，媒体的"两会"报道主题更多地集中在与民众切身相关的主题方面，相较以往过多关注明星委员现象发生了巨大转变，2019年的"两会"报道主要集中在对各项议案、民生问题等的讨论上，因此也更易引发民众关注和参与讨论互动，传播渠道的畅通进一步保证了信息的上下沟通，民众也更积极主动地参与到与"两会"相关的话题互动中。

人民网人民视频联合其他多个平台发起的"寻找夜归人"活动，广泛征集与2019年"两会"相关的Vlog短视频，得益于网络基础实施更完善、技术使用门槛降低和资费下降等各项惠民举措，普通民众越发积极活跃地参与活动。

另外，中央广播电视总台、封面新闻等媒体在增强报道互动方面积极发力，通过各种内容征集活动向网友征集身边故事，将用户带入新闻生产，在增强用户互动的同时，也有效增强了用户的参与感、满足感和成就感。

四、深化融合助力传播效能创新

2019年1月25日，习近平总书记在主持中共中央政治局第十二次集

---

① 王晓红.新型视听传播的技术逻辑与发展路向［J］.新闻与写作，2018（5）：5-9.

体学习时强调，推动媒体融合发展、建设全媒体成为我们面临的一项紧迫课题。在全媒体时代，要推动媒体融合发展，必须要坚持多方协同和一体化发展方向，加快实现融合质变，放大一体效能。在2019年"两会"新闻报道中，各媒体积极贯彻践行习近平总书记关于媒体融合纵深发展的重要指示，坚持移动优先策略，积极探索新技术在新闻报道全过程的应用，寻找传播效能创新增长。与此同时，各级媒体协同配合，强化资源整合和有效配置，致力于加快构建全媒体传播体系。

（一）资源整合，实现协同联动

2019年1月25日，习近平总书记在主持中共中央政治局第十二次集体学习时指出，推动媒体融合发展，要统筹处理好传统媒体和新兴媒体、中央媒体和地方媒体、主流媒体和商业平台、大众化媒体和专业性媒体的关系，不能搞"一刀切""一个样"。要形成资源集约、结构合理、差异发展、协同高效的全媒体传播体系。

2019年"两会"期间，人民网将其大型视频直播节目《两会进行时》进一步创新挖掘，推出了《两会进行时》特别节目"地方时刻"，每期节目同一家地方媒体进行合作，通过央地媒体协同联动实现资源整合共享，全媒体联动传播地方故事，成为2019年"两会"期间媒体融合报道工作的新亮点。在合作过程中，两级媒体联合传播有效提升了主流声音声量，扩大了主流价值影响力版图。

另外，中央广播电视总台在2019年"两会"前夕上线了"全国县级融媒体智慧平台"，该平台以央视新闻移动网为支撑，在其移动客户端"央视新闻+"设置"最前沿县级融媒体"入口，依托其技术和渠道优势赋能县级融媒体中心，为县级融媒体中心构筑强有力的移动传播矩阵提供有效助力。

在今后媒体融合纵深发展过程中，应继续强化融合所涉各类资源之间的协同创新，推动协调嵌套、有效配合，充分挖掘各类资源发展潜力，并形成深度融合发展合力，产生"一加一大于二"的效果，从而为媒体融合深入推进提供强劲动力，实现媒体融合跨越式发展。①

（二）多维发力，坚持移动优先

根据中国互联网络信息中心发布报告显示，截至2018年底，我国网民规模已达8.29亿，其中手机网民规模达8.17亿，占全体网民的98.60%。尤其伴随当前资费、智能手机价格下降等触网门槛不断降低，移动互联网在全媒体时代正扮演着极为重要的角色，能否在移动互联网领域占据主导、掌握话语权直接关系到文化安全、意识形态安全乃至国家政治安全。因此，在推动媒体融合发展过程中，要在多维发力的基础上，坚持移动优先策略，从而使主流媒体以移动传播为支点，牢牢占据舆论引导、思想引领、文化传承、服务人民的制高点，实现传播效能的最大化。

2019年"两会"期间，各家媒介均高度重视移动传播，加快在移动传播领域的矩阵布局，确保"两会"报道能在各移动传播渠道得到分发呈现，从而最大限度地占领移动互联网这一新的舆论场。

但与此同时，需要注意，强调移动优先并非弱化或忽视其他渠道，而是要将各种形式、各类渠道融为一体，真正实现媒体深度融合，而非浮于表面，从而最大限度放大传播效能。

（三）技术驱动，实现过程升级

近年来，技术力量开始越发频繁和紧凑地介入到媒体融合发展进程中，大数据、人工智能、AR、VR等新技术开始成为媒体实现变革、转型和升级的重要抓手，H5、短视频、Vlog等新型传播形态不断出现，媒

---

① 王晓红.精耕地方内容 提振专业价值［J］.中国广播电视学刊，2018（5）：42-44.

体传播渠道和手段在新技术驱动下越发丰富多元。在全媒体时代，媒体融合将逐渐向技术引领、服务至上的方向演进，技术驱动下传播过程升级的终极目标是向媒体用户提供更好的信息内容服务，从而更好地优化用户的信息接收体验、提升信息传播效果，伴随新兴信息技术继续创新迭代，其对媒体融合发展的促进作用也势必越发强劲，推动媒体融合继续向深入迈进。

2019年"两会"期间，多种信息技术被运用到新闻报道的信息采集、生产、分发、反馈等全过程，媒体越发朝向智能化发展演进，其在提升传播效率的同时，为用户带来了更好的信息体验，极大优化了"两会"新闻报道的传播效果。

封面新闻在2019年"两会"报道中，借助虚拟演播室系统，综合利用相关图像制作和建模技术，将演播室中的主播同四川多个重大民生工程结合在一起，生成了虚拟混合现实新闻视频，使用户在观看这组视频新闻时，产生较为深刻的沉浸式观看体验，在场感显著增强，从而能够更为深刻地理解新闻内容。

在媒体融合发展过程中，技术力量打破了已有的传播格局和传播生态，并以此刺激和诱导媒体进行创新变革，使媒体借助技术力量来建构新的传播格局与生态。与此同时，媒体融合发展也更加适应新的传播环境，从而能够向上向好继续推进。

在全媒体环境下，新闻报道已经是一种多对多的自主传播，主流媒体也因此置身于远比以往开放的信息环境中生产和传播内容。在此背景下，主流媒体的传播效力已不再来自权力，而是需要在竞争中实现影响力。面对新闻用户日益开阔的视野和个性化的信息诉求，如何平衡好内容和形式的关系至关重要。一方面，分众化传播已成趋势，如何与不同新闻用户群体之间建立密切联系，适应其新闻消费方式，激活其转发新闻的社交动力，变得越来越重要。当前，我们必须要正视有产品无流量、有流量无实效的问题;另一方面,新技术赋能促进了媒体报道全面创新升级,甚至可以说,在新的信息发展方式中,"新技术效果无处不在,新技术媒介塑造着我们的存在",但是无论技术如何演进,在被信息和选择淹没的世界里,新闻业应该依然承担着这样的责任,即引导公众,帮助他们理解变动,使之能够做出较为充分的判断。对于主流媒体的重大时政报道而言,更应如此,要警惕对技术的盲目追逐或者过度炫耀,要警惕对细枝末节的事物过于关注,反而忽略了对于重大问题的把握、对重要事实的深入,所以,重大时政报道在全媒体时代,既要善于运用新技术、新形态、新表达,以适应新需求、新群体,同时还要坚持"两会"议题的报道要义:要让不同群体的受众清晰地了解国家的重要议题,报道者依然要学会并且善于从与民生息息相关的重大议题中寻找底气,从广大人民群众诉求中把握方向。

总之,全媒体时代的媒体报道要关注全程、全息、全员,更要注重全效。应在把握新变化的过程中,坚守自身核心资源与能力,坚持以先进技术为支撑,以内容建设为根本,守好主阵地,占领新阵地,真正实现全效传播。

第四节　全媒体传播赋能网上妇联建设

近年来,根据《中共中央关于加强和改进党的群团工作的意见》的精神要求,四川妇联积极"打造网上网下相互促进、有机融合的群团工作新格局",初步形成了一批在全国妇联组织中有示范效应的创新成果。在新时代新形势下,如何不断扩大四川网上妇联工作品牌的传播影响力,深度推进妇女工作在实体领域和虚拟空间、线上和线下两条战线深度融合,成为亟待解决的新问题。研究在对四川省七个地市妇联网上传播进行分析的基础上，探索四川省地市级妇联网上品牌形象建设行之有效的新方向和新路径。[①]

一、妇联网上平台建设发展现状

（一）建立联系：制作发布多主题信息

调研结果显示，32.66%的妇女群众通过新媒体渠道接收妇联所发布信息，虽然占整体比例不高，但随着妇联网络工作架构的完善，新媒体将越来越成为妇联组织联系妇女群众的主要渠道和窗口。目前，妇联基于新媒体渠道与妇女群众首次建立联系的形式主要有两种，一是主动推送，发布热点信息或有用信息吸引妇女群众关注，这些信息包括核心价值观内容、生活小常识等；二是通过开展线下活动吸引关注，通过线上做需求调研，线下和相关部门对接，继而开始线上报名邀请关注，并发布相关信息，随后开展线下活动，活动结束后也会以在线形式收集群众反馈。

从各地市妇联的官方微信公众号发布的信息来看，大致可以分为工作性信息和非工作性信息，工作性信息主要集中于对妇联自身工作的日常发布，负责宣传工作的部门会同其他部门沟通，如由其他部门负责提供原材料稿件，妇联新媒体板块进行编辑，但是最终审核权仍然宣传部门所有，内容推送始终做到严格把关；非工作性信息会根据网上妇联的栏目分组，阶段性推送不同内容，涉及维权、家庭教育、绿色生活、环保等主题，也会结合一些时间节点做内容推送。

另外，各地市在网上妇联建设过程中，也积极与传统媒体进行有效联动，取得了良好传播效果。以自贡妇联（自贡市妇女联合会）为例，在自贡市广播电视台、《自贡日报》、《自贡晚报》等传统媒体上亮相频次较高，

[①] 郭海威，王晓红.新媒体传播视域下网上妇联建设的现状、困境及路径探索：基于对四川省七个地市妇联的调研［J］.科技智囊，2020（6）：74-80.

如每年在《自贡晚报》上呈现频率基本在 200 次以上。

(二)平台搭建:新媒体矩阵初具规模

近年来,各妇联系统积极运用互联网思维活跃妇女工作,初步形成了具有"妇"字号特色的"两微一网一平台 N 群"(微博、微信,妇联官网,妇联通办公平台,N 个 QQ 群/微信群)的新媒体矩阵,同时在以该新媒体网络为主要传播渠道的同时,尝试探索使用今日头条、企鹅号等新媒体发布平台,以提升妇联系统的新媒体覆盖率。通过及时发布活动信息、转载、推送妇女群众关切的信息,提升妇联组织与妇女群众的沟通和协同效率。

如目前自贡已有四个区县妇联开通官方微博或微信公众号,初步建成各类 QQ 群、微信群、妇联通工作群等各类联系群 400 余个,安排部署所有村(社区)妇联建成当地的妇女微信群,四级妇联新媒体矩阵基本形成。遂宁妇联(遂宁市妇女联合会)通过对官方网站进行全新改版,有效提升了网站的宣传、服务功能,在信息提供方面,大量发布妇联组织的线上线下活动,构建了联系网、服务网、工作网三网合一的"互联网+妇联"工作新格局。

在此基础上,各级妇联组织借助所搭建好的新媒体传播网络,积极开展线上主题活动,宣推习近平新时代中国特色社会主义思想,深入开展社会主义核心价值观网上教育,切实承担起引领广大妇女听党话、跟党走的政治责任,担当党联系妇女群众的桥梁纽带角色,有效发挥了思想引领作用,为夯实党执政的群众基础起到重要作用。

(三)服务升级:提升内容供需匹配度

在依托新媒体开展工作的过程中,妇联逐渐从摸索中找准了新时代开展工作的切入点和着力点,即服务升级。通过提供妇女群众所亟须的个性化需求,有针对性地开展帮扶和支持工作,增强妇联在解决妇女问题时的参与度,提升妇联的服务能力,强化妇联在妇女群众心中的重要性和可依赖性,空中课堂、在线咨询、在线活动参与等成为妇联网上服务的重要方式。

在妇女维权方面，广元妇联（广元市妇女联合会）借助水滴直播平台，打造出了"媚儿话维权——建设法治广元 巾帼在行动"精品网上课堂，通过专业人士在线授课、在线咨询、互助讨论等方式展开学法活动，通过宣传，进一步增强广大妇女儿童法制意识和维权意识，依法维护自身合法权益。

在妇女发展方面，新时代背景下，妇女群众在寻求权益保护的同时，也在寻求发展。妇联通过线上线下讲座同步开展，对有发展需求的妇女群众进行技能培训，同时为用人单位和妇女群众提供岗位对接服务。另外，对于广大家庭来说，家长非常关注孩子成长，其在寻求与孩子有效沟通方式方面极为迫切。为此，妇联组织通过开展母亲课堂等形式对父母和孩子开展线上线下讲座，同时在微信群进行相关知识内容的分享，并通过收集反馈信息考察服务效果。

在家风家教宣教方面，自贡市妇联拥有多个市级家风家教微信群，每天推送相关知识或宣传内容，每周由省妇联老师进行在线讲座，致力于从良好家风家教出发，同时涉及环保、维稳、防艾防毒等主题，来促族风、促民风、促社风，使得社会风气向好的方向发展。另外，一些妇联组织正在尝试与社会教育机构进行合作，希望建设家庭、学校、社区三方共聚的教育体系，从对家长的教育方面发力营造全社会向善向好的氛围。与此同时，各妇联正在尝试组建或已组建出自身的讲师团队，该团队聚集多个领域的专家人才，通过线上线下多渠道开展讲座授课，服务妇女群众和家庭。

二、妇联网上平台建设面临困境

（一）服务群体关注度低

从对各个地市妇联的微信公众号的数据分析来看，各妇联微信公众号的粉丝量都不是很高，相对各辖区内所要服务的全部妇女群体来说，关注度较低。虽然通过评选投票等活动可以快速增加粉丝量，但是从长远发展角度来看，各地市妇联更希望妇女群众对其的关注度能够自然增长，从而收获较高的用户黏性。从前期的内容推送来看，虽然妇联在内容建设方面较为走心，但普遍存在的问题是在内容原创性以及发布信息数量方面仍然比较欠缺，导致对服务群体的吸引力不强。另外也存在妇联的新媒体信息发布以转发为主、内容同质化程度较高的问题，如大量转发的内容主要集中于全国的妇女儿童相关新闻、本地相关新闻等，原创内容主要包括会议新闻、妇联线下活动宣传、本地消息、生活常识类和励志性文字，且多为传统内容向新媒体平台的简单平移，并未准确把握新媒体传播的内在机制。

（二）网上传播缺乏互动

妇联作为服务性群团组织，通过互联网与所服务群体进行有效互动是提升其服务能力、实现工作目标的重要途径。目前的困境在于，妇联的新媒体矩阵虽然基本建成，但是受限于人力物力财力的紧缺，存在影响力和活跃度低的问题，网络宣传效果不太好。信息发布渠道始终不太通畅，多数群组的活跃程度很低，如何激发新媒体创新活力，提升妇联群组的影响力和活跃度，是妇联下一步的重点工作之一。

另外，内容供给也是网上传播能否实现有效互动的影响因素。从话语逻辑来看，妇联在进行网上建设时，存在新媒体语境切换不健全的问题，有时会呈现"两张皮"现象。在涉及妇联工作时，内容具有较强的说教意味和传统媒体语态，粉丝接受度不高，导致在同一平台中妇联所发布内容的竞争力较弱，且该部分内容多为原创，是妇联在该平台确立基调的重点，却没有起到相应的作用。在涉及日常发布的非原创内容方面，妇联所发布内容的主基调基本定位在"健康、家庭、情感、咨询"等属性，力图打造好"朋友"这一角色，但是目前来看，其内容较为宽泛、缺乏新鲜感，未能很好地体现出自身的独特风格。

（三）传播理念亟待创新

目前各级妇联都在积极打造新媒体平台，在搭建完善的新媒体传播矩阵的同时，其实造成了粉丝的稀释，导致传播效果较差，如各级妇联都要打造联系网、工作网、服务网，由于服务群体重合，很容易造成资源浪费。与此同时，其他政府部门也在政务新媒体领域发力，但是各机构、部门间在新媒体运营时存在信念不强、思维固化现象。包括妇联在内的各个政务新媒体平台在建设和运营过程中各自为政，没有很好地互相打通。

与此同时，在信息发布方面，妇联新媒体建设缺乏互联网思维，如工作性信息发布主要集中于工作内容展示，非工作性信息发布主要集中于转发健康、情感、家庭等主题内容。而面对社会热点事件或突发情况时未能及时发布相关信息，从侧面来看这反映出两方面功能的丧失：一是作为联系和服务妇女群众的重要平台，未能基于自身工作特征对涉妇女事件发出妇联声音；二是妇联作为领导妇女群众的组织，未能起到思想引领和抨击错误言论及思潮的作用。

（四）定位不清弱化功能

妇联的功能定位不清晰也是其网上形象建设效果有限的影响因素之一。从组织层面来看，妇联作为联系和服务妇女的群团组织，在联合和服务妇女群众的同时，也需围绕党政工作重心开展工作，承担着重大使命：引领广大妇女坚定理想信念，做习近平新时代中国特色社会主义思想的践行者；引领广大妇女建功新时代，做伟大事业的建设者；引领广大妇女展示新风貌，做文明风尚的倡导者；引领广大妇女扬帆新征程，做敢于追梦的奋斗者。

从具体工作层面来看，妇联在新媒体运营方面的工作人员欠缺，往往是由非专职宣传岗位的人员负责，负责人要身兼数职，在处理其他工作的同时，兼职负责新媒体运营。作为内部工作人员，其通常未接受过专业培训，在选题策划和专业制作技术上有所欠缺；在新媒体运营外包时，又面临着运营人员对新媒体运营专业、对妇联了解不深的问题。

（五）服务性弱影响效果

各地市妇联网上形象建设内容虽多，但是服务性相对较弱，导致服务群体的用户黏性偏低。如当相关微信公众号或群组推送热点或活动信息较多时，会显著吸引粉丝关注和参与互动，而当推送工作性信息较多时，粉丝关注度会明显降低。另外，当前妇联在开展活动时存在活动载体少、活动形式陈旧、活动主题老套等问题，未能准确把握所服务群体的需求，导致妇女群众缺乏参与热情、满意度不高，宣传效果较差。如母亲课堂等活动主要是线下活动，请相关专家进行授课，但是在城市社区开展存在困难，主要原因就在于未能提前调研妇女群众需求，形式上又流于老套，缺乏吸引力，最终是花了钱却未能取得好的效果。

此外，从新媒体平台的功能设置来看，目前一些妇联虽然在政策支持和资源协调方面具有一定优势，但是其尚未能借助新媒体平台打通线上线下，如多数新媒体平台尚不具备妇女维权、健康咨询、就业培训等刚需入口，导致针对妇女群众的服务功能难以很好发挥。

三、网上妇联品牌建设特色经验

（一）挖掘地域元素，打造特色妇联品牌

自贡妇联的"妇联在我身边"的品牌话语、独特的VI设计等都是自

贡妇联在打造自身品牌方面做出的努力和尝试；在开展活动和宣传时结合"千年盐都""恐龙之乡""南国灯城"等地区特有美誉，为妇联品牌建设添加文化元素和地域标识，有效提升了妇联品牌的知名度和影响力。

广元女儿节是广元人民纪念一代女皇武则天的特有传统节日。2014年开始，广元女儿节从市政府主办转为妇联主导，现已成为广元市展示时代女性风采、传承历史情怀、沿袭厚重文化的独特载体。广元妇联以此为契机，通过对女儿节进行品牌化运营，较好地推动了妇联品牌形象的建构与传播，如开展"女儿游河湾"、"女皇味道"嘉年华、群星演唱会、万人相亲大会、"盛世踏歌"女儿节狂欢夜、"四天三夜"全球女性免票游等系列活动，将妇联工作穿插在女儿节的具体活动中，有利于妇联品牌的具象化。

（二）搭建网上平台，孵化支持社会组织

各地妇联通过搭建公益平台，孵化了多家社会公益组织，同时有效吸引了其他公益性社会组织的入驻与合作。这些社会组织有效整合了多种资源，基本涵盖各个领域，涉及文体娱乐、教育培训、心理咨询、法律援助等，通过开展丰富多样的活动，取得了良好的社会效果。在提供和开展丰富的公益活动的同时，这些社会组织自身也拥有一批专业性的新媒体人才，对活动内容进行编辑宣传，社会影响力不断扩大，收效显著。

资阳妇联（资阳市妇女联合会）在举办"幸福微公益系列"品牌活动时，积极同社会组织联合，打造出多种主题活动。"悦读悦享"活动就是主打家庭读书的主题活动，资阳妇联希望通过家庭阅读活动的开展，号召更多家长陪伴孩子阅读，与好书为友，与好书为伴，树立"人人是学习之人"的家庭理念，形成"家家是学习之所"的学习氛围。

限于妇联当前的人力不足，通过政府购买服务、牵头公益性社会组织加入等形式引入有想法、有能力、有资金的社会组织，无疑是满足妇女群众需求、提升妇联服务能力、打造妇联特色品牌的有效途径。

（三）拓宽服务手段，丰富妇联服务职能

以自贡龙湖远达社区为例，为适应新时代的妇女儿童工作，远达社区妇联以网络为纽带、以服务为出发点，积极增加社区和居民零距离的服务新手段，拓宽妇联的宣传、教育、引导工作，针对妇女群众不同需求开展个性化的活动。该社区在网上开通了掌上社区，是集党建、法律维权、妇联相关工作等于一体的网络平台，平台上设有专门的妇女之家、网络维权之家，为妇女儿童提供集政策宣传、网上办理业务、就业、网络援助于一体的网络化服务。如以社区妇联名义与社会组织进行对接，开展公益性活动。通过创新服务渠道和手段，有力强化了妇联在妇女群众中的存在感和影响力，今后可以考虑将该模式在自贡市更大范围内进行复制。

攀枝花市妇联（攀枝花市妇女联合会）则是与直播平台展开合作，通过政府购买的方式，在直播平台上开辟"花城幸福家"社群，以此吸纳和鼓励妇女群众进入社群观看直播、参与互动。直播内容涉及家庭教育、线下活动展现等多种主题，取得了良好的传播效果。

新媒体为妇联工作方式及模式的优化升级提供了可能，以新媒体手段为功能载体，将妇联的服务功能触角延伸至更大范围，增加妇女群众接触妇联的可能性，在此基础上，通过资源整合与合理配置，妇联服务职能将更加丰富和完善。

（四）创新传播模式，提升妇联服务能力

自贡龙湖远达社区推出"她系列"活动，涉及多项主题，包括她风采、她网络、她力量、她阅读、她学习等内容，通过对相关内容进行记录，继而在网络上广泛宣传。在宣传形式上，该活动以社区居民为出发点，通过招募有特长的群众，让居民积极踊跃参与，以自下而上的宣传模式，取代

惯有的展示妇联自己工作的自上而下的宣传模式，居民的参与热点越发高涨，相应地，妇联的工作开展更加顺利，效果也更好。

另外，在专业知识的学习和分享领域，各地妇联都在努力整合和统筹各方资源，积极筹划或已经组建了专业化的讲师团队，这些团队所涉领域广泛，聚集了当地各行业的优秀人才，通过政府购买服务、志愿服务等形式为妇女群众提供帮助和支持。如南充市妇联（南充市妇女联合会）为适应新时代的妇女儿童工作，为妇女儿童提供更多切实的帮助，组织开展了巾帼电商创业培训，助力妇女通过网络创业或再就业，通过举办"妇女电商人才故事分享会"，线上线下同时发力，宣传电商创业妇女的先进事迹，分享电商创业故事，激发妇女创新创业激情，在提供服务和引导的过程中，有力诠释了自身职能，树立了良好妇联形象。

四、网上妇联品牌建设提升思路

（一）优化运营：打造主力传播平台

平台定位要清晰。妇联在新媒体运营过程中，容易陷入认识误区，即粉丝主要是女性，内容只要跟女性相关即可。然而细究可以发现，女性用户的概念所指较为广泛，且单纯从女性视角出发，容易陷入内容平庸化、同质化的陷阱。妇联需要思考的问题在于，其服务对象是哪些妇女群体，平台的定位点是什么，如何通过差异化的竞争策略赢得妇女群众的关注和喜爱。目前基于新媒体平台的后台数据，仅可以提取出用户的性别及所在地，互动性的缺乏也为对用户的精准识别带来很大阻力和困难。今后在运营过程中，应在传播思路和模式上继续推陈出新，从而能够对平台用户进行准确画像，在此基础上尝试提供精准化服务，从而提升妇联新媒体平台的吸引力，增强用户黏性。

平台不可替代性。在明确了新媒体平台的定位之后，如何有效留住用户并吸引更多用户进入是妇联在新媒体运营方面的又一项重要任务。在新时代背景下，妇联新媒体作为政务新媒体平台，要承担好两项职能：一是提供内容服务，二是提供功能服务。内容服务就是要为妇女用户提供她们喜闻乐见的内容，有效提升妇女群众在接收信息后的获得感和认同感，其关键在于找准用户的内容喜好，同时结合妇联实际工作，做好内容供给。这其中，将线下活动带到线上、加入地域特色等做法都是运营好新媒体平台的重要切入点和突破口。功能服务就是要借助新媒体平台开展实际服务，满足妇女群众的维权、医疗知识普及、医疗快捷通道、技能培训等现实需求，从而有助于吸引妇女群众聚集在妇联周围。

掌握好传播技巧。在信息爆炸的时代，要想抓住用户的注意力，向用户提供符合其信息接收习惯的内容，是赢得用户的重要法宝。在内容的编排方面，应重视排版和提供图文结合类的内容；在内容叙事方面，应聚焦在能够引起女性情感共鸣的内容，从女性视角进行故事的叙述和表达；在内容标题方面，应注意贴近社会热点和用户偏好；与此同时，要用好新媒体的互动功能，可将互动内容作为信息的一部分提供给用户，以提升其参与热情，增强分享意愿。另外，新媒体时代的传播应注重形式和手段的创新应用，如借助H5、短视频、直播等形式传播信息，强化互动，优化用户的信息接收体验。

（二）找准抓手：持续发力关键领域

把握妇女需求。在今后网上妇联品牌建设过程中，应继续坚持内容为王，内容应符合妇女群众需求，通过各种形式开展综合调研，明确妇女群众的个性化需求，继而将需求包装成项目，以政府购买社会服务的形式外包给社会组织，从而为妇女群众提供专业性的服务和指导。如一些妇女群众对健康等领域关注更多，妇联则可以同医院、卫生局等部门或相关社会组织开展合作，满足其健康需求。另外，在妇女就业、创业等方面可以整合社会资源做好技能培训、创新扶持等工作，并做好内容宣传，提升服务能力的同时增强品牌影响力，如自贡通过打通民政、公安等相关部门数据，打造12349智慧养老平台，为养老行业提供了有效的数据支撑。

把握中心工作。在今后的新媒体宣传工作方面，各妇联组织应继续围绕"做好妇女工作、深化妇联改革、推进妇女事业、促进妇女全面发展"的思路开展工作，增强"四个意识"、坚定"四个自信"，聚焦素质提升、维权关爱、巾帼建功、脱贫攻坚、幸福家庭等工作目标，逐渐增强妇联的线上服务功能。借力国家和升级平台做好各地妇联新媒体平台建设，同时加强与本地大群团以及政府部门的合作，开通服务妇女群众的线上入口，推动妇联服务功能的转型升级，真正做好联系和服务妇女群众的工作。

把握重要节点。妇联可以结合重要时间节点加大网上宣传，提高妇联在网络中的曝光度，助力妇联网上形象建设。可以在"3.8"妇女节、"5.15"国际家庭日、"6.26"国际禁毒日等具有重要意义的事件节点开展宣传工作或相关活动，从妇联角度参与到事件或活动的传播过程中，同时依托多种新媒体形式号召妇女群众参与互动及传播。如广元妇联以女儿节这一当地重大节日为契机，开展多种线上线下活动，从而强化了妇联品牌的在场性，"女皇味道"嘉年华依托美食，将妇联的创新创业典型融入其中，"万人相亲大会"则以青年群体为抓手，推动建立妇联与青年男女的联系。

把握重点事项。在新时代背景下，面对复杂的信息传播格局，妇联更要承担好在妇女群众当中的思想引领作用，通过多种形式开展宣传教育，将妇女群众紧密团结在党的周围。可以通过各种新媒体手段开展三八红旗手、优秀巾帼志愿者、最美家庭等的评选活动，鼓励广大妇女群众积极参与，同时可在线上传播妇女群众的先进事迹，宣讲党的最新政策和理论成果，有力强化妇联在妇女群众当中的引领力、号召力、凝聚力。如自贡妇联通过开展"紫薇花家庭微公益""新家园、新女性、新生活""巾帼志愿者家庭联盟""幸福使者公益平台"等妇联品牌项目的线上策划、线下活动等,探索建立"网上妇女之家",有效凝聚了妇女力量。

(三)整合资源:多方参与强化联动

推动政务新媒体联动合作。妇联应树立联动意识,积极与政府相关部门建立长效合作,吸引更多妇女群众参与到妇联的工作中。如中共盐边县委宣传部在芒果收获季,开展了以芒果为主题的抖音短视频作品大赛,有效调动了当地人民群众的参与热情。盐边县妇联(盐边县妇女联合会)借此机会,承担并完成好当地县委宣传部的活动任务,号召广大妇女群众积极参与到短视频创作活动中,妇联的影响力和凝聚力得到有力提升。

拓宽新媒体内容发布渠道。目前各地市妇联在新媒体平台运营主要是由妇联各部门提供相关素材资料,由妇联组织内部宣传负责人或外包公司对素材进行加工编辑,经妇联负责领导审核通过后对外发布。在今后的工作中,妇联应坚持同本地专业能力较强的新媒体运营单位开展合作,借助专业传播机构的能力和资源优势,第一时间在多平台对外展示妇联工作进展,引导社会各界了解关注妇女工作。

整合新媒体内容生产力量。当前各地市妇联在网上品牌建设和打造方面短板明显,尤其在人力及创新性方面明显不足。下一步应考虑整合资源,壮大内容生产力量。如在高校合作方面,可以考虑与当地的大学开展合作,吸引大学生群体等年轻力量参与妇联网宣工作,增强组织活力和创新性。另外,可以考虑同其他群团组织进行联动,整合汇聚资源,有效提升网上品牌建设效率。

(四)提升能力:打造专业化妇联队伍

转变思维,提升新媒体驾驭能力。目前各妇联在新媒体平台的运营方面凸显出专业能力不足、思维局限等阻力,在针对能力提升的培训方面,更多的是由市级妇联新媒体负责人对村镇级妇联组织进行培训,针对区县级妇联干部的新媒体培训主要是由省妇联新媒体负责人进行授课培训。在今后工作中，应将新媒体整体驾驭能力纳入妇联干部培训板块，强化妇联干部的互联网思维。可通过邀请擅长新媒体内容策划、传播的领导干部、媒体记者、新媒体从业者等，从理念和实际操作等方面开展讲解培训，有效提升各级妇联干部在运用新媒体开展工作方面的能力水平。

灵活推进，增强新媒体使用意识。由于各地妇联工作人员对新媒体的熟悉和掌握程度不同，各地妇联也积极通过培训提升妇联组织内部对新媒体的运用能力。后续开展工作时，要坚持灵活推进的原则，通过安排各级妇联的网宣任务，鼓励妇联工作人员对新媒体用起来、熟悉起来，培养自觉使用新媒体的意识，并最终用好新媒体来支撑妇联工作的开展。与此同时，鼓励妇联工作人员也积极利用新媒体传播与妇联、妇女有关信息，亮出妇联旗帜，弘扬社会正能量。

积极发声，强化新媒体舆论引导。限于新媒体平台运营人员的紧缺，目前各妇联在新媒体运用时同用户的互动频率较低，对所服务群体的舆论掌握力较弱。在今后开展工作过程中，应积极关注本地或涉妇联的舆论动态，强化线上线下的沟通对接，同时在网宣员网评员队伍建设方面继续发力，打造素质过硬的舆论引导队伍。尤其是面对涉妇女问题的网络热点事件，妇联应做到及时了解、跟踪、处理相关信息，做好对妇女群众的舆论引导工作，提升对舆论的把控能力。

五、协同联动汇聚发展合力

坚持主流媒体内部各部门、各子公司等机构、团队的协同配合，构建形成职责明确、统筹推进的良好工作机制。针对视频化转型，技术、内容、营销等团队应切实增强共同体意识，坚持目标导向，探索设立工作室等，增强视频化转型实效，提升主流媒体的视频化输出和赢利能力。跨部门形成资源聚合平台，加大资源投入，支持和鼓励原创优质视频内容及其衍生产品开发，在主流媒体内容形成创先争优的良好氛围，为优质视频内容生产与新业态探索开辟广阔空间。

坚持同相关监管部门、视频创作者、用户、MCN机构、技术公司、内容平台、行业协会等各类主体协同合作，丰富、扩大优质视频类内容供给，优化提升传播效果。推进视频化转型的相关标准体系、评价体系建设，强化视频类内容生产传播的示范引领作用，确保主流媒体视频化转型持续提质增效。重视并探索海外战略布局，加快主流媒体走出去步伐，以多样化的视频样态宣介中国文化、发出中国声音。

第五节 "一带一路"语境下主流媒体的传播实践

2023年是"一带一路"倡议提出十周年。十年间，围绕"一带一路"倡议的国际合作实现从无到有、由浅入深，呈现出蓬勃发展动力，取得丰硕成果。习近平总书记在第三届"一带一路"国际合作高峰论坛开幕式上的主旨演讲中指出："共建'一带一路'坚持共商共建共享，跨越不同文明、文化、社会制度、发展阶段差异，开辟了各国交往的新路径，搭建起国际合作的新框架，汇集着人类共同发展的最大公约数。"作为推进"一带一路"国家文明对话与交流互鉴的重要载体与抓手，近年来我国主流媒体充分发挥主力军作用，发掘自身资源禀赋，放大全媒体传播优势，聚焦"一带一路"倡议所涉各类议题开展创新传播，有效阐释"一带一路"倡议的建设愿景，增进"一带一路"共建国家相互理解与认同，为构建人类命运共同体营造良好舆论氛围，贡献媒体力量。[1]

---

[1] 胡正荣，郭海威. 共建"一带一路"语境下主流媒体的传播实践与效能提升[J]. 电视研究，2023（11）：20-24.

一、主流媒体聚焦"一带一路"倡议的传播成效

近年来,主流媒体作为党的新闻舆论工作的中坚力量,在涉"一带一路"议题报道上不断推陈出新,重点围绕"一带一路"建设进展、重大活动等开展持续性、高响应度的策划创作,打造推出一批系列化、原创性的融媒体产品,相关议题传播在短中长期持续形成和占据国际国内舆论焦点,有效引领社会话题。

(一)重点议题同频共振,矩阵传播放大声量

面向全媒体传播体系建设,各级主流媒体基于各自特质积极推进融合发展,于媒体深度融合视野下围绕"一带一路"相关议题进行创新传播,并在潜移默化中形成各级主流媒体统筹配合、协同互补的传播机制,广泛占据各类媒介渠道,着力打造报道精品,共同讲述"一带一路"故事。主流媒体积极拥抱和运用融媒体传播的智能化、精准化、交互化等新特征,打出融合报道"组合拳",尤其通过短视频、H5、海报、长图等大批轻量化、易传播的融媒体产品,借力全媒体技术,有力传播"一带一路"倡议的核心理念、发展进程、重要成果。

同时,主流媒体在涉"一带一路"议题报道中,结合重大事件、重要节点,注重增强融合传播的移动化、可视性、针对性,以"轻传播"为突破口,凭借高触达率实现相关报道的同频共振、同向聚合。第三届"一带一路"国际合作高峰论坛举办前后,中央广播电视总台的《主播说联播》从"路"说起,与时政新闻强互动,以年轻态、生动化的创意表达宣传阐释"一带一路"共建国家的合作共赢与互惠互利。另外,主流媒体在"一带一路"议题报道中注重自身资源的统筹联动,通过用好放大独家资源,精准对焦重点议题,有效提升传播效能。如中央广播电视总台基于《V观》

《时政新闻眼》《时政 Talk》《时政 Vlog》等栏目形成时政品牌传播矩阵，继而持续提升"一带一路"议题内容的对外投送能力，充分发挥多语种、多平台矩阵式融合传播优势，助力做好"一带一路"倡议对外传播工作，并以媒体外交为契机，注重因地制宜，对外讲好中国式现代化故事和"一带一路"共建国家发展的故事。

（二）增强网络阵地意识，深化主流价值引领

随着互联网日益深度融入社会生产生活，其也越发成为网络意识形态交锋对峙的主战场，掌握了互联网即拥有了时代主动权。推进"一带一路"高质量发展，不仅是要深化经济、科技等领域合作，亦要重视和深化文化交流、文明互鉴，形成并不断强化观念认同，为推动构建人类命运共同体奠定思想基础。对此，各级主流媒体在深度融合发展过程中，不断增强网络阵地意识，主动作为进军网络空间这一意识形态斗争主战场，以内容建设为根本，设法于网络空间中占据主动权、主导权，持续扩大主流价值影响力版图，进一步提升主流价值传播力、引领力。

聚焦"一带一路"倡议，各级主流媒体注重加强跨屏联动，深耕内容生产，在特色化、差异化发展格局构建过程中，于多层面、多维度阐释解析"一带一路"倡议，展示"一带一路"建设成果，在国内国际网络舆论场中有效凝聚共识、建立认同。[①]一是在网络空间中密切联系群众，促进深度互动，以开放性平台、优质体验等吸引用户提供有关"一带一路"线索素材、开展交流评论，深度参与新闻生产与传播，充分激发广大用户参与"一带一路"传播实践的主动性与创造性，真正实现服务群众、引导群众、团结群众；二是深化同政府部门、新型智库、高校、科技企业、行业组织等的合作互动与协同传播，围绕"一带一路"议题推动新闻产品立体化呈

---

① 刘丹，穆殊丹.以诗共情：对外传播中的共情叙事及创新启示——以 CGTN 阿拉伯语频道《诗印初心》为例[J].电视研究，2023（6）：41-43.

现，生动讲好发生在"一带一路"上的中国故事、时代故事；三是注重开辟海外舆论阵地，及时主动发布有关"一带一路"倡议的政策解读、延伸报道，持续深化"好感传播"，提升中国媒体在国际舆论场中的权威地位和中国在国际社会的影响力。中央广播电视总台在推动其国内新媒体旗舰平台快速发展之时，同步加紧对外传播集群建设，统筹CGTN、亚非中心、欧拉中心、华语中心、国际视频通讯社、海外总台等部门协同发力，前后方密切联动，多渠道、多平台向海外合作媒体精准投放，有效利用总台运营的境外社交媒体账号集群做好"一带一路"议题对外传播工作。

（三）国际传播能力提升，有效占领传播高地

立足世界百年未有之大变局，围绕高质量共建"一带一路"，聚焦构建与我国国际地位相匹配的国际传播体系，我国各级主流媒体主动作为，充分发挥媒体特色、区域特色，在内容生产方式、传播形态、交互形式等方面加快创新步伐，开展全方位、立体化国际传播，于国际舆论场中有效占据主导地位。[①] 中央广播电视总台国际在线坚持移动优先占领，立足可视化呈现，推出一系列互动性强、引爆网络的融媒体产品，打造出一批具有广泛影响力的国际传播栏目，有力阐释"一带一路"建设理念，如《国际漫评》栏目作为国际在线对外开展舆论斗争的重要利器，以漫画形式或幽默或讽刺的风格进行表达，在锻炼国际舆论斗争能力与本领的同时，有效提升国际传播能力。

海南国际传播中心在"一带一路"大背景下，围绕"通过讲好海南故事来讲好中国故事"工作要求，积极做好重大主题对外传播、推进"海链计划"及"一城一媒"国际友城媒体合作计划、探索推进话语体系构建等重点工作，以"大屏+小屏"全媒体多语种传播打造精品国际传播IP，依

[①] 王晓红，倪天昌.论媒体深度融合背景下主流价值传播的守正与创新[J].电视研究，2021（12）：10-13.

托海南在海洋、航空航天、种业、生态等领域的发展优势，整体策划推进国际传播内容提质增效，打造《自贸佳》《秘境寻踪》《跟着非遗看海南》等一批国际传播精品，赋能海南自贸港对外传播，讲好"一带一路"合作框架下的海南故事、中国故事。此外，县级融媒体中心以媒体深度融合为抓手，借助"一带一路"建设相关议题，积极融入和参与到我国新型国际传播体系建设进程中，澄江市融媒体中心制作的《生命摇篮 山水澄江》澄江形象宣传片亮相纽约时代广场的"中国屏"，向世界展现"彩云之南 魅力澄江"。

二、"一带一路"场景下主流媒体传播创新的目标指向

当前，我国各级主流媒体融合发展"横到边、纵到底"的立体网络已形成规模，横到全面覆盖小程序、短视频号等全媒体传播形态，纵到布局自有传播矩阵和入驻头肩部网络平台，各级主流媒体持续深耕内容、积极构建良性网络生态、紧随传媒科技前沿，持续优化平台、资源及人才配置，加速从内容生产端到信息传播端的迭代进化，面向高质量发展的主流媒体传播格局不断发生深刻变革。"一带一路"场景下，面对国际传播环境变化及新形势下新闻舆论工作的使命要求，聚焦更深入阐释丝路精神、凝练发展经验、展现建设成果，主流媒体需进一步坚持守正创新，围绕舆论引导、价值引领，及时调适传播策略、创新传播模式，厘清创新传播的目标指向与价值面向。

（一）聚焦主责主业，构建新型智能传播体系

5G、人工智能、大数据、物联网等新兴技术的叠加应用，有效加速了中国社会的数字化、网络化与智能化发展进程，其所衍生出的新业态、新模式，引发传统内容生产流程与业态结构的变革。[1]"一带一路"场景下，面

---

[1] 胡正荣，郭海威. 转场与缝合："一带一路"影像传播与中国国家形象建构研究［J］. 中国电视，2023（10）：5-12.

向主流价值高效传播与引领的发展目标，主流媒体应进一步聚焦主责主业，强化舆论阵地建设，建立健全内容策划、全媒体报道、传播品牌打造等制度体系，做好全天候新闻策划。针对"一带一路"主题下的重大活动、重点工程、重要节点、舆情事件，持续整合优势资源，集中精锐力量打造传统媒体与新媒体精品力作。围绕"一带一路"倡议，在开展对内对外传播时，要着力探索叙事表达创新，挖掘细节亮点，适应全媒体、多模态的传播趋势，以及个性化、差异化的内容消费需求，以跨媒介叙事创新创作经典画面，用多样化渠道放大传播效果，引发海内外受众情感共鸣，从而服务好党和国家中心工作，有力发挥主流媒体在坚定信心、激励斗争、激浊扬清、疏导民意、增进理解方面的舆论引导作用。①

同时，围绕思想引领、舆论引导，各级主流媒体应进一步强化技术赋能，加快在算法、移动端、自有及第三方平台的建设布局，形成合力共构新型智能传播体系。建设协调好媒体宣传管理调度、内容创作、渠道分发等工作机制，有效实现对各类资源的汇聚集成、关联协同，搭建融媒体内容生产与传播的全流程系统，以媒体融合高质量发展助推"一带一路"议题阐释、主流价值传播与引领向深、向实、向细发展。近年来，中央广播电视总台围绕智能媒体打造，不断加大对新兴技术的创新开发与应用力度，通过自主研发与技术合作相结合的方式弥补技术短板，同时探索将各类技术一体化融合至自主平台，自主可控的智慧全媒体平台已然成型，为更好发挥主力军的舆论引导作用奠定了扎实基础。

（二）强化优势输出，深化内容生产供给侧结构性改革

新传播格局下，"内容为王"依旧是主流媒体的立足之本。"一带一路"语境下，主流媒体要对内对外讲好中国故事以及"一带一路"共建

---

① 邓祯.跨媒介叙事：中国故事国际传播的升维[J].中国编辑，2023（10）：79-84.

国家的现代化建设故事，需要始终坚持以优质内容生产为根本，强化优势输出，以深化内容生产供给侧结构性改革为动力，系统性提升主流媒体传播效能。一是要将主流媒体的优质创作资源与内容输送至头肩部传播平台，形成并放大优质内容的集群效果、共鸣效应，增强主流价值传播力、影响力。二是要进一步巩固主流媒体自有平台建设成果，突出自身特色，形成主流媒体传统产制系统与自有新媒体平台"双向联动"的内容生产分发模式。如湖南卫视与芒果TV双平台融合实践中，实现了媒介终端与用户终端的双向联动，同时形成横跨台网、覆盖全年龄用户的大数据资源沉淀，为其在自制综艺、影视剧集、商业变现等方面提供强大优势输出。

聚焦"一带一路"倡议的融合报道，主流媒体应在融合发展过程中，继续推进资源整合与互通，建构完善优质内容输出矩阵，进而发挥在内容生产、分发及交互方面的比较优势，打造新的流量增长点，在清晰阐释"一带一路"发展理念的同时，凝聚广泛的价值认同。另外，聚焦优质内容生态建构，主流媒体在深化内容生产供给侧结构性改革的同时，应注重将科技感、现代感与中华民族的精神内核相结合，进一步提升内容传播力与感染力。如近年来河南卫视以弘扬和传播中华优秀传统文化作为主方向，强化内容生产的独特性与原创性，其"中国节日"系列成为各界期待，多个优质节目在海外社交媒体等舆论场广泛传播，以新奇现代的表现方式对外传播中华文化，取得良好效果。

（三）做好涉外舆论引导，把握意识形态主动权

立足"两个大局"，面对云谲波诡的国际形势，做好涉外舆论引导、开展意识形态斗争等不得、慢不得。主流媒体要担当和践行好开路先锋角色，聚焦聚力"一带一路"等国家大政方针和重大决策部署，聚合平台资源优势，针对国际舆论场涉华议题做到敏锐观察、密集发声，深刻阐释

习近平重要思想，传递中国声音，确保以最快时效、最广覆盖、最优制作占据舆论引导制高点。在新的舆论环境与传播态势下，主流媒体要进一步创新探索对外传播新路径、新模式，利用"外眼""外嘴"讲好中国故事，借嘴说话、借筒传声，立足海外社交媒体等重要舆论场，开辟国际传播新阵地，多视角、长周期扩大国际传播效果。[①] 同时，要着重打造一批宣传"一带一路"倡议建设成果的专题性国际传播栏目，生动诠释"一带一路"倡议谋求互利共赢、共同发展的价值追求。如中央广播电视总台国际在线开办的"'一带一路'央企逐梦"系列专题栏目，聚焦"一带一路"实施以来的各项丰硕成果，策划制作了一批多语种、利于海外传播的新闻产品，彰显中国企业在推进"一带一路"高质量发展进程中的责任担当。

针对美西方有关"一带一路"倡议的抹黑攻击言论，主流媒体应着力建强用好协同联动机制，第一时间发布官方回应，并找准反击着力点，进行及时有效的回击，以"一带一路"共建国家的现代化建设成果反击美西方的质疑、抹黑，于国际舆论场牢牢掌握话语主动权和意识形态斗争主导权，有理有据有节开展国际舆论斗争。如中央广播电视总台利用《国际锐评》《热评》等言论拳头产品，围绕热点议题澄清谬误、明辨是非，对内对外发出有力声音。另外，锚定舆论引导与意识形态斗争的效果优化，主流媒体应基于自有平台或第三方平台加强舆情监测工作，适应移动传播态势，打造全媒体时代通联部。要找准舆论安全、意识形态安全以及文化安全的监测重点，运用科学方法和先进技术构建立体、全面、高效的舆情监测及预警体系，从而使主流媒体在开展涉"一带一路"议题传播时，做到知己知彼、掷地有声。

---

① 孙吉胜.数字时代"一带一路"倡议的国际传播［J］.当代世界，2023（9）：11-16.

三、"一带一路"视野下主流媒体传播效能的提升

在新时代背景下,聚焦"一带一路"的理念阐释、成就展示与共识形成,主流媒体要继续沿着党中央顶层设计指引开展创新性、系统性、前瞻性传播探索,及时总结传播经验,在未来传播视野下做到因势而谋、应势而动、顺势而为,讲好"一带一路"共建国家的现代化建设故事,传播好中国理念、中国声音,切实提升主流媒体对内对外的整体传播效能,在助力"一带一路"高质量发展过程中发挥好先锋角色作用。

(一)筑牢人本导向根基,激发创新传播活力

在"一带一路"语境下,主流媒体要进一步强化全媒体人才队伍建设,加快创新用人机制,不断增强传播人才创造新作为、建立新时代的自信心与自觉性,围绕"一带一路"议题推动宣传思想工作不断强起来。

一方面,各级主流媒体要紧扣新闻舆论主责主业,立足媒体特色与区域特色,坚持全球视野和世界眼光,加强建设适配新传播格局的专业化人才队伍,加强顶层设计谋划,补齐专业人才短板,储备后继人才,做好专业人才队伍保障服务,多措并举激发融媒体人才在创新思维、输出精品力作方面的积极性与创造性。[1] 探索深化人才培养、评价、激励等体制改革,搭建全媒体传播领军人才、骨干人才、青年创新人才等发展平台,建构形成具有媒体特色、区域特色和强劲竞争力的人才制度体系。同时,要从提高思想认识、精准施策、强化统筹保障等方面对全媒体人才高质量发展进行系统布局,探索以队伍打造、工程实施、专家库建设为抓手,推进全媒体专业人才队伍建设与管理向好向优,为主流媒体转型升级与高质量发展

---

[1] 孙利军,高金萍.国际传播能力建设视域下的国际传播人才"三观"研究[J].当代传播,2023(5):72-75,80.

奠定基础，为深化"一带一路"议题传播效能提供智力支撑。

另一方面，要坚持守正创新、攻守并济，发挥新媒体传播优势，围绕"一带一路"发展成果，讲好其中的人物故事，挖掘呈现中华优秀传统文化精粹和新时代发展风貌，展现"一带一路"各国人民共同奋进的时代景象，于国内国际舆论场有效引领话题讨论，推出系列建立共识、强化认同、提升自信的融媒体内容产品，推动"一带一路"倡议内在价值追求的广泛与深入传播。要进一步利用媒体外交进行共同策划、合作报道，以贴近不同区域、不同国家、不同受众群体的精准传播方式，针对不同国家和地区的社会主流人群，[①] 运用在地化传播渠道保证传播效果的持续性和有效性，推进"一带一路"故事和中国声音的全球化表达、区域化表达、分众化表达，提升主流媒体对外传播成效。

（二）挖掘释放技术价值，提升用户接收体验

近年来，各级主流媒体秉持高质量发展理念，不断深化智能媒介技术在业务发展中的实践应用，强化对人工智能、大数据、虚拟现实等技术的引进吸收。面向未来，主流媒体要进一步重视对新兴媒介技术的价值挖掘与释放，为用户打造沉浸式、陪伴式体验。利用媒体前沿技术助力自有新媒体平台建设，打通媒体与政务、商务、服务间的连接痛点、堵点、难点，形成传播数据资源池，进而提升传播效能与用户黏性，无形中形成共识、增进认同。在"一带一路"语境下，要依托技术赋能，尝试探索聚焦主题主线等策划和推出全球性联动传播。[②] 如针对主场重大体育赛事、国际高峰论坛、春晚等活动，借助5G、4K/8K、AR/VR及人工智能等技术，切实增强国内外用户内容消费的参与感、在场感，使其沉浸化感受中国式现代化

[①] 胡正荣.新时代中国国际传播亟待系统性迭代升级[J].传媒观察，2023（9）：1.
[②] 王亚图.中国有声语言国际传播的制约与突破[J].甘肃社会科学，2023（5）：116-125.

及"一带一路"的高质量发展成就。

当前，新技术价值在主流媒体的内容生产与分发中越发凸显重要作用，内容编审、全网分发、协同管理、数据分析与反馈等环节已实现闭环管理，新技术价值在各类融合传播场景中得到释放。主流媒体推进先进技术应用场景的开发，将在对"一带一路"等国家重大战略的宣传阐释中更好发挥技术引领、技术带动和技术支撑作用，进而在国内国际舆论斗争、传播竞争中占据优势。但与此同时，在主流媒体深度融合发展过程中，亦应对新技术应用保持理性和审慎态度，避免一味追求高精尖技术的媒体软硬件设备，而忽略了媒体内部相关从业人员未达到使用和维护相关设备的技术水平，造成设备未能合力使用或闲置，进而导致财政资金浪费。

（三）探索推进跨域融通，形成大融合传播格局

在融媒体建设背景下，聚焦"一带一路"议题传播，主流媒体需进一步突出和跨越层级性、区域性的组织架构障碍，建立更为紧密的协同合作关系，积极参与、共同融入大融合与大发展格局。要持续强化跨层次、跨区域、跨平台、跨行业的融通实践，充分依托各级主流媒体及其他主体的内容优势、技术优势、人才优势，建构广泛覆盖、精准传播的全媒体矩阵，有效提高媒体内容的适配性。要不断强化主流媒体的自身造血功能，在营收板块加大改革创新力度，尝试多元化经营发展，探索新型运营模式，积极融入国家和地方经济社会发展大局，推动数字经济、传媒和文化产业跨越式发展，进而于"一带一路"视野下更好讲述区域和国家现代化建设故事。基于跨域融通，主流媒体也将进一步实现多元发展、跨界互联，助力构建多元化产业融合发展新格局。

在新传播格局下，围绕传播效能提升，要进一步理顺主流媒体传播流程，做好传播效果评估。主流媒体应探索完善实施全媒体传播的目标管理，强化创新引领和激励约束，健全原创精品策划、研发、生产、分发等系统

化传播机制。要突出创新原创精品评价评比,发挥好示范作用,做好一体统筹基础上的特色资源优势传播。聚焦"一带一路"等重点议题,主流媒体应继续健全宣传报道的指挥调度机制,提升统筹协调与业务指挥能力,扎实做好国内国际相关新闻的时效监测。探索推动主流媒体相关宣传数据的集成关联和一站式汇聚,使跨平台传播的资源排布、运行调度、流程管控、效果评估更加规范、高效、精准,进而推动主流媒体传播实现提质增效扩容。

第五章

新形势下媒体深度融合发展的创新机制研究

第一节　以机制创新驱动媒体深度融合研究

自媒体融合上升为国家战略以来，我国各级新闻媒体主动作为、积极求变，在加快转型升级的探索实践中，依托技术创新、渠道创新、方法创新、模式创新，推动媒体融合不断走向纵深，取得重要进展，成效显著。随着智媒时代到来，我国新闻传播领域所面临的国内国际环境、社会环境、技术环境、制度环境等都发生深刻变化，机遇与挑战并存。在此背景下，要继续推动媒体融合向更深层次拓展和延伸，必须着力加快推进机制创新，开拓思维，更新方法，持续发力思路变革，推动媒体融合向更高阶段迈进。

立足新发展阶段，以机制创新为抓手，要实现媒体融合高质量推进实施，有必要系统论述并回答智媒时代媒体融合机制创新的基本遵循，明确全面提升媒体融合成效的思维逻辑，并形成切实有效的解决方案应对传播新态势，为实现媒体深度融合及其智能化转型升级提供观念阐释和对策引领，推动构建新型立体化传播格局，为巩固壮大主流舆论阵地提供有力支撑，夯实党和人民团结奋进的共同价值基础。

一、媒体融合机制创新的基本遵循

媒体融合是一项关涉多重要素、多维面向的系统工程，以国家战略整体布局为参照和背景，我国媒体在发展模式、运营思路、传播机制等方面坚持与时俱进，分阶段实施差异化发展策略，媒体融合不断取得新成效。[①]随着智媒时代的到来，媒体融合进入新的发展阶段，面临新的发展环境与格局，要继续推进媒体融合向深向好向优，锚定机制创新，应牢固坚持以下基本遵循，推动媒体融合步步为营，渐次深入。

（一）坚持正确方向，确保媒体融合稳中求进

媒体肩负新闻信息传递、舆论引导、主流意识形态培育、对外传播等使命任务，新闻舆论工作更是关系到国家舆论安全、意识形态安全以及国家形象建构，重要性不言而喻，探索媒体融合的机制创新，必须始终将主导权、主动权掌握在党的手中，坚持和服从党的领导。在新一轮科技革命和产业变革催生的新传播格局下，新闻传播参与主体更加多元，舆论场中各类思想观念复杂交织，多种社会思潮交织交锋，舆论安全和意识形态安全风险增加。加之技术应用在媒体融合进程中主导性增强，由此引发"信息茧房"、数字鸿沟、观点极化分化等问题，主流价值被边缘化风险增加。基于此，探索媒体融合的机制创新，必须继续坚持和加强党的领导，坚持正确政治方向、舆论导向和价值取向，立足国家整体发展布局和当前所处发展时期，把握并遵循媒体发展规律和新传播规律，着力在推进媒体深度融合过程中增强其服务性、建设性功能，为新时期党和政府工作提供话语支撑，营造有利舆论氛围。

（二）坚持双重属性，激发媒体融合转型活力

在改革开放大背景下，我国新闻媒体逐渐体现出事业和产业双重属性，二者相互配合、互为支撑，助力新闻媒体不断实现跨越式发展升级。以机制创新促媒体融合，注重媒体社会效益的实现和优化，将媒体融合发展融

[①] 黄楚新，郭海威，黄佳蔚．以机制创新促进媒体深度融合［J］．传媒，2022（8）：9-11．

入和整合到社会治理总体进程中。同时结合媒体发展实际，在不触碰底线、红线的基础上追求和实现经济效益。由此，以实现社会效益为支撑打造媒体品牌影响力，为实现经济效益奠定基础，以经济效益实现为驱动力，进一步增强媒体自身竞争力，更好助力实现社会效益。其中，围绕媒体双重属性，应对其中所涉公有资本和非公有资本的参与范围进行厘清，如非公有资本的介入可能为舆论安全、意识形态安全带来风险，应将其隔离在媒体的新闻舆论工作等核心业务之外，推动公有资本、非公有资本在媒体融合过程中聚焦自身所擅长领域，做好主责主业，切实发挥优势特征，激发创新创造活力，形成有机互补，以创造更大社会效益和经济效益。

（三）坚持以我为主，实现媒体融合借力发展

媒体融合作为一项国家战略，是关乎舆论安全、意识形态安全和国家稳定发展的重要工程，我国新闻媒体的身份属性确保了其在融合转型过程中航向不偏，行稳致远。然而，要推动媒体融合实现跨越式、高质量发展，不断取得新实效和强化引领力，则需要在以我为主的前提下，探索借力发展。在技术支撑方面，多数媒体的技术自主研发能力相对较弱，应加大同相关技术服务商开展交流合作力度，在此过程中，要不断强化以我为主的观念意识，将技术应用的主导权、控制权掌握在媒体手中，确保技术可管可控；在内容支撑方面，要将多元化内容聚合与严格的审核把关相结合，防止因把关不严导致不良信息内容进入网络空间；在资本支撑方面，引入非公有资本能有效解决媒体融合发展所面临的资金压力，但是资本的逐利性又易造成社会效益被侵蚀的风险，因此，必须严格确保政府、媒体对内容生产与传播等核心业务的绝对主导权和控制权，严防非公有资本操控和影响舆论，从而干预和阻碍主流价值传播、主流舆论引导。

（四）坚持优化布局，打造媒体融合新型生态

媒体融合涉及多重要素，在机制创新的探索实践中，应始终坚持和突出系统观念、全局观念，以媒体为主导，推进各类主体、要素统筹协调，优化媒体融合发展的全域布局，形成多方共建共治共享的融合发展新局面。围绕新发展格局下的媒体融合议题，从系统论视角出发，协调各方，促进资源整合与优势互补，形成聚焦媒体深度融合的科学性、整体性、战略性、前瞻性布局。在主体布局方面，推动媒体与政府监管部门、技术服务提供商、商业内容平台、行业协会、金融机构、用户等形成紧密联系、有机交互的协同网络，充分发挥各类主体比较优势，形成媒体融合发展合力；在技术布局方面，要瞄准面向未来的前沿技术、关键核心技术，推动5G、人工智能、大数据、AR/VR等技术在媒体深度融合过程中的嵌入应用，为媒体深度融合提供坚实技术支撑；在内容布局方面，坚持将专业化内容生产与用户内容生产相结合，广泛挖掘和传播体现正能量、主旋律的内容产品。

二、媒体融合机制创新的思维逻辑

当前，我国媒体融合已全面铺开，融合范围不断扩大，但在融合深度方面仍有进一步拓展空间。面对新传播环境下媒体发展新形势、新任务、新需求，聚焦媒体融合机制创新，应继续坚持和强化以下几重思维逻辑，进一步厘清媒体融合发展思路。

（一）与时俱进，找寻新发展路径

随着技术发展演进，媒介对人的延伸也越发超越时空，并趋向对人体全感官丰富性的还原。探索媒体融合的机制创新，应坚持与时俱进，积极

拥抱新兴技术应用，开展媒体智能化转型实践，以传播形态创新、模式创新、业态创新等服务媒体融合，通过推出新形式、拓展新业务、提供新体验，实现媒体自身的融合转型与变革创新，不断增强品牌影响力，继而进一步助力强化主流舆论引导与主流意识形态培育，扩大主流价值影响力版图。依据技术进步和媒体发展环境变迁，媒体应加快将新技术应用、新话语体系融入内容生产与传播过程中，将自主创新与外部合作相结合，打造内容生产新系统、新流程、新表达，充分发挥舆论引导主力军作用。针对人民群众日益增长的对美好生活的需求，媒体融合应探索在内容呈现形态、接收方式、话题风格等创新上花力气、下功夫，如探索将 AR/VR、全息影像等技术应用到传播过程中，为用户提供具有较强沉浸感和参与感的内容体验，赢得用户认可认同。

（二）增进协同合作，构建新发展生态

媒体应充分发挥自身资源优势、人才优势、内容生产优势，同相关技术服务方、政府服务提供方等开展合作，通过对多要素的有效整合，构建形成新发展生态，为媒体融合向纵深推进提供助力。智媒时代，媒体内容生产越发从一元主导向多方参与转变，媒体必须把握新形势、抓住新机遇、紧盯新增长点，围绕新时期新闻传播的新任务、新要求，探索建立新部门、形成新机制、搭建新平台，打造新发展生态。如人民日报社通过成立智慧媒体研究院，集聚和优化配置创新资源，形成推动媒体融合发展的重要驱动力。基于百度技术支撑，人民日报社的创作大脑即是机制变革与创新的重要成果，有效助力其智能编辑部的建设发展。为更好适应智能传播格局，新华社也不断加快改革创新步伐，其建成的 MAGIC 短视频智能生产平台，集聚多元主体内容生产和前沿技术支撑，形成具有较高智能化水平和丰富功能的新型媒介生态系统，为智能化生产、传播、分发、体验提供平台支持。

(三)突出价值引领,形成新发展格局

在推进媒体深度融合过程中,应不断强化和凸显主流价值传播与引领这一重要使命任务,在信息采集、内容生产与分发、用户体验与交互等环节,不断强化主流价值导向。智媒时代,要探索将技术创新、形态创新、内容创新、体验创新等纳入主流价值框架,以智能媒体建设为抓手,将主旋律、正能量融合到媒体内容生产与传播的全流程,以融媒体建设为载体,推动形成主流价值传播与引领的新格局。围绕社会普遍关切的重要议题,以动态化、常态化机制推出一批体现主流价值的精品力作,形成主流价值传播与引领的良好发展态势,有效增强舆论引导力,进一步扩大主流价值影响力版图。与此同时,要坚持以主流算法为导向,在媒体智能化升级探索实践中加快完善布局,着力建设更高品质、更多主题、更多形式的内容生态体系,在推动媒体融合向纵深发展的过程中,实现主流价值在传播广度、深度和厚度上的全方位拓展与延伸。

(四)注重人才支撑,培育新型传播队伍

人才是媒体发展的关键,新技术、新业态等为媒体发展变革带来了重要机遇,媒体融合也迎来了更多发展可能和升级空间,要实现媒体融合向更高质量、更深层次发展,扎实的人才队伍支撑必不可少。于智媒时代而言,媒体所需的人才应是复合型、全能型人才,必须加快实现新闻传播人才培养培训的模式转型,既要注重培养其具备新闻传播学的专业性、敏感性,又要培养其跨学科的知识视野,着力打造一支坚守主流价值、具有强烈使命感与责任感、拥有复合型新闻传播技能的专业化人才队伍。从人才培养视角切入,推进媒体融合的机制创新,要统筹协调媒体机构、高校、技术公司等,探索制订符合新时期发展需求的新闻传播人才培养方案,同时注重人才队伍中的专业新闻人才与专业技术人才的综合配置,为媒体深

度融合发展提供强有力智力保障。推动完善人才激励机制，形成按劳分配、公平合理的考评体系，激发人才创新创造活力。

三、媒体融合机制创新的方法策略

5G、人工智能、大数据、云计算等技术驱动媒体实现智能化转型升级，新闻传播生态不断发生变革重塑，媒体融合发展正面临前所未有的历史机遇。智媒时代，以机制创新促进媒体融合，要在充分把握媒体融合所处历史方位与发展趋向的基础上，兼顾针对性、灵活性、前瞻性，探寻媒体融合机制创新的实现路径，为未来媒体深度融合发展提供切实可行的参考方案。

（一）强化技术驱动，增强智媒建设动力供给

纵观人类社会发展历程，技术对生产力提升和生产关系变革起到重要促进和推动作用。于媒体而言，能否掌握技术发展趋势及其应用的主动权、主导权，关乎新闻舆论传播力、引导力、影响力、公信力，更关乎媒体核心竞争力提升和品牌打造。面向未来，媒体要加快实现融合转型，应积极开展前沿技术研发与创新应用，进而实现对智能化升级的持续动力输出。要进一步加大人工智能、大数据等技术在媒体内容生产制作、场景构建等环节的嵌入和应用力度，提升媒体内容生产传播的智能化水平。基于大数据挖掘分析，精准识别和筛选重要议题，着力提升人机协同水平，推动实现媒体内容传播的精确化、可视化和智能化。整体而言，要充分结合5G、人工智能、大数据、云计算、物联网等技术创新进展，推动内容生产与传播系统的迭代升级。以技术创新为驱动，媒体融合在机制创新方面应坚持凸显和强化其在未来的智能化定位，将新技术应用深度嵌入媒体内容生产传播与具体运营过程，为用户、政府部门、社会机构等各类主体持续输出

193

高质量、智能化产品服务。

（二）适应发展形势，推动接地传播

智媒时代，用户信息接收方式、渠道以及使用习惯等都发生重要变化，能否顺应发展形势，瞄准用户需求，实现接地气传播，影响着媒体内容传播效果。推动媒体融合加快机制创新，要注重增强媒体内容的交互性，通过嵌入交互功能，使用户在进行内容消费时，能够实现同媒体、其他用户等传播主体的即时有效交互，显著提升用户在消费媒体内容产品时的在场感、参与感和亲近感。在内容生产过程中，要注重挖掘贴近百姓民生的话题内容，避免出现高高在上、不接地气的问题，要以人民群众喜闻乐见的方式传播主流价值、引导舆论，从而推动凝聚社会共识，为全面建成社会主义现代化强国提供强有力舆论支撑。与此同时，媒体应通过打造自主内容平台或入驻其他商业内容平台，吸引多元化主体参与内容生产传播，广泛集纳优质内容，助力打造高品质内容生态。

（三）突出用户导向，打造新型内容产品体系

在新传播环境下，人类社会信息体量空前巨大，且不断呈指数级增长，庞大的信息体量形成对用户注意力的争夺，要实现在注意力竞争中占据优势地位，就必须用好用户行为数据，精准识别其使用偏好，以定制化、个性化内容生产与传播，满足用户需求。一方面，要丰富内容呈现形式，加快完善图文、短视频、直播等全媒体传播形态，同时与AR/VR、全息影像等技术结合，推出沉浸化内容形式，并将交互功能融入其中，使用户能够在各类传播场景中实现人际、人机深层交互，优化用户体验。另一方面，要围绕不同用户群体，通过量身打造，推出具有较强针对性的内容服务。如基于自身技术平台和专业分析能力，搭建舆情分析数据库，为相关机构、平台提供精准化舆论监测服务，并围绕相关监测结果提供相适应的解决和

应对预案。通过建立技术服务数据库，能够为政府部门、媒体机构等提供智能化平台建设与升级的操作方案，从而有效参与社会治理。

（四）丰富制度供给，适应媒体深度融合发展需求

边缘式制度创新能有效确保不触底线、不碰红线，但受政策限制，媒体难以充分发挥主观能动性，创新创造活力难以被充分激发，对优势资源利用度不高，简言之，即制度供给未能完全跟上媒体深度融合新需求。面向媒体智能化转型升级，应注重在政策、制度的更新上加快探索步伐，在确保媒体融合发展可管可控的基础上，适当放宽媒体融合的机制创新空间，可探索先行先试，对于能够有效推进媒体融合实效的机制模式予以支持，并及时上升至制度层面，使媒体融合的机制创新有路径可依。围绕媒体融合转型升级探索制定具有前瞻性、引领性的政策制度，为智媒时代媒体深度融合发展提供方向参考。在媒体融合的效果评估上探索创新，基于新技术应用创新评估机制，同时探索与媒体融合评估机制相符合和对应的激励措施。针对媒体融合推进过程中可能出现的相关问题提前制定相关应对预案和规制措施，划定底线标准，确保媒体深度融合顺利推进。

第二节 治理体系现代化视野下的媒体深度融合创新

自2014年媒体融合上升为国家战略以来，其已从中央政策层面越发深刻嵌入国家治理体系和治理能力现代化的整体进程，在实现自身演进变革的同时，持续为治理现代化输出强劲动力。随着党中央不断从政策层面突出媒体融合的战略意义，以及新一轮科技革命和产业变革形成有力驱动，媒体深度融合进入政策议程，并加快向移动化、数字化、智能化趋势迈进，

助力开创国家和社会治理新局面。① 面对"两个大局"与全球疫情交织激荡，国内国际发展面临更多不确定性不稳定性，于治理现代化视野之下审视和观照媒体融合，将有助于从跨界视角出发理解融合新局，开辟实践亮点，前瞻引领媒体深度融合创新，在高质量发展导向下拓展完善媒体融合的政策框架、学术框架，将媒体更好融入新型基础设施建设框架内，为加快建成全媒体传播体系、强化媒体在治理现代化进程中的先锋代表角色，提供学理支撑。

一、深度融合时代媒体功能的变革与转型

媒体场域中变量的增多为其转型升级带来更大可能性空间，媒体发展逐渐跳脱出二元对立的既有逻辑框架，在持续推进的深层次改革中建立新生态版图，结构调整、技术赋能、经营创新等作为媒体深度融合的显性表征，映射的是其内涵延展与边界扩张，而在隐性层次则折射着媒体功能的演进与变迁，媒体越发成为国家和社会系统运行的基础性支撑力量。

（一）价值偏向：由工具介质转向感官还原

传统传播视野下，媒体本身作为信息传播的工具或中介，体现出特有的时空偏向性和价值偏向性，在媒体发展尤其是进入融媒体时代后，传播的时空限制被突破，时空偏向概念的重要性越发趋弱，而价值偏向则在更大程度上得以爆发。媒体深度融合场景下，媒体的工具或中介属性固然存在，但是其不再仅局限于对人体某一感官系统的延伸，转而是对人体感觉的全域性还原，媒体作为人体感觉的延伸，全方位深层次嵌入和渗透至日常生产生活，至此，媒体的价值偏向性已然从纯粹的信息传递或特定感官

---

① 黄楚新，郭海威.治理现代化视野下媒体深度融合创新研究［J］.中国编辑，2022（9）：31-37.

刺激转向全觉性满足。人工智能、大数据、AR、VR、MR等技术为媒体全觉化传播赋予可能性和可执行性，元宇宙概念的提出与实现更是从现实操作层面为媒体的智能化、全觉化传播提供了技术基底，当人们共处于全觉感知的传播环境中，人际交流与沟通逐渐跨越传统的时空阻隔与媒介障碍，信息传递与交互则越过物质中介，进而基于感官交互直达心灵，共识与认同的达成趋向更加高效。[①] 以媒体全觉化传播为基础和支撑，政治协商、社会动员亦从传统的指令式向协商式转变，技术赋权让人们感知和把握更大主动权与主导权，在协商式解码逻辑下建构形成更入脑入心的价值理念，为治理现代化铺就认同基础。

（二）角色重塑：由一元主导转向融合共生

移动互联社会的到来，促成传播结构与格局的转变，丰富的技术应用和传播形态不断解构着既有的传播生态，传统传播环境下媒体的主导性、权威性面临着常态化、持续性的消解威胁，媒体作为主流信息传播的主导角色发生变化，信息传播、意义建构以及共识达成，均被置于多主体参与的更广阔的场域之中，万物皆媒体、人人皆媒体，媒体的内涵与外延发生颠覆性变革，媒体成为国家和社会系统运行的基础性架构。新型传播载体与工具的出现使得信息接口数量与信息接入体量迅速扩张，整个社会系统基于网络连接融为一体，信源的重要性趋弱，人们转而关注内容本身，信息冗余使得人们更注重自我需求的满足，并以此作为衡量内容价值的标准。融媒体时代，媒体连接的广泛性不断激发人们自我意识的觉醒，媒体角色凸显与功能发挥超出以往主导式、霸权式逻辑，进阶至信息协作生产、结论相互印证、意义协商建构的融合共生阶段，如此共构性的传播生态将有助于纸草型社会的进一步形成与巩固，共建共治共享成为社会联系的现实基底，媒体作为连接的物

[①] 郭海威，张守信.人工智能技术发展与新媒体伦理规制研究[J].新闻论坛，2021，35（5）：95-97.

质中介的角色被弱化,作为连接核心的人的重要性更加凸显,媒体成为解锁民心、连接民心和凝聚共识的纽带与桥梁,在情绪共振中完成社会动员。

(三)社会连接:由外围参与转向全域介入

以新媒体新应用为助力,媒体越发成为人类社会网络节点的连接渠道与中介,成为社会系统运行的毛细血管,多层次、全方位渗透至生产生活各个角落,媒体传播能够轻易穿透层级、行业、领域等圈层化区隔,在各传播主体间建立联系,媒体作为社会连接的运行模式从外围参与向全域介入、深层介入转变。面向媒体深度融合,"新闻+政务服务商务"运行架构与模式进入政策议程,基于各类媒体应用,人们可以轻易找到各类服务入口,媒体成为党和政府联系群众、服务群众的重要渠道,有效提升群众办事效率与体验。随着技术对媒体融合的支撑动力越发强劲,传播格局与生态在持续解构与重构中发展升级,媒体融合视野更加开阔,并被置于全球范围内、涉及多个行业、跨多个学科、涵盖多元主体的大传播格局中,交叉融合在助力媒体深度融合提质增效扩容的同时,也为治理现代化提供了新视角、新思路与新方案。随着媒体融合程度加深,媒体与其他领域关联性增强,既有实践经验与理论支撑可能出现适用性不强、解释力不足等问题,由此为高质量发展大框架下的媒体实践与理论建构提出了新要求,须以跨学科、跨领域、跨区域的视角确保媒体深度融合系统性推进,加快形成一套具有较强解释力和指导力的理论体系与行动方案。

(四)目标指向:由信息传递转向秩序构建

新媒体接入的广泛性,促成了社会表达的开放性转向,信息生产与传播主导权产生分化,传播主体趋向多元化,群体意见表达与公开辩论共构形成新时期的舆论场,利益诉求、价值取向等的不同导致舆论场中各类思想观念复杂交织,多元社会思潮交锋对峙,尤其受到资本、境外敌对势力等操控与影响，谣言传播、意识形态纷争等问题风险始终存在，对舆论安全、主流意识形态安全造成严重威胁与挑战。传播权力的下放与分化在一定程度上促成了群体意见的民主化表达，但同时亦夹杂和潜藏着民粹化、极端化的信息传播风险，冲突与博弈将舆论场置于充满不确定性的情境之中，至此，媒体尤其是新型主流媒体完成好传播主流思想舆论任务的同时，亦应肩负起主导或推动构建信息传播新秩序的重要使命。新传播格局下，新冠疫情、逆全球化、大国博弈、区域冲突等议题都被融入媒体议程、社会议程，信息超载、信息失真乃至信息恐怖主义成为全球治理的重要议题，媒体作为信息传播的重要载体，正通过强化信息把关、建构主流算法、创新传播形态等路径参与信息治理，推动建构清朗健康的传播生态。面向未来传播，媒体在开拓传播领地、提升引领效能的同时，需始终对内容安全、技术安全等保持密切关注，切实推动和保障信息传播的健康有序发展。

二、媒体融合赋能治理现代化的价值逻辑

建立在媒体连接之上的现代社会系统，其运行与发展都与媒体有着千丝万缕的联系，媒体成为社会结构的重要组成部分，在一定程度上影响乃至决定着经济社会发展进程。在治理现代化视野下，媒体融合正从议题设置、政策框架、话语体系以及体系架构方面系统发力，助力探索新型治理模式，推动治理现代化不断向高质量发展迈进，切实提升治理成效。

（一）共谋治理现代化总体议程

自媒体融合上升至国家战略以来，其始终处于现代化建设大的发展框架之中，并以相关政策、制度等为遵循，循序渐进走向纵深，加快推动媒体转型升级。作为社会运行的重要基础架构，媒体在深度融合进程中，基于其功能变革、边界拓展以及创新驱动，正以联络者、组织者甚至主导者

的角色参与治理现代化的议题与议程设置,参与谋划治理现代化的总体方案、实施路径、发展阶段与最终目标,为治理现代化的顺利推进与实现厘清了脉络。媒体融合本身即是治理现代化的题中应有之义,被置于治理现代化的总体议程之中,与其他治理议题协同推进。与此同时,媒体融合作为一项系统工程,其在发展过程中也同其他治理主体一道,形成有机协作,影响并参与设置与治理现代化相关的政治议程、媒体议程、学术议程和社会议程,推动构建以治理现代化为核心的议程体系,激发和调动多元治理主体的参与积极性、能动性与创造性,在全社会范围内形成共建共治共享的良好舆论氛围。在共谋议程与议程实施过程中,基于媒体的社会连接与动员、创新集成以及治理现代化具体成效将直接反哺于媒体融合,为媒体深度融合注入新的动力,媒体融合与治理现代化在相互嵌入、有机交互与相辅相成中相互成就、共同发展。

(二)深度融入新基建战略框架

新型基础设施作为准公共产品,在自我建设完善过程中,有效助力现代化建设进程,为经济高质量发展、社会转型升级等提供基础支撑。其中,多项信息基础设施、融合基础设施等建设进程不断提速,被广泛应用于媒体融合、社会治理、乡村振兴等发展进程中,为经济社会高质量发展提供多样化、可操作化和高效化的解决方案。随着新型基础设施建设进程加快,其对媒体融合的支撑也越发强劲有力,从内容、渠道、手段、人才等方面全方位为媒体深度融合创新提供解决方案,以此为契机和基础,全媒体时代的现代化传播体系也成为新型基础设施的重要构成,媒体融合加快融入新基建的战略框架之内,并基于移动化、数字化、智能化发展态势,以新内容、新平台、新业态、新机制赋能治理现代化。在新型主流媒体建设过程中,各级主流媒体纷纷打造自有平台,以新闻内容为基础,以新技术新应用为支撑,接入政务、服务、商务等内容,将公共服务与管理融为一体,优化群众的办事与消费体验，提升群众对政府的信任度、好感度，同时也标志着治理模式与机制的创新转型，进而加快推进治理体系和治理能力现代化。

（三）拓展多元化协同治理语境

在媒体融合赋能治理现代化的议题场域中，话语体系创新是必然要求。在媒体融合走向深入的同时，多元主体的传播参与行为促成了传播生态的多样化和话语表达的生动化，日常化、口语化表达在拉近人们心灵距离的同时，也进一步提升了交流的趣味性与有效性。以媒体为连接基础，推动实现治理现代化的一项重要任务即是创新传播话语，以人们听得懂、感兴趣的表达方式和话语风格赢得关注、喜爱、理解与接受，提高传播力、引导力、影响力、公信力。一方面，以媒体融合为契机，以人工智能、大数据等技术为助力，媒体在传播实践过程中探索打造基于不同平台、不同主体、不同方位等多维面向的话语体系，把握并适应不同用户的话语表达与接受习惯，在话语表达的贴近性、活泼性、开放性等方面开拓创新，以提升内容传播的亲和力、感染力与引领力，让媒体的价值传播与引领更能入脑入心，获得认可，形成认同。另一方面，媒体融合正加快推动面向未来传播的多模态话语创新，从声音、影像等元素切入，借助技术辅助，通过加入特效、构建虚拟场景等形式创新表达方式，以科技感、新鲜感增进吸引力。在新形势下，聚焦用户话语习惯、适应新型传播生态、体现鲜明时代特征，创新打造具有时代感、亲切感和认同感的话语体系，将推动建构平等对话、协商交流的治理语境，有利于围绕治理议题达成共识。

（四）推动构建立体化治理结构

治理现代化的实施与实现关键在人，即应坚持以人为本，以服务和满足人民群众对美好生活的需求为目标，由此而言，治理主体不再仅局限于政府部门，兼顾层级化、精细化、智能化的共建共治共享模式，决定着治理现代化的高质量发展应将政府、公众、企业等各类组织纳入治理体系，形成集纳众智、协同参与的治理结构框架，而媒体融合进程中的技术赋权正与治理现代化这一发展趋势不谋而合。以媒体融合为杠杆和驱动，各类社会主体的连接与交互更显紧密，媒体发展从一元主导、二元对立转向融合共生，多元主体可以形成有机联系，继而在平等协商中实现民意聚集和认同达成，以此为基础，将媒体作为社会运行的基础架构嵌入和应用于治理现代化进程，有助于推动形成纵横交织、分工明确、联系紧密、多维立体的治理结构，且能够在治理现代化推进过程中，基于媒体融合所建构的新场景、新情境为治理现代化提供更加精准和可执行的行动方案，进而助力完善治理体系，提升治理能力。

三、新形势下治理现代化发展趋势与问题

立足新发展阶段，锚定治理现代化的高质量发展，以媒体融合赋能为切入口和着力点，有必要全面审视治理现代化在新时期新形势下的发展趋势与方向，系统解析融媒体时代治理现代化所面临的问题障碍，从而厘清和明确治理现代化所处历史方位，为找寻建设性路径与方案提供靶点。

（一）媒体权威性与信息失序性的博弈

媒体信息传播往往基于较为成熟的流程体系，严格的生产与传播规则确保其处于正确政治方向、舆论导向和价值取向框架之内，强化主流价值引领，保障舆论安全和意识形态安全，为社会稳定奠定话语基石，而公众表达则往往由于利益诉求、传播素养等的不同，容易形成舆论喧哗与狂欢，不良价值取向、错误思潮夹杂其中，更易对正常信息传播秩序造成干扰。

融媒体时代的舆论场，多种思想观念、社会思潮并存，传统传播视野下的主流媒体权威性与主导权不断受到挑战，时刻面临被削弱与被消解的威胁，观点辩论、诉求冲突乃至意识形态纷争所造成的信息失序无疑加剧了舆论场的动荡性，为治理现代化带来阻力。未来传播格局下，社会表达将处于方式更便捷、模态更多样、交互更真实的情境之下，也将对主流媒体权威性造成进一步侵蚀与解构，媒体权威性的建构与信息失序性会长期共存，两者博弈在一定程度上表征着社会进步，但同时也加大了国家与社会治理难度，如近年来反智主义、民粹主义、反全球化、极端右翼等社会思潮盛行于国际舆论场，不断增加全球发展的不确定性不稳定性，给世界和平与发展造成巨大威胁，着眼于治理现代化，未来媒体融合推进过程中，应继续做好媒体传播与公众表达的平衡。[1]

（二）效率增益性与舆论断裂性的隔阂

治理现代化是全面建成社会主义现代化强国的重要战略支撑，注重强化和凸显高质量发展，以切实提升效率增益性，为社会主义现代化建设提供坚实保障，然而效率增益性这一目标与制度环境、话语环境、执行环境等息息相关，是多要素共同作用的结果。融媒体环境下，个性化、多元化的社会表达凸显了舆论生态的丰富性、生动性与活泼性，但是信息失序、圈层传播、隐匿传播等问题亦会造成严重的舆论纷争与断裂，自说自话不易形成集体共识与认同。新形势下，社会舆论断裂性与治理现代化效率增益性之间的隔阂不可避免，但二者共处于经济社会高质量发展这一大的场域之中，随着公众媒介素养水平提升、社会连接紧密、社会交互高效、治理机制完善，舆论的断裂性问题趋弱，治理现代化的效率增益性得以强化，隔阂将逐渐消除。在此过程中，围绕舆论场中的辩论纷争，要注重标本兼

---

[1] 王晓红，谢妍.中国特色网络文化安全观的五个辩证统一［J］.现代传播（中国传媒大学学报），2021，43（6）：7-11.

治，兼顾媒体融合与治理现代化双重视野，既要确保公众的意见表达权利，亦要强化舆论治理，坚持引导与规制并重，鼓励提升舆论表达的建设性，规范性引导其发散性与变异性，推动打造健康向上的舆论生态，使其在凝聚社会共识、形成集体认同方面发挥积极作用，为治理现代化的高效实现扫清思想障碍。

（三）结构贯通性与单元区隔化的冲突

要确保治理现代化这一系统工程顺利实施和高效实现，就必须着力打造形成权责明确、上下贯通、运转灵活的治理架构，保障治理体系与能力建设在横向与纵向的整体贯通性，进而推动提升治理的精准化、系统化和长效化水平。但就目前来看，治理过程中仍存在各自为政、自成一体等问题，不同层级以及同层级的不同治理单元之间区隔化现象明显，从而导致同一政策在不同区域的推行进度、标准以及效果等的明显差异，如针对新冠疫情防控，有地方政府为确保防控的有效性和严密性，进行政策加码，造成不同地方防控政策不一致，为群众日常出行带来不便，这种不同单元差异化、区隔化的治理冲突侧面映射出地方政府治理能力与水平。围绕"推进国家治理体系与治理能力现代化"这一重要目标，推进治理架构的科学性、贯通性建设势在必行，治理体系结构决定着治理现代化的整体进程与效能，但治理单元的区隔化问题难以在短时期内予以解决或消除，与治理结构的贯通性要求相背离，对治理现代化形成阻碍。要化解这一冲突，应以创新性思维用好媒体深度融合，以媒体融合转型为抓手，推动国家与社会治理的平台化建设，推进有序治理、统筹治理、高效治理。

（四）全球化视野与本土化思路的竞合

在新形势下，治理全球化是大势所趋，我国的治理现代化建设同样在这一语境之下，即推进治理现代化应准确把握和适应全球化发展态势，紧盯国际社会普遍关注的意识形态、区域冲突、生命健康、绿色发展、贸易争端、恐怖主义等议题，继而从全局视角出发审视并观照我国治理体系与治理能力现代化建设问题，积极借鉴全球治理中的先进经验与模式，坚持与时俱进，为我国治理现代化提供参考与对照。同时，聚焦治理对象与范围，治理现代化建设应始终关注本国发展基础，围绕我国经济社会发展现状，梳理治理现代化所面临的现实问题与挑战，把握制度、经济等优势，形成具有实际操作性、现实针对性、发展前瞻性，并体现新时代中国特色的现代化治理思路与模式。然而，由于受发展环境、国家体制、意识形态等因素的差异化影响，全球治理与本土治理在理念、方法与工具等方面有所不同，立足治理现代化，统筹全球化视野和本土化思路，探寻二者行之有效的竞合之道，将助力治理现代化决胜于百年变局与世纪疫情交织叠加的复杂局面中。媒体深度融合为全球治理与本土治理的交互发展提供了有效渠道，通过主动融入国际传播新格局，向国际社会积极推介中国治理方案，并引进国际治理成熟经验，将助力推进我国治理体系与治理能力现代化，同时推进全球治理合作，推动构建新型国际关系和人类命运共同体。

四、聚焦治理现代化的媒体深度融合路径

基于媒体融合发展所处历史方位，要更好满足人民诉求、回应治理需求、响应时代要求，有必要也必须要在高质量发展、全域化发展、系统化发展视角下，进一步完善媒体融合的理论体系，拓展媒体融合发展边界，以开放思维、开阔视野、开源模式探索媒体深度融合创新路径，形成媒体深度融合与治理现代化协同共进的新发展景观。

（一）突出价值引领，创新话语体系增强凝聚力

话语体系是传播实践的基础，也是意义建构与共识达成的重要载体，

推动媒体深度融合发展，提升治理现代化建设成效，应着力探索传播话语创新，加快形成适应新消费场景和表达习惯的新型话语体系，进而增强社会凝聚力与向心力，形成以主流价值引领为核心的同心圆。进入智能传播时代，媒体的新闻内容生产与传播不断趋向便捷化、规模化，传播所涉领域更加广泛，传播主题更具多样性，媒体传播的中心正从"媒体人发现了什么"转向"用户需要什么"，促使新闻传播范式发生转变与革新，因此，话语体系创新是应然之举。新形势下的传播话语应着眼于用户新型表达与理解习惯，突出贴近性、生动性与易理解性，统筹用好人为感知与技术感知，从话语风格、话语模态等方面探索创新，以当下新传播语境中用户喜闻乐见的话语方式传播信息、引导舆论。创新话语体系并不意味着对用户话语表达与接受习惯的无差别迎合，应始终突出主流价值引领，以主流价值为引导和标准，兼顾好传播话语的正确性、亲近性和专业性，以人为本，在生动化表达与交互中建构社会共识与身份认同。面向未来传播，针对智能化的新闻生产，在话语表达上应做好严格审核把关，始终确保人这一核心要素在场，防范新型话语突破主流价值底线等所造成的传播风险。

（二）培育跨界思维，全面提升政治传播穿透力

媒体融合作为多学科、多领域、多行业交叉的发展议题，体现出越发强劲的跨界趋势，以媒体融合为驱动，推动治理现代化的实现，应立足当前跨界融合发展态势，积极培育和运用跨界思维，结合媒体发展、国家与社会治理发展态势，加快推动主力军挺进和占领主阵地，提高主流思想舆论覆盖能力，提升政治传播穿透力。推进媒体深度融合创新，应摆脱缺乏跨界思维的视野局限，立足经济社会发展全局，强化跨界协同联动，进一步打通媒体与政府、企业、社会组织、用户等之间的组织隔阂、理念差异，推动围绕媒体融合的政产学研用有机协作，切实打破由于跨行业或跨学科所造成的理解与应用壁垒。探索打造适应新形势的应用模式、理论范式，

形成系统性的体系框架，构建新型传播机制，助力扩大主流价值影响力版图，实现媒体融合为国家和社会治理所用。跨界思维尤其是媒体多元化经营发展为媒体融合提供了重要支撑，未来也将涌现出更多新业态与新模式，但是需要在规划与实施时把握好事业产业发展的平衡性，严防多元化经营发展分化和消解媒体公信力，既要对跨界融合发展保持密切关注、积极参与，也要对媒体深度融合进程紧密跟踪、动态监测、及时反思，推动媒体深度融合可持续、高质量发展，为治理现代化提供长效支撑。

（三）强化技术赋能，夯实传播平台矩阵保障力

中国作为技术应用大国，庞大人口基数和经济快速发展，可以使一种媒介技术迅速达到引爆点。融媒体时代，媒介技术的革新与迭代成为常态，推进媒体深度融合保持高质量发展，应始终保持较高的技术敏感度，对新技术新应用的发展趋势合理预判，以前瞻性眼光、科学的方法、严谨的论证审视行业发展态势，强化技术赋能。伴随媒体融合走向纵深，要着手以新技术为助力，打造全媒体、立体化的传播平台矩阵。一方面，要强化技术对平台矩阵的支撑能力，基于媒体融合、治理现代化等发展需求，探索符合新传播格局的技术解决方案，助力媒体传播全流程重构再造，提升传播实效；另一方面，要强化技术对平台矩阵的安全保障能力，切实提升媒体平台矩阵的内容安全、技术安全等保障水平，从源头着手防范、化解传播风险。注重新技术应用与赋能，同时亦应对其可能产生的附带不良效应保持关注，如新闻传播业人工智能应用可能带来内容同质化、信息表达缺乏多样性等问题，且加上受到技术逻辑影响，人的创造性与主体性容易被流量追逐所淹没，由算法主导的议题议程占据主导地位，或将对主流价值造成冲击。

（四）坚持国际视野，系统深化全球治理把控力

面对全球化发展大势，推进媒体深度融合应坚持国际视野、世界眼光，

紧盯全球媒体行业发展潮流，关注其传播形态、经营业态、传媒格局的发展变革，总结吸收国外媒体融合领域研究最新成果，做到全面把握、系统学习、为我所用，不断推动我国媒体深度融合取得新进展、新成效。要坚持用国际先进经验指导我国媒体融合实践，提升媒体融合发展水平，进而通过打造、优化综合型信息服务平台，提升媒体的舆论引导以及政务服务商务等综合服务水平，助力推进治理现代化建设总体进程。与此同时，要以媒体融合为发力点，加快构建立足国内、辐射全球的全媒体传播体系，不断巩固优化国际传播布局，主动融入国际传播新格局，于重大事件、重要时间节点等推出一批具有国际影响力和感染力的融媒体产品，对外讲好中国故事、展示好中国发展成就、传播好中国声音、阐释好中国方案，进一步增强对国际舆论的引导力，面向全球治理贡献中国智慧，推动全球治理合作，增强对全球治理的影响力、把控力。如以2022年北京冬奥会为契机，以中央广播电视总台、新华社等为代表的新型主流媒体依托国际传播布局，积极发声海外，与国外运动员、国际媒体对冬奥场馆科技感、高质量服务等赞扬形成共振，向世界有效宣介中国发展成就，展现新时代中国形象。

第三节　县级融媒体参与乡村治理的内在机制

近年来，以习近平同志为核心的党中央立足党和国家发展全局，着眼现代化强国建设，深刻洞察经济社会发展形势，准确把握乡村发展规律，围绕乡村振兴、共同富裕等战略做出系列重要部署。县级融媒体作为连接基层社会、助力乡村发展的重要载体，在推动乡村治理现代化进程中担当重要角色。[①] 立足新发展阶段、新发展格局，2022年中央一号文件围绕乡村

---

① 黄楚新，郭海威.县级融媒体参与乡村治理的内在机制与创新路径［J］.青年记者，2022（7）：66-68.

治理对县级融媒体进一步提出了新要求、新目标，将县级融媒体置于乡村治理框架内，其所肩负使命任务更显艰巨。

以县级融媒体为支撑，乡村治理稳中有进，乡村发展持续向上向好。然而，聚焦高质量发展，乡村治理任务依然繁重、形势依旧严峻。以县级融媒体为抓手推进乡村治理现代化进程，应充分认识乡村治理的复杂性与发展性，深入探究县级融媒体参与乡村治理的功能意义与现实观照，以动态的、发展的眼光把握县级融媒体参与乡村治理的未来趋向，从而找寻具有现实指导性和发展前瞻性的优化方案。

一、县级融媒体参与乡村治理的功能意义

媒体融合的纵深推进，为县级融媒体提质增效扩容提供了重要契机，县级融媒体在党建引领、政务服务、助农惠农、文旅开发、公益服务等方面加快探索拓新，系统性、全域化参与乡村治理。锚定乡村振兴、共同富裕，梳理好、总结好、运用好县级融媒体参与乡村治理的宝贵经验，明确县级融媒体在乡村治理这一系统工程中的功能定位，对于推进乡村治理现代化进程、助力乡村治理高质量发展十分必要。

（一）解决好发展不平衡不充分问题的必然选项

当前，人民日益增长的美好生活需要和不平衡不充分的发展之间的矛盾是我国社会主要矛盾，而这一矛盾在乡村表现最为突出，关涉乡村政治、经济、文化、社会、生态等多个方面，尤其在乡村振兴、共同富裕等战略实施背景下，必须加快推进乡村治理现代化进程。在此过程中，县级融媒体作为连接基层社会网络及各类资源的关键一环，决定着乡村治理打通"最后一公里"的具体成效。在平台化转型趋势下，县级融媒体参与乡村治理，能够充分发挥其作为媒体的资源集聚优势，围绕乡村治理的总体要求

及现实需求,在产业、生态、乡风、生活等治理方面提供基础设施支撑和解决方案参考,进而致力于推动乡村生产力提升、生产关系优化、生产方式变革。加之政策、技术等要素支持越发有力,县级融媒体与乡村治理的对接将更多元更深入,从而更好解决发展的不平衡不充分问题。

(二)国家治理体系现代化建设的重要组成部分

乡村治理体系现代化是国家治理体系现代化的题中应有之义,隶属于国家治理体系现代化的总体架构。乡村是现代化强国建设的重要基础,县级融媒体则以连接网络为媒介,将社会治理的毛细血管渗透至最基层,县级融媒体参与乡村治理,恰是能够发挥好本地化、贴近性优势,迅速匹配治理资源与治理需求,推动乡村治理所涉多元主体之间有效实现资源整合、优势互补,推动乡村治理体系和治理能力现代化。县级融媒体参与乡村治理,有助于发展新型乡村经济以建设更加完善的现代化经济体系,有助于加强乡风文明建设以更好传承中华优秀传统文化,有助于推进乡村绿色发展以促进人与自然和谐共生,继而推进乡村治理体系现代化。基于县级融媒体所搭建的乡村治理网络,乡村治理效能得以快速提升,并持续向高效化、精准化、智能化迈进,在完善乡村治理体系现代化的同时,也为国家治理体系现代化建设提供新的思路参考。

(三)围绕全球乡村治理问题解决贡献中国方案

当今世界,乡村衰退导致的"乡村病"、城市贫民窟是一个全球共同面临的挑战。中国情况更为特殊,要以低于世界均值的耕地与淡水资源解决世界近百分之二十人口的生存问题,所面临挑战更为严峻。立足我国基本国情,以习近平总书记系列重要指示为遵循,建强用好县级融媒体中心,并将其置于乡村治理视域下,全力推进乡村治理,使乡村发展水平、农民生活水平不断获得质和量的双提升,是助力乡村振兴、实现共同富裕的重要着力点。以此为路径指引，县级融媒体积极参与乡村治理，同时，着力进行前瞻性探索，尝试将新理念、新方法、新手段运用到乡村治理过程中，有效提升理论、政策等的适用性、针对性、科学性，乡村治理不断取得新成效。县级融媒体参与乡村治理的成熟模式将为世界其他国家解决乡村治理问题提供有力参考，其中凝聚的中国智慧和中国经验将为人类社会的整体进步提供有益借鉴。

二、县级融媒体参与乡村治理的现实观照

聚焦乡村治理高质量推进，县级融媒体不仅要注重自身创新发展，同时要在参与乡村治理过程中做到因地制宜、应时而动、应势而变，其关键就是要对当前县级融媒体参与乡村治理所处内外部环境、机遇与挑战有清晰认识，找寻所处历史方位，坚持求新求变，探索符合新传播格局和新时期中国国情的一套行动方案。

（一）于治理主体而言，县级融媒体要加快创新变革实现转型升级

进入新发展阶段，百年变局与世纪疫情交织叠加，经济社会发展所面临的风险挑战越发突出。推进乡村治理高质量发展，县级融媒体应加快创新变革，坚持和兼顾"两个面向"：一是面向县级融媒体中心内部建设，创新思路方法，丰富功能应用，延展治理边界，为乡村治理提供新的可操作的行动方案；二是面向外部复杂传播环境，深刻认识这既是媒体深度融合过程中亟待解决的痛点、难点、堵点，也是提升县级融媒体中心参与乡村治理能力水平的切入点、着力点和关键点。与此同时，县级融媒体转型升级应遵循两个基本方向：一是坚持党对县级融媒体的集中统一领导，以党的理论创新成果、实践创新亮点统领全局，准确感知和把握乡村治理发展

态势，探索理论创新与实践创新，增强对乡村治理的介入深度、宽度与力度；二是深化以人民为中心的理论自觉，县级融媒体参与乡村治理，归根结底是要实现农民发展、农民富裕、农民根本利益得到保护，这一落脚点和出发点不应变。

（二）于治理机制而言，要在动态改革中确保乡村治理的稳步推进

当前，县级融媒体参与乡村治理取得一定成效，新冠疫情防控更是凸显了县级融媒体的资源集聚、协同及价值引领优势，有效保障了县域经济健康发展和社会大局稳定。但也需意识到，县级融媒体参与乡村治理仍面临体制机制障碍，难以有效应对乡村社会发展过程中涌现出的各类风险挑战。对此，应加快探索创新治理体制改革，不断强化风险意识，针对性、前瞻性地完善县级融媒体治理功能，为防范化解风险做好准备。于经济领域，县级融媒体应协助探索新业态、新模式，积极稳就业、促销费，提振乡村经济发展信心；于思想领域，县级融媒体应协同其他治理主体总结党的舆论宣传和引导经验，针对当前各种社会思潮交织交锋、不良思潮沉渣泛起制定应对策略，化解主流价值被冲击和消解风险。同时，疫情防控、生态保护、扫黑除恶等工作的风险阻力有增无减，亦应以县级融媒体为载体，着力创新治理机制，推进乡村治理提质增效。

（三）于治理对象而言，要以发展眼光审视应对乡村治理复杂形势

受社会转型、传统观念等因素影响，乡村社会中一些问题矛盾时有凸显，乡村治理形势仍显复杂。如在新传播格局下，多元社会思潮复杂交织，社交媒体应用则进一步加深了情绪传染，网络暴力循环等负面效应更易形

成，乡村社会亦未能幸免。围绕基层政治、经济、社会等各领域，乡村治理的复杂形势有强无弱、有增无减，且始终处于动态变化之中，这就要求县级融媒体在参与乡村治理过程中，要坚持以发展的眼光审视和应对新形势、新问题，不断调整思路方法，创新渠道手段，围绕乡村社会发展的重点议题、农民最关心问题及时答疑解惑、提供解决方案。县级融媒体参与乡村治理是为了更好弥合城乡发展不平衡，要严防人为将农民与城市居民割裂分开，要在差异化治理中找平衡，而非在割裂中扩大城乡发展鸿沟。

三、县级融媒体参与乡村治理的发展趋向

在移动互联网高速发展的时代大背景下，基于数字化、智能化、视频化等发展趋势，县级融媒体迎来更多发展机遇与可能，同时也为乡村治理带来了新的创新空间。围绕乡村振兴与共同富裕，在新的传播视野下审视县级融媒体参与乡村治理，其应遵循以下三个发展趋向。

（一）强化理论武装，把握传播规律

要高度重视理论武装的重要意义，县级融媒体在参与乡村治理实践中，应扎实推进党的理论学习教育，确保在政治上保持清醒镇定、在行动上保持规范有序，切实增强参与乡村治理的紧迫感、责任感、使命感，要认真研读、真正把握习近平新时代中国特色社会主义思想，尤其是有关媒体融合、舆论引导、社会治理等系列重要论述的核心要义、丰富内涵与实践要求，把握好内在逻辑联系，坚持学习、思考、实践、领悟相结合。面对新传播格局，亦应把握好新的传播特点、传播规律，基于新传播规律创新治理思路，在内容形态、传播渠道、接收方式等方面探索新模式，积极探索跨界协同治理，为乡村治理提供新的动力引擎。同时，要充分认识乡村社会发展的复杂性、多元性，以建设性、创新性的传播实践，有效应对挑战、

抵御风险、克服阻力、解决矛盾。

（二）围绕重点领域，强化资源整合

当前，我国经济社会发展任务较为艰巨，在此形势下，县级融媒体参与乡村治理，务必要围绕政务服务、商务服务、生活服务、价值引领等重点领域锐意进取，攻坚克难，强化资源整合，有效确保乡村治理高质量推进，助力乡村振兴。这其中，资源整合包括对数据库、技术应用、人力资源等全方位的统筹、集聚与匹配。以县级融媒体所搭建传播网络为依托，集纳网络中各类主体的优势资源，能够实现对乡村治理的强有力资源支撑，打造更加智能、高效、精准的乡村治理生态系统。同时，要将资源整合与治理边界延展相结合，不断扩大县级融媒体传播网络，巩固拓展其所辐射的治理边界。一方面要扩大治理领域范围，面对乡村发展过程中出现的新问题、新现象，做到广泛覆盖和精准出击；另一方面要创新治理方式，从县级融媒体发展经验中汲取新知，结合新形势新要求，调动新资源、对接新需求，灵活转变治理手段，提高县级融媒体参与乡村治理的综合效能。

（三）坚持常用常新，形成长效机制

阶段性的发展任务有期限，但是新时代的伟大实践永远在路上。习近平总书记在省部级主要领导干部专题研讨班上的重要讲话中指出："全党必须深刻认识到，党面临的执政考验、改革开放考验、市场经济考验、外部环境考验将长期存在，精神懈怠危险、能力不足危险、脱离群众危险、消极腐败危险将长期存在，全面从严治党永远在路上，党的自我革命永远在路上。"于县级融媒体参与乡村治理这一议题同样如此，在此过程中，新的问题、风险与挑战将长期伴随左右，县级融媒体在参与乡村治理过程中应时刻做好准备、迎接变革。要形成常态化的实践总结机制，探索形成多元参与、全域覆盖、持续更新的工作机制，定期总结实施成效，及时补足薄弱

点和欠缺点。要确保对媒体深度融合、治理现代化的发展形势有准确把握，基于地域特色制定具有现实针对性、贴近性的行动框架与方案，推进乡村治理趋向精细化、垂直化、专业化。

四、县级融媒体赋能乡村治理的创新路径

在新形势下，立足全球复杂形势及国内经济社会发展需求，围绕乡村振兴、共同富裕等国家重大战略部署，聚焦县级融媒体参与乡村治理，加快探索构建新的赋能框架与模式，显得更为紧要和迫切。要在学习贯彻落实习近平总书记系列重要指示精神的基础上，创新思路方法，统筹抓好重点难点，奋力开创县级融媒体赋能乡村治理的新局面。

（一）平衡好新发展理念与传统发展经验的相互关系

要在县级融媒体发展过程中贯彻好新发展理念，以新思维、新技术、新模式为县级融媒体中心建设提供新的增长点，助力拓展县级融媒体赋能乡村治理的理论视野与实践领域，强化科技创新、人才队伍、绿色发展等的支撑作用，顺应媒体融合与乡村发展趋势规律。同时，对传统发展经验应予以创新性保留与发展，紧密结合县级融媒体及乡村治理实际，围绕内容生产、公共服务、多元经营等板块开拓创新，以新概念、新方法、新渠道将治理方案付诸实践。不同阶段、不同对象所呈现出的动态性、特殊性、复杂性等特点不同，县级融媒体在赋能乡村治理过程中，应注重因时因地制宜，使新发展理念与传统发展经验相互促进，于发展中拓新。

（二）把握好统筹布局与分类实施的辩证统一

县级融媒体赋能乡村治理是一项系统工程，需从全局视角谋篇规划，

做好顶层设计，基于县域发展实际，建立健全相关制度框架与政策体系。具体实施过程中，应始终意识到县级融媒体参与乡村治理应是多维面向、同步推进的，各类参与主体应注重增强大局思维和全局意识，以县级融媒体为抓手、以乡村治理现代化为目标，合理进行要素配置。要充分调动多元主体积极参与，形成齐心协力、齐头并进、齐抓共管的乡村治理新局面。同时，充分用好县级融媒体的传播网络优势，摸清和把握好乡村发展的差异性，根据各地区位条件、资源禀赋的不同，因势利导，制订符合地方特色的治理方案，探索多样化治理模式，做到精准施策、分类推进。

（三）兼顾好转型升级与风险应对的双重视角

强化县级融媒体赋能乡村治理，要在精准感知媒体融合发展态势的前提下，加快推进县级融媒体转型升级，在夯实内容生产、关系连接的基础上，着力提升党建、政务、商务、公益等服务水平，在发展布局与结构调整上下功夫，探索新场景、新机制、新业态，构建县级融媒体发展新格局。注重新型媒介技术对县级融媒体转型升级的驱动力，依托人工智能、AR/VR/MR、全息影像等开拓县级融媒体赋能乡村治理的新情境，进一步拓展助农惠农的场域边界。对于转型中存在的风险挑战，亦应保持高度警惕，舆论安全、意识形态安全等底线丢不得弱不得，要探索建立县级融媒体参与乡村治理的风险预警及防范长效机制，严格落实主体责任制，探索利用新技术手段，做到对风险的提前研判、及早识别、及时应对，提升县级融媒体在参与乡村治理过程中的应急处理能力。

第六章

高质量发展视域下媒体融合发展的着力点与趋势

第一节 中国媒体融合发展的动力机制

在党和政府的领导指挥下，中国媒体融合发展历经多个阶段，媒体融合在政策、机制、模式等方面进行了多次调整、创新，媒体融合过程中各主体角色也不断发生变化，中国媒体融合在探索中走向前进。从根源上来看，中国媒体融合发展是在政府、市场、媒体、社会、技术等多重力量的相互博弈过程中被不断推进的，由于各类力量依托于代表不同利益和目标的行为主体，不同力量在媒体融合发展过程中承担不同角色，它们共同构成了中国媒体融合发展的动力系统，并在动态博弈中形成合力推动媒体进行更深一步的改革发展。①

一、中国媒体融合发展的政府力量

政府作为媒体融合发展的顶层设计者和执行监督者，始终作为一种主要推动力引导中国媒体融合前进，政府力量是中国媒体融合发展的重要驱动力。在媒体发展进程中，无论是1978年中国媒体改革正式启动，还是之后在不同时期针对媒体融合政策的制定、调整，政府始终居于主导性地位，政府的引导与规制是中国媒体融合发展顺利前进的重要保障。

（一）政府规定和保障了媒体融合发展的基本方向

在中国媒体融合发展过程中，政府从制度层面为改革发展指明了方向，

---

① 张涛甫. 中国媒体改革动力机制分析［J］. 新闻大学，2006（4）：85-90.

牢固坚守政治性和公共性，充分放大市场性，是中国媒体融合发展的基本遵循和重要底线。在我国实施改革开放战略的大背景下，党和政府高度重视媒体领域，自改革开放伊始，就率先在报纸媒体进行试点改革，实施"事业单位，企业化管理"，为之后媒体改革发展定调，并一直影响至今，媒体的事业属性和产业属性成为媒体的一体两面，共同构成媒体的基本属性。一方面，政府要求媒体领域在改革发展过程中要坚守事业属性，担任好党和政府的"喉舌"角色，充分发挥其传达党和政府声音、培育社会主流意识形态、有效引导社会舆论、维护舆论安全等重要职能，从而为中国特色社会主义建设提供有力的话语基础和支撑，维护党的权威和政权合法性。另一方面，政府积极引导和鼓励媒体加快市场化进程，让媒体走向市场。政府通过政策允许和权力下放，逐步放开对媒体进入市场的限制，有效激发了媒体参与市场化经营和竞争的积极性与活力。在媒体融合走向深入的过程中，政府从未缺席，并不断从宏观规划和中观实施层面对媒体融合进行指导，确保媒体领域改革不能偏离社会主义方向，其参与中国改革开放进程和服务新时代中国特色社会主义事业建设的根本任务不能变，充分依托政府力量并遵循政府的改革要求一直是也仍将是媒体融合发展的关键逻辑。

（二）政府力量是媒体融合发展的重要引导和推动性力量

作为中国改革开放的重要组成部分，媒体领域的改革对于推动国家政治、经济、文化等领域快速发展都具有至关重要的作用，但是由于媒体一直承担着培育意识形态和引导社会舆论的重任，其改革发展必然不同于其他领域，政府的引导和推动对于媒体领域的改革发展具有重要意义。在改革开放之前，中国媒体只具备政治属性，是党和政府的"喉舌"，发挥着培育主流意识形态、引导社会舆论等政治功能。随着我国开始实施改革开放，经济体制改革被提上议程，媒体作为社会主义事业的重要组成部分，也逐渐被允许参与到社会主义市场化改革进程中，由于媒体具有特殊的宣传功能，因此其改革进程势必更加谨慎。对此，在政府干预及主导下，媒体开始了市场化改革进程，从逐渐恢复广告、采编与经营分开、自办发行到后来的集团化、资本化、公司化等形式，政府一直作为推动性力量引领着媒体改革与融合发展，媒体资源在政府指导下得以有效配置和发挥作用，媒体行业的市场化基因被唤醒，事业属性和产业属性不断得以强化，实现了跨越式发展。在媒体融合发展进程中，政府力量与媒体力量又相辅相成，政府为媒体融合发展提供了初始动力，并在媒体融合进程中不断加大支持力度，使得媒体融合不断深化，媒体行业逐渐成为新的经济增长点，与此同时，媒体融合发展所取得的成绩积极响应和回馈了政府的顶层设计规划与指导，有效强化了媒体融合发展过程中的政府力量，为进一步的媒体融合发展提供了有效支撑。

（三）政府力量是媒体融合发展过程中的重要规制性力量

受到政策允许和鼓励，媒体开始加入市场化改革大潮，媒体市场化程度持续加深，产业属性越发凸显和增强，媒体市场化改革成效显著。但是与此同时，由于受到经济利益驱使，重产业轻事业现象开始在媒体领域显现，带来了一定的负面效应，如媒体的盲目扩张导致杂、散、滥现象严重，媒体的事业属性不断被削弱，政治性和公共性受到严重威胁和挑战，迫切需要加以应对和解决，政府力量在此起到关键作用。我国媒体融合发展整体上遵循渐进式改革路径，试点改革也是媒体领域改革的主要特点之一，其优势就在于柔性改革不至于出现失控等现象。在各个阶段，政府会在改革开始前预判性地制定相关规制性制度措施，以应对媒体融合过程中出现的一些问题，在改革过程中，随着改革深入推进，政府会及时针对新出现的问题和现象进行规制管控，一方面保障改革的顺利进行，另一方面及时制止不良行为，消除负面社会影响。作为媒体融合的最关键力量，政府不仅为媒体融合提供了方向和路径，也有效解决了改革过程中的各种问题，保证了媒体融合在预定轨道内健康顺利开展。

由此可见，政府力量在媒体融合进程中始终扮演着主导和引领角色，为媒体融合提供方向和路径指引，并以政策制度为抓手引导和刺激媒体融合，不断提升媒体市场化程度，强化媒体的事业属性。与此同时，通过制定积极有效的规制措施，媒体融合发展所引发的负面效应得以快速消除和化解，使媒体融合继续顺利推进。随着媒体融合进入深水区，所面临的内部外部环境更加复杂多变，此时政府的必要性更加突出，媒体融合需要党和政府从战略全局高度进行顶层设计，为媒体融合的深入推进提供环境和制度支撑，为我国媒体实现跨越式发展提供充足动力。

二、中国媒体融合发展的市场力量

市场化是中国媒体融合的主要方向之一，市场力量已日益成为中国媒体融合发展的重要引擎，提供着强大牵引力。从改革伊始的企业化管理，到后来市场化改革逐步加深，媒体的市场化程度也越发深入，市场对媒体融合发展的影响和调节作用更加突出，媒体的产业属性不断得以强化，市场竞争力也越发强劲，造就了我国经济领域新的增长点，也为媒体进一步的改革发展提供了强大经济支撑。

（一）市场力量有效激发和增强了媒体融合发展的积极性

随着我国改革开放程度不断加深，尤其是经济体制改革进程加速，我国媒体融合日益受到重视，媒体领域的改革步伐也在摸索中不断加快，在维护好媒体事业属性的前提下，媒体的市场化改革持续向深入推进，从最初的广告、发行，到后续的集团化、公司化等经营形式，以及逐渐放开对资本进入的限制，市场力量在媒体融合发展过程中的作用持续凸显强化。在此过程中，市场力量对于充分激发和增强媒体参与改革进程谋求自身发展的积极性具有十分重要的作用。一方面，市场化改革赋予媒体自身更多权力，媒体从谋求经济效益和社会效益双重目的出发，积极加入改革过程，并切实获得了可观收益，媒体的综合实力和社会影响力得到提升，进而激起更强烈的改革发展热情，如此形成良性循环，媒体市场化改革持续向广度和深度同时推进。另一方面，受到市场化思维的影响，媒体融合发展逐渐跳出了以往单纯的行政安排模式，媒体融合和发展思路得以创新，效率较以往更高，各媒体单位争先恐后地开展改革试验，争当改革先锋，以求在迅速增长的媒体市场中占据一席之地，使得媒体产业日益跻身国民经济中的支柱性位置。在媒体融合发展过程中，媒体受到市场力量的支持和激励，市场化程度不断加深，媒体活力也持续增强，并逐渐由被动转为主动，努力抓住国家改革开放大环境下的发展机遇，结合自身发展状况因时因地制宜，积极发挥创新创造能力，调整机制模式，从而最大限度地收获改革带来的红利。

（二）市场力量作为"看不见的手"对媒体融合发展起到重要调节作用

在经济社会发展过程中，政府和市场作为两股核心力量，只有相互协调、相互补充、统一推进，才能最终形成合力，推动经济社会持续健康发展。在媒体融合发展过程中，市场力量的始终在场推动和造就了中国媒体融合的重大突破和发展成绩，尤其是在政府顶层设计和宏观调控效率不明显的时候，市场力量在媒体行业的资源配置和调整方面起到巨大作用。做大做强做优是媒体融合发展的重要目标，在此过程中，市场的调节作用为不同时期媒体改革发展寻找到了最优路径，媒体的资源在内部和行业之间实现了有效流动，媒体的集团化、联盟等形式就是资源合理配置的具体体现。在此基础上，媒体生产力获得极大发展，有效激发和增强了媒体行业的内生动力，媒体生产效率显著提升，媒体不断迈向和接近做大做强做优的目标。与此同时，市场力量在实现资源有效配置和生产力发展的同时，也遵从自然选择，认可优胜劣汰，在市场化环境中，不能跟上改革发展步伐、难以适应市场发展的媒体，往往不能形成强大实力，没有突出优势，因此难以在日趋激烈的市场竞争中占据主动和优势地位，最终只能被市场淘汰。至此，媒体市场在持续的改革、创新、竞争、淘汰等过程中演进升级，媒体行业活力越发强劲，综合实力日益提升，媒体行业在市场化改革进程中不断向上向好发展。市场力量作为媒体融合发展的引擎，通过不断刺激和调节资源配置，为媒体融合发展提供了强大的牵引力，但与此同时，也不能忽视过度强调市场力量所带来的垄断、割据等问题，如何实现市场力量的最优利用，也是媒体未来融合发展过程中需要着重思考的问题。

（三）市场力量推动媒体行业逐渐走向开放多元

在保障媒体政治性和公共性的前提下，强化产业属性、增加经济效益一直是媒体融合发展的主要目标，因此，市场需求对于媒体行业发展变迁具有重要影响。一方面，随着经济社会发展，人们对精神文化生活的需求日益增长，由此促进了媒体开始生产更加多元的文化内容、创新多元文化形式；另一方面，经济能力的增强也同时提升了人们的消费需求，媒体行业逐渐向多元消费和服务方向倾斜。在此过程中，市场需求除了推动媒体创造多元文化、多元消费、多元服务的同时，多元资本也逐渐开始进入媒体行业，并从边缘领域逐渐向核心腹地推进渗透，加之市场化程度越来越高，媒体行业所面临的竞争压力也不断加大，跨媒体、跨行业、跨地区、跨国等经济模式越发丰富，媒体行业的开放度不断提高。由此可见，在媒体多元性和开放性日益增强的过程中，市场力量起到了重要的助推作用，有效促进了媒体行业发展提速。但与此同时，市场力量所带来的负面效应亦不可忽视，由于受到市场力量的干预和调控，一些媒体开始片面追求经济利益，一味强调市场化改革，想方设法实现经济创收，致使媒体的政治属性和公共属性面临巨大威胁，甚至日益被排挤到边缘位置，媒体的事业属性不断被弱化。尤其是受到资本逐利性、境外资本意识形态属性等的影响，媒体的主流意识形态传播培育以及舆论引导等功能难以很好发挥，直接对意识形态安全和舆论安全构成挑战。因此，市场力量虽然对媒体融合发展起到巨大促进作用，但是需要对其所造成的低俗文化泛滥、传播不良社会思潮、反主流声音泛起等多种负面效应引起关注，防止以牺牲政治利益和公共利益为代价，换取一时的经济利益。

三、中国媒体融合发展的媒体力量

作为媒体融合发展的核心主体，媒体是融合发展的具体执行者和推动者，媒体力量贯穿于融合发展过程的始终，无论是响应顶层设计、负责政策具体落地，还是实行内部变革、对改革做好自主把控等，其核心主体的角色一直没有改变，对于强化内生动力、推进融合进程、维护文化安全具有重要意义。

在融合政策落地过程中，媒体是积极响应者和具体执行者。作为国家改革开放的重要组成部分，媒体自然也在改革之列。在不同的社会时期，党和政府根据社会发展需要，有针对性地对媒体进行改革规划：一方面，媒体改革是经济体制改革的题中应有之义；另一方面，媒体改革是为了更好地服务于社会发展，做好话语支撑。党和政府从宏观角度对媒体改革做好顶层设计和制度规划，媒体作为改革对象，其自身也是改革的执行主体。在改革发展过程中，相关政策出台后，各媒体主体则依据具体要求积极予以响应，无论是对于政府鼓励市场化经营、采编与经营分离、文化体制改革，还是对媒体杂散滥现象进行规制、强化党的领导、划清意识形态底线等相关制度措施，媒体作为改革对象，都在制度要求或允许范围内推进实施，使得党和政府的政策主张能够迅速落地，这也凸显了党领导下的媒体

新形势下中国媒体融合发展的进路与实践

具有很强的执行力。媒体除了推进自身及本行业的改革发展，也积极响应党和政府全局性的改革开放政策与号召，从策划、生产、经营、管理等各环节进行体制机制改革创新，为国家改革开放贡献了媒体力量和智慧。另外，在媒体行业改革发展过程中，媒体在投身于自身改革发展的同时，也充分借助自身优势，履行宣传职能，对内对外广泛传播改革开放声音，主动设置相关议题，从而赢得普遍认可和支持，为我国改革开放大局提供了强有力的舆论支撑，对于加快推进改革进程、扩大对外开放意义重大。

在改革发展过程中，媒体也积极进行自我变革。国家对媒体行业的改革设计往往是根据不同的社会发展环境，从宏观角度进行规划指导，具体到政策执行，媒体往往需要同自身发展所处阶段相结合，从而高效有序推进。由于各媒体所处发展阶段、所掌握资源以及担负职能的不同，宏观的政策制度并不一定能和媒体改革发展需求相适应，在此情形下，媒体则会充分发挥主观能动性，依据自身发展特质进行个性化创新变革。一方面，媒体自我变革要处在国家对媒体改革所制定的政策制度框架之内，无论是注重事业性的媒体，还是强调产业性的媒体，坚持党的领导、坚持意识形态底线、坚持正向舆论引导等原则不能变，媒体改革与融合是为了提升自身竞争力，更好地服务于经济社会发展，其社会角色不能变；另一方面，媒体个性化、差异化的自我变革能有效激发其内生动力，媒体从生产、发布、运营、人才、资本等方面进行全方位的创新改革，充分调动和发挥自身的发展积极性，有效推动了媒体行业的发展变革，尤其是一些媒体积极探索改革的新形式、新领域，其改革成功的经验为其他媒体提供了模板，并助力国家将其探索性改革经验推广开来，进而推动了整个行业的发展变迁。但是与此同时，我们也应正视和关注媒体自主性变革所存在的弊端，一些媒体或媒体人在改革发展过程中，由于未能坚守底线，导致改革发展方向偏离了正确轨道，权力寻租、低俗信息、恶意炒作等问题频现。因此，在媒体主动寻求变革的过程中，政府除了要积极予以鼓励和支持，也应做好相关规制措施，确保媒体融合在正确方向前进，防范改革失控造成不良社会影响。同时，媒体也应提升自我规制能力，牢固坚守改革发展底线不动摇，抓住时代机遇，主动迎接变革挑战，充当改革先锋，从而能在日益激烈的市场竞争中占据主导和优势地位，引领行业发展。

另外，媒体也是改革发展过程中事业产业双重属性的主要守护者。自1978年我国媒体改革发展伊始，媒体的事业产业双重属性就被提及并日益在改革进程中被着重考虑，媒体的事业属性强调其应维护好公共利益，充分体现政治性和公共性，在党的领导下，守护好意识形态安全和舆论安全，为社会公众提供多元优质的信息服务，维护好文化安全；媒体的产业属性则强调其应积极投身于市场化改革，加快自身市场化改革进程，提升市场化程度，加入市场化竞争，以追求和实现经济效益为首要目标。双重属性是媒体的一体两面，二者都是现代媒体的基本属性，事业属性的强化与功能发挥离不开产业属性的经济带动，产业能力的强化离不开事业属性的公信力和影响力的支撑。在媒体融合发展进程中，这两种属性相互协调、相互支撑、共同发展。媒体既是改革主体和对象，又是双重属性的载体，维护好双重属性、促进二者同向发展，是媒体实现改革进步的重要任务。因为在媒体融合发展过程中，媒体是最核心、最重要的参与者和行动者，国家、公众、市场等主体基于不同的改革目标，从各自角度对媒体融合发展施加影响，媒体作为改革的核心主体和具体执行者，其能否有效协调满足各主体的不同需求，保障事业产业双重属性协调发展，关系到媒体融合的成败，更关乎整个社会的意识形态安全、舆论安全、文化安全以及经济安全，因此，媒体力量对改革发展的把关和守护作用极其重要。

四、中国媒体融合发展的社会力量

作为媒体信息传播的主要接收者，社会是媒体的服务对象，在媒体融合发展过程中，社会力量为媒体提供积极有效的反馈，表达自我需求或诉求，媒体则通过提供更加多元丰富的信息内容满足受众需求，同时平衡自身事业属性与产业属性，保障媒体的公共性不被削弱，以在此基础上更好地服务社会。

（一）维护公共利益是媒体融合发展的重要使命

在媒体融合发展过程中，其社会守望者的身份从来没有改变，媒体融合发展始终坚持党性原则，强调政治先行，守护意识形态安全和舆论安全是媒体工作的根本目标和底线标准。而党性与人民性是统一的，因此坚持党性原则也就是坚守了人民性，维护公共利益正是媒体坚守人民性的重要体现，在我国媒体融合发展过程中，政治性与公共性从未缺席，二者作为媒体的基本属性，一直伴随媒体发展变迁的全过程。从媒体的本质属性来看，媒体所承担的社会功能就是服务政府和社会，社会力量是媒体融合发展所要考虑的关键要素，媒体作为社会的守望者，社会对其具有较高信任和期待，尤其是在经济社会快速发展的环境下，各社会主体的利益诉求越发多元，媒体要守护社会公平公正等主流价值观的任务也越发艰巨，此时，社会力量既表达多元利益诉求，又对媒体的职能履行进行监督，使得媒体在改革发展过程中，始终牢固坚守公共性，将维护公共利益作为自身使命和发展目标，推进媒体融合发展在坚守服务社会的轨道内正常前行。从媒体的改革方向来看，市场化改革作为重要驱动力，使得追求经济效益日渐成为媒体融合发展的首要目标，虽然一直强调事业产业平衡发展，但是受到经济利益驱使，媒体的事业属性不时受到削弱，一些过度逐利行为等乱象使得媒体公共性被侵蚀，因此在今后媒体融合发展过程中，要从制度等层面强化社会力量对媒体权力的监督，保证媒体融合发展继续朝着服务公共利益的方向演进变迁。

（二）社会多元信息内容需求有效驱动媒体融合发展

随着我国经济社会快速发展，人民生活水平不断提高，社会的主要矛盾已经发生了巨大变化。在新时代背景下，我国社会主要矛盾已经转化为人民日益增长的美好生活需要和不平衡不充分的发展之间的矛盾，多元的信息内容需求就是人民的美好生活需要之一。一方面，改革开放所取得的巨大成就推动了现代社会的发展进步，尤其是伴随全球化趋势加深，高速信息时代已然来临，加上精细化和分众化传播格局逐渐形成，人们的生产生活对专业性信息的需求量猛增，因此，媒体也开始从最初只提供公共热点信息，慢慢向提供专业化信息方向转变，如广播电视节目、报纸类型及板块、互联网媒体频道等都越发多元细化，从而更精准地满足人们个性化的信息需求；另一方面，经济水平的提升日渐满足了人们的物质需要，人们开始有更多闲暇时间和精力追求更美好的精神生活，而媒体作为我国文化系统的重要组成部分，承担着向社会提供丰富精彩信息内容的任务，从而满足社会民众的多元精神文化需求的重大现实和历史使命，依托文化体制改革等背景，媒体融合也越发重视文化内容的生产传播。尤其是党的十八大以来，习近平总书记多次就建设文化强国发表重要讲话，并从全局高度对坚定文化自信做出战略部署。媒体在改革发展过程中积极践行习近平总书记关于文化的重要论述精神，积极弘扬中国传统文化，结合我国改革开放新局面，不断进行文化创新与建构，在实现社会主义文化大繁荣的同时，媒体融合成效也越发显著，取得了卓越的发展成就。

（三）社会力量逐渐参与和介入媒体融合发展进程

在当前新媒体环境下，社会力量参与和介入媒体融合发展过程主要表现在三个方面。一是社会力量通过与媒体进行持续有效的互动影响和推动媒体融合发展进程，新兴互联网信息技术的普及应用使得用户可以及时有效地对媒体内容进行转发、评论、点赞等，媒体与用户之间搭建起了沟通互动的桥梁。从服务视角来看，媒体作为提供信息服务的主体，要重视用户的兴趣取向和意见反馈，通过及时调整传播内容、传播方式及策略来更好地服务用户，从而抢占更多注意力，占领更大市场份额，提升自身综合实力。二是社会力量通过新兴信息技术实现自我赋权，内容生产权力得以下放给社会个体、群体或组织，自媒体时代到来。不同社会主体具有不同的知识背景、价值取向和利益诉求，因此这些非专业机构所生产的信息内容也显得更加多元丰富，尤其一些更日常更亲民更直抵人心的内容更容易激发用户关注兴趣，这些变化现象都开始被政府、市场、媒体等主体移植到媒体融合进程中，媒体开始借助专业的信息生产发布等能力，并吸收借鉴社会力量在内容生产方面的成功经验，积极开展创新变革。三是民间资本、境外资本等社会资本力量在进入媒体的同时，对媒体融合和发展或直接或间接地施加影响。这些非公有资本隶属于不同社会主体，代表着各类资本主体的个性化意志，这些资本的逐利性、非主流意识形态属性等会对媒体运营的各个环节产生影响，媒体的改革发展则容易受到资本意志的支配和操控，继而影响到整体的改革发展进程。

综合来看，社会力量作为媒体融合发展的重要影响因素，对媒体的改革发展进程既会起到推动促进作用，也会引起负面效应，如何有效地使社会力量为媒体融合发展所用，做到趋利避害，是政府、媒体、公众等各改革主体所应共同考虑和面对的问题。

五、中国媒体融合发展的技术力量

在媒体融合发展过程中，政府、市场、媒体以及公众作为行为主体，或主动或被动参与到媒体融合进程当中，各主体依据自身所处社会位置和所占据社会资源，对媒体融合发展施加影响，共同促进媒体融合发展。但

第六章　高质量发展视域下媒体融合发展的着力点与趋势

是随着全球信息化进程加速，尤其是互联网信息技术的快速发展和升级迭代，媒体融合发展越来越倾向于技术驱动，技术日益成为推进媒体融合发展进程的关键力量。

（一）技术力量推动媒体传播手段创新升级

在互联网信息技术出现之前，技术力量对我国媒体改革发展的促进和带动作用相对有限，自互联网在国内出现以后，媒体便开始尝试性地将内容搬运至网络，但是整体来看，媒体对互联网的应用在很长时期内仍处于缓慢尝试摸索阶段，一方面限于互联网信息技术发展仍处于初级阶段，另一方面是媒体对互联网的关注和运用仍存在思维局限，这一局面一直延续至2012年。党的十八大以来，技术力量对媒体融合的推动作用越发显著，究其原因，主要集中在两点：一是国内创新环境优越促进新兴信息技术密集出现并迅速迭代升级，这些新兴信息技术被媒体行业迅速捕捉到并运用到具体的改革实践当中；二是党的十八大以来以习近平同志为核心的党中央对媒体深度改革尤其是媒体融合等领域做出一系列重要部署，并从全局高度为新时代媒体融合进行顶层设计和规划布局。在这两大环境的激发激励下，技术力量开始越发频繁和紧凑地介入媒体融合发展进程中，大数据、人工智能、AR、VR等新技术开始成为媒体实现变革、转型和升级的重要抓手，H5、短视频等新型传播形态不断出现，媒体传播渠道和手段在新技术驱动下越发丰富多元。在新媒体环境下，媒体融合逐渐朝技术引领、服务至上的方向演进，技术驱动下的传播手段创新的终极目标是向媒体用户提供更好的信息内容服务，从而更好地优化用户的信息接收体验、提升信息传播效果。随着新兴信息技术继续创新迭代，其对媒体融合发展的促进作用也势必越发强劲，推动媒体融合发展持续提速，继续向深入迈进。

（二）技术力量推动传播格局重塑和传播生态变迁

近年来，随着新兴信息技术逐渐为媒体所运用，媒体环境已然发生了巨大变化，信息传播格局在解构中被重新建构，信息传播生态也时刻处于演化变迁之中，媒体为了适应新传播格局和传播生态，更多地开始倾向于遵循和运用技术逻辑与思维开展改革，如当下基于互联网思维的媒体融合就是技术力量驱动媒体改革的典型。从传播格局来看，以往的单向传播已经难以适应当下用户信息需求，技术赋权使得公众生产和传播内容日益成为现实，双向互动传播更加普遍。与此同时，面对海量信息内容的竞争，媒体更加重视在提供专业性、个性化信息方面下功夫，为目标用户生产和推动其感兴趣的信息成为媒体融合的重要参照，在此情形下，媒体开始通过各种手段在传播过程中实现有效互动、强化服务特性、满足用户需求，技术力量重塑了传播格局，同时又吸引媒体利用技术进行变革，以适应新传播格局，至此，技术力量有效达成了媒体融合的良性循环。从传播生态来看，在技术力量的驱使下，社会个体、群体和组织都成为信息的生产者和传播者，虚拟和现实空间中的信息内容更加多元复杂，并最终建构出具备多元话语体系、多元利益诉求的新型传播生态，如何有效引导社会舆论、回应多元利益诉求、构筑和谐健康平衡的新型传播生态系统，是媒体融合所要思考的重点问题。因此，整体来看，技术力量打破了已有的传播格局和传播生态，并以此刺激和诱导媒体实施变革，使媒体借助技术力量来建构新的传播格局和传播生态，与此同时，媒体融合发展也更加适应新的传播环境，向上向好继续推进。

综合来看，政府、市场、媒体、社会、技术等五种力量共同构成了中国媒体融合发展的动力系统，这些力量或基于不同行为主体、或基于不同本质属性，既具有明确的分工，又相互协调、相互支撑，在交流交融交锋中形成推进媒体融合发展进程的综合性力量，不断将中国媒体融合发展推向前进。在新时代背景下，媒体融合发展任务更加艰巨，所面临的挑战更加严峻，如何统筹协调各类力量，扬长避短，形成合力，从而为媒体深化改革、走向更大发展提供强大动能，是媒体融合发展所涉各行为主体要重点思考和探索的课题。

第二节　中国媒体融合发展的关键点

面对当前新兴互联网信息技术日新月异，国际国内传播格局复杂变幻，舆论形势越发严峻，中国媒体融合发展所要肩负的任务更加艰巨，意义也更加深远。整体来看，在今后很长一段时间内，中国媒体融合发展的关键点在于依据具体发展形势，动态更新调整政策，在夯实媒体基础能力的同时，提升媒体的生产力，强化竞争力，切实增强媒体的传播力、引导力、影响力、公信力。

一、强化媒体融合各项要素协同创新

党的十九大提出要坚持全面深化改革，并把"着力增强改革系统性、整体性、协同性"作为全面深化改革取得重大突破的一项宝贵经验。在新时代背景下，要继续深入推进媒体领域改革发展，必须要牢牢坚持习近平新时代中国特色社会主义思想，准备把握当前媒体融合发展的必要性、迫切性、艰巨性，科学统筹协调媒体融合的各项核心要素，注重各要素的协同创新作用，形成强劲合力，推动媒体融合发展取得新成就。

（一）各要素协同创新是中国媒体融合发展的重要经验

近年来，中国媒体融合一直紧密围绕国家改革开放整体布局和发展形

势，坚定改革发展步伐，针对媒体融合发展所必需的政府、市场、媒体、公众等核心要素进行科学统筹，协调推进，全面把握和观照改革发展所涉及的各主体、领域、环节，重视各要素的协同作用，在此基础上强化体制机制创新，使得媒体领域改革发展不断取得新的进步。[①] 在媒体融合发展过程中，不同要素各司其职，相互配合，相辅相成，共同致力于我国媒体行业的发展进步。从资源要素来看，各改革主体分别掌握和贡献了政治资源、经济资源、文化资源、媒体设施机构资源等，尤其是近年来随着新媒体时代的到来，社会公众开始越发成为媒体融合发展的重要主体，社会主体对媒体融合发展过程中的内容、资本等的贡献不断加大，与此同时，各种资源的协同效应也更加显著，其所展现出的创新优势也为媒体融合发展提供了更强大动能。从制度要素来看，各层级制度不断演进更替、相互嵌套，形成推进中国媒体融合发展的严密制度体系，具有较强的整体性和系统性，制度支撑强劲有力，媒体融合发展始终有章可循，同时也保障了改革发展的正确性和规范性。从行业属性要素来看，媒体的事业属性和产业属性一直是中国媒体融合发展过程中所牢固坚守的本质特征，事业属性负责守护好政治性、社会性，产业属性负责强化市场性、商品性，在政府、市场、媒体、公众等多重主体共同作用下，两种属性虽然偶尔出现厚此薄彼的现象，但是整体上呈现出协调发展、共同推进的行业景象。从技术要素来看，国内外媒体融合发展的前期经验、行业先进管理运营经验、新兴互联网新兴技术等共同构成了媒体融合发展的技术库，在不同时期，统筹运用各类技术经验，为媒体融合发展提供了敦实的软实力支撑。除了各类要素内部的协同创新，各类要素之间也一直进行着显著且有效的协同作用，在不同时期，不同主体依据不同发展目标对各类要素进行不同搭配混合，使得各要素的协同效应达到最大化。与此同时，协同体的创新效应也一直是媒体

---

① 粟孟林. 改革开放以来中国传媒制度的演进逻辑及其启示［J］. 湖南师范大学社会科学学报，2018，47（4）：150-156.

第六章 高质量发展视域下媒体融合发展的着力点与趋势

融合发展的重要动力,尤其是对于处在改革一线的媒体机构及从业人员来说,各要素的协同创新作用能够直接指导改革实践,加上协同创新成果的示范效应,其影响也势必更加重大,意义更加深远。

(二)强化各要素协同创新有助于增强媒体融合发展的整体效能

随着媒体融合走向深入,传统的高速增长模式有必要向高质量发展模式演进,媒体融合发展要更加适应时代要求,服务国家改革开放发展大局,继续做好并优化各项改革要素的配套协同,增强协同创新方案的合理性和高效性,强化联动效果,从而汇聚形成有助于媒体深化改革发展的强大动力,增强整体效能。从局部来看,要强化资源、制度、市场、技术等各类要素内部的协同创新。随着当前媒体环境不断发生变化,新传播格局与生态对媒体融合发展提出了更高要求,单一要素或多个要素的简单相加已难以对媒体全面深化改革形成强力推动,要素协同及创新在此时变得更有市场。以制度供给为例,在今后媒体融合发展过程中,要将宏观制度、中观制度和微观制度紧密结合,形成支撑高效、推进有力、与时俱进的全方位、立体化媒体融合发展制度体系,其中,党和政府依据当前媒体发展格局,从战略全局角度出发,审时度势,对媒体融合发展进行顶层设计和布局,形成综合政治、经济、文化、技术等多重考虑的宏观制度体系,从全局规划角度对媒体融合发展进行指导;各级媒体管理机构以及各级政府或其他组织以政府宏观制度为指导和参照,充分考虑行业、地域、媒体等特性,构建能够具体指导媒体融合发展实践的中观制度体系,为行业发展进行规范化引导;各媒体单位要准确领会政府宏观制度精神,严格遵循行业发展的中观制度体系,在此基础上,结合自身所具有的资源禀赋等特色,形成能够直接用于媒体融合发展具体行为的微观制度体系,与此同时,要在坚守底线等原则基础上进行大胆创新,探索适应时代发展趋势的新制度、新规范，为媒体融合发展注入新活力。整体来看，要强化资源、制度、市场、技术等各类要素之间的协同创新，一个完整高效的改革发展动力系统，不仅需要种类丰富的资源子系统，还需要全面覆盖、支撑有力的制度子系统，以及持续创新升级的技术子系统等，唯有各类要素之间相互协调嵌套、有效配合，才能最终形成推进媒体融合发展这个系统工程不断向前的强大力量，提升媒体融合发展的整体效能。因此，只有坚持协同创新，才能充分挖掘各类要素发展潜力，并形成改革发展合力，产生"一加一大于二"的效果，从而取得最大化效益，实现媒体行业跨越式发展。

二、依据媒体比较优势进行差异化定位

媒体的比较优势是指一个媒体相对其他媒体所具有的较突出的资源禀赋，不同媒体在地域、资源、市场、技术等方面存在差异，各媒体所具备的优势也不尽相同，如何充分利用优势，规避劣势，是今后媒体融合发展过程中需要认真思考的问题。媒体融合发展要统一思想、统一原则，但是并非要模式、目标、成效完全相同，在改革发展过程中，应充分考虑不同媒体的自身特质，依据各媒体机构的比较优势，对其进行差异化定位，从改革方案、发展模式、发展目标等方面体现差异化，结合媒体具体情况推进改革，力求在全局层面实现改革发展效益最大化。

首先，明确中央媒体与地方媒体定位差异，充分发挥各自比较优势，实现不同路径、一体发展。虽然从媒体大的职能属性来看，中央媒体和地方媒体都承担着舆论宣传引导、获取经济效益等任务，但是具体来说，两类媒体又具有不同特质，各自所依托资源、传播范围、传播能力等都有所不同，因此，在媒体融合发展过程中，要明确各自发展目标与具体任务，善于运用"长板理论"，以优势为带动，打造国家级、地区级的旗舰媒体。从传播范围来看，中央媒体的传播范围几乎遍及世界各个角落，地方媒体

第六章　高质量发展视域下媒体融合发展的着力点与趋势

的传播范围主要覆盖所在地区；从传播对象来看，中央媒体服务于全国民众以及海外华人，地方媒体的传播对象主要是地区内人口；从传播内容来看，中央媒体更具有国际视野，报道主题范围广泛，地方媒体更加偏向与地区发展相关的信息内容，视野相对具有地区性；从传播功能来看，中央媒体积极传播党的最新理论成果、政策主张、国家发展成就等，有效引导国内舆论，同时积极对外传播中国声音，从而打造良好的国家形象，地方媒体紧跟中央媒体步伐，在对党的理论成果、政策主张、国家发展成就等进行详细解读的同时，也重视对区域政策、制度、发展成果的宣推，致力于为地区发展营造良好舆论环境，打造地区形象，同时服务地区民众。除此之外，中央媒体和地方媒体在报道资源、报道能力等方面也存在显著差异，不同地区媒体的情况也不尽相同，因此，在对两类媒体进行准确定位的基础上，要依托各自比较优势，钻研"长板"，从而打造媒体领域的不同发展极，培育出多家旗舰级媒体，最终形成多层级、全覆盖的国家媒体系统。

其次，注重专业优势，发力分众化传播。在当前的信息传播环境中，信息体量大、碎片化等特征使得人们获得有效信息的成本增加，传统的信息生产模式使媒体在当下环境中难以获得更大竞争优势，面临被超越和挤压至边缘位置的风险，因此，在新一轮的媒体融合发展过程中，应充分挖掘和聚焦媒体的专业优势，准确把握分众化、差异化的传播格局，打造业务能力突出、行业地位超群、竞争优势明显的专业化、细分化、领军型媒体。随着我国经济水平显著提升，人们对信息内容的需求也不断增加，尤其是有深度、专业性的信息内容更受人们关注和欢迎，媒体在今后改革发展过程中，要创新思路，从提供信息逐渐向提供深度加工过的知识转变，强化媒体的信息服务能力，服务于党、服务于政府、服务于人民。近年来，在国家的宏观指导和市场自我摸索过程中，分众化、差异化传播已渐成趋势，尤其是一些新兴媒体借助自身专业优势，聚焦细分化的用户群,取得了很好的传播效果,如财经类、体育类、时政类等专业化、细分化媒体层出不穷,既丰富了媒体市场,又不断为人民提供高质量的信息内容。[①]但与此同时,媒体的分众化、差异化改革也应时刻坚守新闻职业精神,深入实践,走进群众,做好调查研究工作,不能简单地在网络中采集信息拼凑成一篇所谓的专业化新闻报道,要坚持新闻专业主义精神,不做虚假、未经证实的报道,强化责任意识,真正把原则放在心中、把人民放在心中。

另外,积极学习运用新兴信息技术,打造技术优势,推进媒体深度融合。随着互联网信息技术迅速发展,技术优势在媒体传播过程中越发得以体现,能否用好技术服务于媒体传播关乎媒体融合发展的成效。在当前新传播格局中,传统媒体与新兴媒体都在试图借力技术实现跨越式发展,技术驱动成为媒体融合发展的关键词,但是需要引起关注的是,媒体融合发展并非必须要掌握所有技术,只有那些能够为我所用的技术才是媒体真正需要学习和强化的技术。在媒体融合过程中,一方面要紧跟党和政府对媒体领域的顶层设计和规划布局,把握正确改革前进方向,另一方面,媒体应结合自身所具有的特殊资源优势以及媒体特质,吸收运用前沿信息技术,从而打造技术支撑有力、特色明显的示范性媒体。如当前较受关注的大数据、人工智能、云计算、脑科学、AR、VR等技术,都能运用到媒体报道当中,但是并非所有媒体都有能力、精力掌握所有技术,此时就需要媒体对自我进行评估,如何在宏观制度指导下最大限度发挥优势、掌握最能发挥优势的技术是媒体要认真思考的问题。打造技术优势并非要自我开发技术,要在效益最大化的前提下善于吸收运用已有技术,与此同时,要注重技术的全面推进,技术优势可以有所偏向,但是不能忽视其他技术,要做到因时因势而变,只要能为我所用就坚持吸收,并将技术充分运用到媒体

[①] 王晓红,眭黎曦.融媒体生产中的舆论引导创新[J].公关世界,2017(11):52-55.

融合进程中，强化媒体的矩阵建设，共同形成技术驱动、内容充实、风格各异的新型融媒体发展格局。

三、根据行业发展态势动态调整政策

从改革开放的历程来看，其所涉及的制度、环境、资源以及技术等时刻处于动态变化之中，因此相关政策也通过动态性的调整以适应和支撑改革开放进程。具体到中国媒体的改革发展方面，准确把握、衡量媒体行业发展状况及演进趋势一直是政策制定与调整的重要前提，尤其是党的十八大以来，以习近平同志为核心的党中央从战略全局高度精确审视和把握日益错综复杂的国内外发展大势，指导媒体领域敏感捕捉和抓住改革发展机遇，在坚持各项基本原则不动摇的前提下，及时感知并紧跟行业发展趋势，带领中国媒体不断锐意进取，开辟改革发展的新境界，使媒体行业越发呈现出盎然生机。在今后改革发展过程中，应继续坚持和弘扬与时俱进的理论品格，力争做到先知先觉、先行先试，重视成功经验和创新推广，通过及时调整政策抢占主动、占据优势，促进中国媒体融合发展再上新台阶，取得突破性成绩。

（一）善于借鉴和运用生命周期理论，推动政策紧跟时代步伐

生命周期主要用来表示某一事物从不成熟走向成熟再到衰退的过程。生命周期理论认为，在事物发展过程中，相关主体要根据事物发展所处阶段及时调整态度、行为、策略等以适应和满足事物发展需要。从中国媒体融合发展经验来看，其演进历程呈现出典型的生命周期特征，从最初的起步阶段到上升阶段，再到整合阶段，然后到调整阶段，最后到深化阶段，中国媒体正逐渐走向成熟，而在此过程中，媒体领域的相关政策的动态性调适对媒体融合发展起到了很好的助力作用。随着媒体融合继续向纵深推

进，媒体行业发展形势变化速度加快，能否准确感知发展态势并在政策支撑上予以回应直接关乎改革的成效问题。在当前新兴信息技术不断涌现并快速迭代升级的环境下，媒体融合发展所应关注的不只是媒体产品生命周期，同样需要关注技术生命周期、产业生命周期、领导生命周期、企业生命周期等，媒体融合发展不能被时代推着走，而应是能够清晰感知和把握行业的脉搏跳动，提前做好各个周期的布局，化被动为主动，从而实现媒体融合发展的高效推进。以媒体融合为例，要先后经历媒体相加、简单融合、深度融合直至全面融合的阶段，而各个阶段的政策制度则不尽相同以观照媒体的不同发展程度。与此同时，需要注意到，依托生命周期所进行的行业发展布局、政策制定与调整并非完全意义上的"革故鼎新"，而是在总结已有经验的基础上，通过对发展现状、趋势等的综合性把握所做出的创造性改进，旨在适应新形势，完成新任务，达成新目标。

（二）把握和发挥好政策的"离场"效应，充分激发行业发展可能性

虽然媒体融合发展的各个阶段都离不开政策的支撑和指引，但有时政策的适当"缺失"或"离场"也会起到一定的激励作用，此时市场这只"看不见的手"将被充分地置于主导性地位，各种行业演进和发展的可能性都会受到激发而涌现出来，潜在的行业发展活力被激活。在几乎完全由市场主导的这一发展阶段，政策制定与调整处于观望状态，市场机制带动下的媒体融合发展既能有效激发活力，也能使一些问题及时地暴露出来，以此为基础和参照，政策的制定与调整行动也在同步开展，直至最后找出最适合媒体融合发展的方向、路径和措施等。以近年来发展较为迅速的自媒体为例，随着新兴互联网信息技术的出现，用户通过技术实现了自我赋权，用户生产内容开始成为一种势不可当的发展趋势，在初期阶段，各种自媒体相继涌现，我国新媒体领域持续高速发展，一些新型生产、运营模式

也得以被探索和尝试，但是知识产权侵权、行业不当竞争、低俗内容泛滥等问题也相继出现，整体来看，这一阶段呈野蛮生长状态。当这一阶段的功能得以充分发挥之后，相关政策相继出台，在激励探索新手段、新方法、新模式的同时，对不良现象及时进行规制，开始引导新媒体向健康可持续方向发展。因此，当媒体的新样态、新模式开始出现时，在政策领域适当放开对于激发活力、探索可能性具有重要意义，但是政策的放开或"离场"并非完全交由市场或社会主动，媒体融合发展的探索与尝试应始终坚守底线思维，强化红线意识，在法律和道德允许范围内寻找新的发展可能。

（三）透视其他相关行业发展态势，为媒体融合发展提供参考与对照

媒体融合发展不是孤立存在和进行的，其往往与其他行业发生一定关联，而且媒体要全面推进改革走向深入，就必须将自身置于国家改革开放和全球化趋势等大背景下，以此为参考和对照，制定和调整相关政策制度，从而保障媒体融合发展始终具有前瞻性、全局性和正确性。以媒体融合发展依赖性较高的技术来说，今后一段时期，媒体在改革发展的政策制定和调整过程中，要对人工智能、大数据、5G、云计算、脑科学等前沿技术所属行业保持灵敏感知和透视，因为随着新兴技术不断涌现，技术驱动对媒体融合发展的贡献越来越大，技术在媒体融合、生产运营模式创新、产业布局等方面将起到更大的决定性作用，明晰技术发展所处阶段和发展状况有助于预测行业未来发展趋势，从而提前谋划布局，找寻或借鉴或合作的有效方法，是媒体融合发展高效推进的重要路径。另外，作为文化系统的重要组成部分，媒体一直是文化体制改革的重要参与主体和推动力量，媒体融合是文化体制改革的一部分，媒体融合肩负着引导舆论、维护意识形态安全、维护文化安全、推动文化输出等重要使命，媒体融合发

展应以文化事业和文化产业发展为整体目标,在政策制定与调整过程中要将文化系统作为重要考虑对象,从而制订出符合多层次要求的改革发展方案。综合来看,媒体融合发展是国家改革开放的一个子系统,参考和对照其他子系统的发展状况与趋势,有助于媒体看清形势、找准定位,从而有序而高效地推进自身改革发展,继而为国家整个改革开放事业贡献力量。

四、充分依托两大市场推进产业升级

随着全球化程度持续加深,跨国经营成为企业扩张的最有力表现,能否走向世界、参与全球范围内的产业竞争是衡量一个企业是否具有竞争优势的重要指标。媒体作为一种特殊行业,其自身具有两种属性,即政治属性和经济属性,在世界范围内均是如此,政治属性表示媒体要承担培育和维护意识形态、维护公共利益的任务,经济属性表示媒体要承担创造经济效益的任务,二者相互依托、相辅相成。但是从我国媒体行业整体发展来看,政治属性即事业属性是媒体的根本属性,经济属性则是次要属性,其主要通过创造经济价值来占据市场份额,从而能够更好地为强化媒体事业属性服务。在经济全球化背景下,中国媒体融合发展应具有更高更广的视野,将国际国内两个市场都充分运用起来,推进媒体产业快速发展升级,在创造经济效益的同时,为事业属性的强化与发挥提供强有力支撑。

一方面,就媒体机构而言,要积极参与全球范围内的媒体产业竞争。媒体机构要利用好全球化带来的各种机遇,结合自身发展状况为己所用,从而在国际竞争中锻造自己。从国内市场来看,中国媒体作为本土产业,相较于国际外来媒体集团更具优势,很显然,当对标进入中国的国外媒体集团时,中国媒体更了解中国国情、熟知用户话语习惯、信息接收偏好、

第六章　高质量发展视域下媒体融合发展的着力点与趋势

法律与道德底线等，尤其是在当前新形势下，中国的人口红利、技术红利、市场红利是世界上其他国家所不具备的，得益于此，中国媒体的改革发展进程得以高速推进。在下一步改革发展过程中，仍要守护和运用好中国媒体的本土优势，始终占据在国内市场的主动权和主导权。与此同时，全球化带来了生产要素的有效流动，媒体融合发展要善于利用好流通至国内市场的国际性先进生产要素，把握好全球化为中国媒体发展创造的良好条件和战略机遇，补足自身短板，力争实现跨越式发展。从国际市场来看，中国媒体融合要积极加入全球化竞争大潮，既要应对好国际大型媒体集团进入所带来的冲击，又要加快走出去步伐，高效、稳步、有序地走向世界，从而在世界媒体领域内占据有利地位，赢得话语权。面对国际竞争压力，媒体应加快练成敏锐观察和快速进取能力，及时抓住发展机遇，提升自身综合竞争实力，从而在内实现有力对抗冲击，在外实现融入传播对象国本土，不断提升中国媒体在全世界的在场感和影响力。需要特别注意的是，国内市场和国际市场是中国媒体融合发展的两大战场，作为行为主体，媒体在改革发展过程中应始终做到内外有别、一体推进，不断增强"四个意识"，坚定"四个自信"，以经验促创新、以创新促发展，推动中国媒体融合继续走向全面深入。

另一方面，就政府而言，要创造良好的产业发展环境，加大对媒体融合发展的扶持力度。从世界发展经验来看，来自政府的政策扶持对产业发展具有至关重要的推动和促进作用，继续坚持以国家力量为后盾，强化政府的指导性地位，是媒体改革发展得以有效进行的重要保障。创造良好的产业发展环境并非单纯地针对特定媒体机构或内容产品进行补贴和支持，而是要站在视角更广的全局高度，制定和发布能够激励产业发展升级的通用性政策，这些政策所涉及范围较为广泛，如政府对媒体产业改革发展所涉基础实施进行投资建设、通过制订长期发展方案以促进资本有效流通和市场有序竞争，从而提升媒体产业整体活力。对于国内市场，政府的宏观调控作用不可或缺，依据当前国内媒体发展格局制订行之有效的改革发展方案，打造形式多样、内容丰富、指挥灵活、多层次分布的国家媒体体系，坚持对外开放政策，通过引进来打造国内媒体产业竞争环境，充分激活媒体机构的竞争基因，为中国媒体走向世界并在世界媒体市场中占据优势、赢得主动做好充足准备。对于国际市场，中国媒体要加快实施践行"走出去"战略，离不开政府对外战略的有力支持，如近年来中国媒体依托"一带一路"倡议，积极进行"一带一路"共建国家的战略布局，有效扩大了中国媒体在国际社会中的影响力。同时，中国对国际性事务的参与越来越多、程度越来越深，也为中国媒体发声世界、走向海外提供了良好机遇和可能，这些机遇都是中国媒体"走出去"的重要窗口。在今后发展过程中，适当提升中国媒体作为中国对外战略合作、投资选项的权重，为中国媒体深度进入国际媒体市场提供机会，将是中国媒体产业实现发展升级的一条有效路径。

综合上述分析可知，推进中国媒体融合发展是一项系统性的工程，各个子系统需要同时发力，在正确判断当前形势和媒体发展趋势的基础上，立足媒体融合经验和发展成就，强化各要素的协同作用，打好组合拳，培养和增强创新意识，不断创新媒体融合发展工作的方式方法，善于引进国外媒体发展经验、其他行业发展经验，革新媒体发展理念，因时因地制订和优化改革发展方案，从而为中国媒体融合发展输出强劲动力。

第三节 推动媒体融合高质量发展的实施路径

2014年8月18日，中央全面深化改革领导小组第四次会议审议通过《关于推动传统媒体和新兴媒体融合发展的指导意见》，自此我国媒体融合进程正式开启。随着国家在政策层面不断给予指导支持，中央、省、市、县等各级媒体积极投入，融合进程不断提速，融合程度不断加深，通过理念、内容、形式、方法、手段等创新，媒体融合取得诸多突破和可喜成就。但与此同时，伴随互联网信息技术迭代升级，互联网成为很多干部群众，尤其是年轻人的第一信息源，其对媒体融合的影响更加深刻。媒体融合在内容生产、传播技术、传播观念、传播渠道、管理体制、运营机制、人才培养等方面面临新的命题和挑战，需要在纵深方向持续推进。

2019年1月25日，中共中央政治局在人民日报社就全媒体时代和媒体融合发展举行第十二次集体学习，习近平总书记在主持学习时指出，全媒体不断发展，出现了全程媒体、全息媒体、全员媒体、全效媒体，信息无处不在、无所不及、无人不用，导致舆论生态、媒体格局、传播方式发生深刻变化，新闻舆论工作面临新的挑战。因此，推动媒体融合发展、建设全媒体就成为我们面临的一项紧迫课题。在新时代背景下，要实现媒体融合继续向纵深发展推进，构筑中国媒体发展良好格局，就必须在前期融合实践的经验基础之上，拓展思维方式，创新方法理念，发力重点领域，找准关键抓手，从而推动我国媒体融合发展再上新台阶。

一、观点传播需要新思维

全媒体时代，互联网尤其是移动互联网渗透至人类生产生活的各个领域，已成为人们获取和发布信息最主要的渠道，同时也是当前意识形态斗争的主战场、主阵地和最前沿。媒体深度融合要充分认识到这一重要形势，做到因势而谋、应势而动、顺势而为，在观点供给上运用新思维，强化主流价值内容输出，对内传播坚持正能量、管得住、用得好，对外传播抓住国际舆论场中利我机遇，认真完成举旗帜、聚民心、育新人、兴文化、展形象的使命任务，牢牢掌握新时代背景下线上线下、国际国内舆论场的主动权和主导权。

(一)主流媒体守正创新,旗帜鲜明坚持正确导向

在我国媒体融合发展过程中,主流媒体一直是主力军和先行者,肩负着舆论引导和主流价值培育的重要使命。在新时代背景下,国内舆论形势整体向上向好,但仍不乏一些消极、质疑甚至反动的声音,所面临的挑战依然严峻。要推进媒体融合向纵深发展,主流媒体就必须旗帜鲜明地坚持正确的政治方向、舆论导向和价值取向,守正创新,做好思想引领工作,认真维护好国内舆论场的安全稳定。一方面,要继续高举马克思主义、中国特色社会主义旗帜,牢牢坚持习近平新时代中国特色社会主义思想,有效利用和创新中国传统文化、革命文化,积极发展社会主义先进文化,在传播过程中,要时刻牢记正确舆论导向,唱响主旋律,壮大正能量。与此同时,要积极强化理论建设,宣传党的一系列新思想新观点新论断,切实提高主流媒体在国内舆论场的传播力、引导力、影响力、公信力,引领国内社会舆论健康向上发展。[①]另一方面,要善于同不良社会思潮做斗争,坚决抵制和打击非马克思意识形态对主流意识形态的攻击和消解企图。在新传播环境下,国内舆论场中的话语多元体现的不只是思想活跃、言论自由,还夹杂着众多不稳定因素,有时甚至是反主流意识形态的,在此形势下,深度融合进程中的主流媒体对内传播应继续强化宣传引领作用,加大正能量输出,坚决驳斥消极、错误的言论观点,牢固坚守线上线下两个舆论阵地,针对负面舆情要及时回应社会关切,答疑解惑,避免为非马克思主义意识形态的滋生和发展提供条件,坚决维护好国内舆论安全和国家政治安全、文化安全、意识形态安全。

(二)强化安全风险意识,提升管网治网能力水平

在全媒体环境下,网民借新媒体应用实现自我话语赋权,可以在网络

[①] 黄楚新,郭海威.媒体融合纵深发展需要"四个新"[J].科技与出版,2019(5):21-28.

中进行自由表达，使得网络空间内容越发庞杂，加之网民媒介素养参差不齐，网络空间中不稳定、不健康、不安全因素时有出现。要保证媒体深度融合进程健康稳步前进，就必须强化风险意识，坚守安全底线，坚持依法管网治网，加快推动媒体深度融合。一是针对融媒体平台内容强化规制，在新媒体环境下，线上线下话语内容越发多元复杂，社会舆论引导所面临形势更加紧迫，而融媒体平台作为舆论引导和维护意识形态的主体，所担负的责任更加重大，但是不乏一些媒体尤其是新兴媒体在融合发展过程中过分追求经济效益而忽视其公共性，在内容生产方面未守住底线，造成不良社会影响，在下一步媒体融合向纵深推进过程中，要继续强化对融媒体平台内容的审核把关，紧紧围绕和守住意识形态主线，发挥好舆论引领功能。二是在媒体深度融合过程中，针对资本进入审核规制不放松，随着我国改革开放程度的不断加深，对于境外资本、民间资本等非公有资本进入媒体领域的限制逐渐放松，资本多元化有效激发了媒体活力。但与此同时，非公有资本尤其是境外资本的进入也对舆论和意识形态安全造成一定威胁：一方面，资本的逐利性容易使媒体倾向经济利益而弱化公共性；另一方面，境外资本往往会带有一定的意识形态倾向，企图渗透和改造我国主流意识形态，宣扬西方意识形态。因此在媒体融合纵深发展的同时，针对资本进入的审核机制要更加严格，防范非公有资本影响和操控舆论，威胁意识形态安全。三是全媒提升技术治网能力和水平，在媒体融合纵深发展过程中，加大技术在内容审核、不良信息过滤、版权保护等方面的支撑应用，规范数据资源利用，防范大数据等新技术带来的风险，使媒体深度融合真正做到蹄疾步稳。

（三）打造新型传播平台，扩大主流价值影响范围

在当前新一轮的科技革命中，大数据、云计算、人工智能、5G、AR/VR、物联网等前沿技术越发成熟并迅速被应用到全媒体传播中，有效加速

了信息传播格局与生态重塑，推动媒体内容迭代升级和服务范式更新。在今后媒体融合纵深推进过程中，更要牢牢掌握技术驱动这一重要抓手，将人工智能等战略性前沿技术运用到传统媒体与新兴媒体深度融合过程中，在中央、省、市融媒体中心建设的基础上，加快推动县级融媒体中心建设，整合各类资源，打造新型传播平台，建成新型主流媒体，从而扩大主流价值影响力版图，让党的声音传得更开、传得更广、传得更深入。如中央广播电视总台于2019年2月19日上线"全国县级融媒体智慧平台"，该平台依托央视新闻移动网的平台应用，联合500多家部委、企业和各级媒体矩阵号，积极响应习近平总书记移动优先的传播策略，全方位赋能县级融媒体中心，助力各县级融媒体中心打造高效传播、可管可控的移动传播矩阵，打通媒体融合"最后一公里"，实现政务信息向基层群众及时精准传达和政务服务的有效落实。与此同时，该平台拉近政府与基层群众距离，真正做到向基层拓展、向群众靠近，为人民群众提供更多更好的信息服务，进一步增强了主流媒体传播力、引导力、影响力、公信力，扩大了主流价值影响力版图。

（四）创新对外传播话语，形成并巩固国际话语权

在新时代背景下，对外传播话语能力建设是媒体融合纵深推进的关键任务之一，而创新对外传播话语体系无疑是增强话语能力的重要举措。一方面，在对外传播过程中，要转变和创新话语表达方式和手段，以传播对象国人们的话语表达和接受习惯等文化特色为基础参照，探索以当地人的话语习惯来讲述中国故事，传播中国声音，做到因地制宜，有效提升传播效果。与此同时，要创新传播手段，综合运用媒体深度融合最新成果，尝试以新传播形式传递信息，借助影像等的独特跨文化传播魅力，形象化地表达和展示中国形象，有助于传播对象国民众理解和接受中国文化、中国故事。另一方面，在对外传播时要主动出击，就党的重大理论成果、国家发展

成就等对外主动设置议题，着力提出并打造具有中国特色的新概念新表述，增强在国际社会中的话语权。如2019年"两会"期间，人民日报、央视网、中国日报等中央主流媒体纷纷借力媒体深度融合，以Vlog、短视频、数据新闻等视频化形式推出系列对外传播融媒体产品，在海外社交平台走红。

二、内容生产需要新方式

无论在传统媒体还是新媒体环境下，优质内容一直是也将继续是媒体融合发展升级的核心驱动力。在新时代背景下，要实现媒体融合纵深发展，创新内容生产、持续输出优质正能量内容势在必行。

（一）借力技术革新，发力构建智能媒体

在当前全媒体环境下，新兴技术不断解构和重构着人们的信息传播和获取方式，信息传播格局也在时刻更新变化，大数据、云计算、人工智能、5G、AR/VR、物联网等新技术在变革媒体生态的过程中，持续影响着媒体行业的信息采集、生产、分发、获取、反馈等环节。推动媒体融合纵深发展，就必须牢牢坚持技术驱动这一关键路径，将新技术运用到传统媒体与新兴媒体深度融合过程中，以新技术为切入点，创新思维方式，发力构建新型智能媒体，积极打造符合新型信息传播格局和用户信息接收习惯的产品形态，不断变革创新信息传播方式、手段和渠道，优化和完善用户信息接收体验，从而增强融合媒体的传播效果。随着新兴技术对信息传播领域渗透性越来越强，技术驱动将越发成为媒体深度融合成败的决定性因素，媒体融合的技术驱动力将更加强劲，其技术依赖性也将更强，技术驱动将成为媒体融合纵深发展的主要切入点和立足点，技术驱动型的内容生产对媒体深度融合的贡献亦将更加突出。但在此过程中，也应时刻对新兴技术所催生的不稳定因素保持警惕，综合考虑新技术在媒体深度融合过程中的正面和负面影响，从而能

够以最优路径发挥技术对媒体深度融合和智能媒体建设的促进作用。

（二）依托比较优势，差异定位协同发展

推动媒体融合发展，要统筹处理好传统媒体和新兴媒体、中央媒体和地方媒体、主流媒体和商业平台、大众化媒体和专业性媒体的关系，不能搞"一刀切""一个样"。要形成资源集约、结构合理、差异发展、协同高效的全媒体传播体系。依托媒体比较优势进行差异化定位，结合媒体具体情况推进深度融合，有助于在全局层面实现媒体融合发展效益最大化。首先，明确中央媒体与地方媒体定位差异，中央媒体和地方媒体在传播范围、对象、内容、功能、资源、能力等方面都存在显著差异，不同地区媒体的情况也不尽相同。因此，在媒体深度融合过程中，在对两类媒体进行准确定位的基础上，要依托各自比较优势，钻研"长板"，从而打造媒体融合领域的不同发展极，培育出多家旗舰级媒体，最终形成多层级、全覆盖的国家融媒体系统。其次，注重专业优势，发力分众化传播。在当前信息传播环境中，信息体量大、碎片化等特征使得人们获得有效信息的成本增加，传统的信息生产模式使媒体在当下环境中难以获得更大竞争优势，面临被超越和挤压至边缘位置的风险。因此，在媒体融合纵深发展过程中，应充分挖掘和聚焦媒体的专业优势，准确把握分众化、差异化的传播格局，打造业务能力突出、行业地位超群、竞争优势明显的专业化、细分化、领军型媒体。另外，媒体应结合自身所具有的特殊资源优势以及媒体特质，吸收运用前沿信息技术，从而打造技术支撑有力、特色明显的示范性融合媒体。

（三）推动资源整合，提供全域信息服务

习近平总书记在视察解放军报社时指出，要研究把握现代新闻传播规律和新兴媒体发展规律，强化互联网思维和一体化发展理念，推动各种媒

介资源、生产要素有效整合，推动信息内容、技术应用、平台终端、人才队伍共享融通。在新时代背景下，推动传统媒体与新兴媒体领域之间的资源共享、有效推动媒体资源重组与整合已经成为媒体进行深度融合的重点事项。具体来说，媒体资源的整合主要包括两个方面：一是各媒体内部资源的整合与重组，二是各媒体之间的资源共享、互通。首先，在媒体内部资源整合重组方面，为适应一体化的信息采集、生产、发布等流程，媒体应把更多注意力集中在对自身存量资源进行整合上，从而打造功能完备、效益突出的"中央厨房"，这种对内部资源的集约化打造将有效推动媒体融合转型升级，继续向纵深推进。其次，在资源共享方面，通过组建跨媒体、跨区域、跨行业等媒体联盟而实现媒体资源互通共享是媒体融合升级发展和深入推进的又一重大举措。在实现资源整合与共享过程中，媒体自身实力将显著增强，媒体融合力度也将明显增加，媒体深度融合成效更加突出。无论是内部资源整合，还是外部资源共享，都有力印证着习近平总书记"融合发展关键在融为一体、合而为一"的重要论述，既是媒体融合的重要任务，也是推动媒体深度融合的重要手段。

（四）走好群众路线，增进参与优化体验

习近平总书记在主持中共中央政治局第十二次集体学习时强调，党报党刊要加强传播手段建设和创新，发展网站、微博、微信、电子阅报栏、手机报、网络电视等各类新媒体，积极发展各种互动式、服务式、体验式新闻信息服务，实现新闻传播的全方位覆盖、全天候延伸、多领域拓展，推动党的声音直接进入各类用户终端，努力占领新的舆论场。在新时代背景下，媒体深度融合要想取得实效，就必须走好群众路线，切实增强人民群众的获得感、参与感、满足感、幸福感。一方面，融媒体内容要创新话语风格和表达方式，要用民众喜闻乐见的话语表达接收习惯与方式来传播和发布信息，走好群众路线，同时积极保持主流意识形态的"朝阳群众"

参与感，维护和增强民众正能量话语表达的自豪感和获得感，从而有效提升媒体的传播效果，增强舆论引导力和社会凝聚力；另一方面，要继续强化媒体传播话语的理论体系建设，牢固坚守和创新马克思主义新闻观，为新型话语体系提供扎实的理论基础与支撑，从而在开展对内传播过程中切实有效传递党的声音。与此同时，要敢于向非主流意识形态和错误思潮亮剑，加强正向内容和话语的融合类产品供给，迅速消解舆论场中的不良社会思潮和情绪，积极弘扬社会正能量。

三、传媒经营需要新思路

在当前的信息环境下，媒体格局正经历着较以往层次更深、范围更广的变革，各种新兴技术层出不穷，为媒体融合发展提供诸多功能，并在很大程度上决定着媒体融合的发展走向。但不可忽视的是，传媒经营在媒体深度融合过程中同样至关重要，其为媒体深度融合提供资本支持，尤其随着媒体市场化程度不断加深，传媒经营效率甚至直接关系到媒体融合纵深发展的成败。

（一）布局细分市场，打造赢利闭环

随着媒体融合不断走向深入，传媒经营环境正在发生巨大变化，以往以广告收入为主要支撑的赢利模式在新的传媒生态中难以为继。准确把握和利用融合媒体资源，在原有经营模式基础上，在相关细分市场广泛布局、垂直深耕，以集团化等模式拓展和完善产业链条，在融合媒体内部打造全链条的赢利闭环，将是传媒经营模式的创新与发展方向。在媒体融合纵深推进过程中，融合媒体依托自有资源优势，可综合发力出版发行、动漫、游戏、艺人经纪、演绎培训、IP挖掘等领域。与此同时，如与新兴互联网公司、科技企业等合作，融合媒体能够完全打通上中下游全产业链，实现

传媒经营在本领域的全覆盖。以长兴传媒集团为例，其依托集团传媒资源，对外输出品牌宣传推广、智慧城市建设、数据服务等多种服务，形成以媒体信息服务为中心的多领域辐射市场架构，业务领域较融合前大大拓展，传媒经营理念与模式不断实现创新突破，赢利效应越发凸显。2018年，中央广播电视总台、辽宁报刊传媒集团、辽宁广播电视集团、大连新闻传媒集团、天津海河传媒中心等相继组建成立，以集团化形式推动媒体深度融合越发成为共识，集团化运营除了在运营规模、运营成本上具有突出优势，其在开拓新兴市场方面亦具有重要价值。

（二）跨界多元聚合，丰富产业体系

在传统媒体环境下，传媒经营范围相对狭窄，且主要是围绕其信息服务开展经营业务，除广告之外，同其他领域的合作经营模式较少出现。在新时代背景下，伴随媒体融合向纵深推进，媒体功能早已跳出单纯的信息服务范围，开始不断探索同其他领域的合作，力图通过跨界资源聚合，打造"新闻+党建+政务+服务"的多元化、全领域信息服务模式，以此为支撑，传媒经营模式也在发生巨大变革创新。在媒体深度融合背景下，传媒经营正在以信息服务为原点，借助跨界合作，逐渐向用户个性化服务领域延伸扩展，涉及政务服务、公共服务、电商服务等多种类型，业务体系得到极大丰富，传媒经营思路更加开阔，赢利模式更加多元。随着互联网迅速发展，三线及以下城市和农村地区这一新兴市场越发受到传媒领域关注，尤其受到媒体融合纵深推进的影响，新兴市场中的融媒体用户规模将持续扩大，其产品需求也将越发旺盛，这一长尾市场中的传媒经营充满机遇。与此同时，我国经济社会发展有效推动了消费升级，这种升级不只限于物质消费，精神文化消费同样实现了升级，人民对美好生活的向往使得精神文化消费比重不断增加，个性化、定制化的信息服务需求将越发增多，基于媒体深度融合的传媒经营种类、渠道、规模都将实现快速升级。

（三）注重用户运营，促进流量变现

得益于互联网信息技术的迭代升级，全媒体时代的用户较传统媒体时代的受众更具变现价值。在全媒体环境下，移动化、社交化等趋势使用户数据获取更加易得且全面，用户画像更加精准，因此其价值也更大，更受广告主青睐。媒体融合向纵深推进发展，传媒经营所涉领域越发广泛，竞争也势必更加激烈，吸引用户、留住用户、经营用户成为传媒经营的重要任务。用户即流量，流量即价值，媒体深度融合背景下的传媒经营将积极发力用户关系维护，以互动式体验等为切入点，以融合优势为用户提供个性化优质服务，从而有效增强用户黏性。在此基础上，以有效的传媒经营模式实现用户流量变现。一方面，以融媒体平台为支撑，采用付费形式为用户提供多元信息服务；另一方面，以平台上的用户大数据为变现资本，吸引广告投放，或开展其他信息服务以实现用户流量变现。另外，在融媒体平台优化提升用户体验以留住用户的过程中，用户会对平台产生依赖，加之用户生产内容越发普遍，平台与用户之间能够形成良好的互惠互利关系，从而使得平台上的用户流量变现更易达成。

（四）推进产权改革，强化动力支撑

面对新的传媒经营生态，以往的产权模式显出诸多不足，媒体经营活力难以被充分激发，媒体融合纵深发展势必会受到相应限制和束缚，难以充分释放媒体生产力。媒体融合要继续向纵深推进，就必须要将媒体产权向多元化方向改革，从而更好地激发媒体创新发展活力。一方面，尝试放开境外资本、民间资本等进入媒体行业的限制，鼓励多元社会主体参与媒体经营过程，在保证媒体的政治性和公益性的基础上，充分发挥各主体参与媒体融合的积极性和创造性，依托多元主体的资本和决策支撑，推动媒体深度融合，做大做强主流媒体，针对资本进入媒领域后媒体的实际控制权问题，可以考虑使用特殊管理股等手段避免媒体失控；另一方面，尝试将资本以外的人力、智力等因素纳入产权多元化的考虑范围，以此作为激励性机制激发各参与主体的行动热情，推动建立媒体产权激励制度。与此同时，媒体产权在实行准入制度的同时，也要适时考虑退出机制，从媒体融合发展大局出发，通过媒体兼并、重组、整理清退等手段将生产力低下的主体排除到媒体产权之外，减少无效、冗余机构，加快推进媒体融合纵深发展。另外，在推动媒体深度融合过程中，可以考虑跨区域的产权流动，以此实现媒体资源优势互补、优势输出，从而实现对媒体资源的高效配置，以增加融合媒体的产出与收益。但在鼓励媒体产权流动的同时，也应做好相应的监督和规制设计，为媒体融合过程中的产权流动配备完善的评估审核机制，以确保融合媒体产权安全。

四、人才培养需要新理念

当前，随着媒体融合继续向纵深推进发展，传统媒体环境下的新闻传播人才培养机制已难以适应全媒体时代的信息传播模式，培养能够适应媒体深度融合的全能型、复合型新闻传播学界、业界人才变得更加重要。

（一）创新新闻教育，培养全能型融媒体人才

面对日新月异的媒体发展格局，传统的新闻传播人才培养模式已经不能满足当前媒体深度融合背景下复合型、全能型的传播人才需求，迫切需要创新新闻教育，变革教育理念与方式，为媒体融合纵深发展提供强有力的实务型新闻传播人才保障。在创新新闻教育过程中，应注重多学科的交叉融合，从而培养出具有多学科交叉背景的新型新闻传播人才。与此同时，应在新闻传播教育中加入新型传播技术手段的学习运用，使学生能够有效

掌握各种基于新技术应用的融媒体产品生产、传播等技能，熟悉全媒体时代各种传播形态，并能够熟练应用。另外，作为实务型融媒体新闻传播人才，在培养过程中应切实努力增强学生的脚力、眼力、脑力、笔力，并将其有效融入新闻教学实践的全过程，牢固坚持马克思主义新闻观，坚守新闻专业主义精神，将人文精神和人文关怀贯穿在融媒体人才培养的全过程，从而真正打造一支政治过硬、本领高强、求实创新、能打胜仗的宣传思想工作队伍。只有培养出适应全媒体时代新闻传播的复合型、全能型、具有正确价值取向和舆论导向的融媒体人才，才能真正助力媒体融合进程，推动媒体融合向纵深发展。

（二）促进思维转换，培养新业态管理型人才

全媒体时代的媒体深度融合以互联网信息技术为依托，互联网在重塑传播格局与生态的同时，新型传媒业态不断涌现，其对新型管理人才的需求越发迫切。因此，在推动媒体融合向纵深发展过程中，应摒除传统思维局限，强化和善用互联网思维，培养熟悉新业态的管理型人才，其对推动媒体深度融合意义重大。首先，新型管理人才要善用互联网思维做好媒体深度融合的顶层设计，基于互联网发展的演进逻辑推动媒体融合变革，通过"互联网+"整合重组媒体内外部资源，以互联网思维创新媒体融合思路与范式，推动媒体融合发展转型升级。其次，新型管理人才应能够主动创新变革媒体融合的体制机制，使其符合互联网思维。如互联网思维强调互动、平等、扁平化等特征，因此媒体在深度融合过程中，要想在当前互联网高度发达的信息环境下取得融合实效，就必须变革原有的体制机制，从生产模式、运营机制、人才组织与管理等方面进行互联网模式的转型与创新，为媒体深度融合提供制度动力。另外，新型管理人才应积极探索符合互联网思维的新型经营模式，在媒体融合过程中，尝试跨界等多元经营模式，从而打造推动媒体深度融合的市场化新引擎。整体来看，具有互联

网思维的新型管理人才应能够充分顺应互联网发展大势，有效利用互联网的优势与特点，从理念、方式、体制机制等全方位进行改革创新，促进媒体深度融合快速发展。

（三）突破固有范式，培养新时代研究型人才

新闻传播学作为研究人类新闻传播活动的社会科学，具有较强的应用性，致力于解决新闻传播实践过程中的具体问题，同时在指导实践的过程中，新闻传播学本身也在不断发展演进，并在不同时期形成了特定的理论体系和研究范式。全媒体环境下，新闻传播格局与生态不断发生重大变革，新媒体应用越发丰富，媒体功能更加多元，新传播现象与概念不断涌现，基于传统媒体环境下的新闻传播学理论在全媒体环境下已经显露出一定的局限性，难以充分解释当前信息传播格局中的各类传播现象，对现实的观照度不断降低。基于此，为推动媒体融合向纵深发展，就有必要培养新时代研究型人才，突破已有研究范式，创新研究方法和研究视角，借助新技术、新方法探索全媒体时代的新闻传播现象，检验并优化传统媒体环境下的新闻传播理论体系和研究范式，从而使其能够更好地指导当下的媒体融合实践。与此同时，作为新闻传播研究人员，应正确看待媒体格局变革所带来的诸多新变化，积极转变研究思路，培养并运用互联网思维，在自身所在研究领域内守正创新，切实提升能够适应全媒体环境的学术研究能力，从而在理论创新与建构、指导新闻传播实践等方面助力媒体融合继续走向深入。

参考文献

一、著作类

［1］《广电媒体融合发展进行时》编委会.广电媒体融合发展进行时［M］.北京：中国广播影视出版社，2021.

［2］罗昕.网络社会治理研究［M］.广州：暨南大学出版社，2020.

［3］郑亮.县级融媒体中心和基层社会治理研究［M］.广州：暨南大学出版社，2020.

［4］彭兰.新媒体用户研究：节点化、媒介化、赛博格化的人［M］.北京：中国人民大学出版社，2020.

［5］刘文富.网络社会与公共治理［M］.北京：中国人民大学出版社，2020.

［6］侯公林.人工智能与我们：AI100问［M］.北京：中国人民大学出版社，2020.

［7］蔡雯.融媒体建设与创新［M］.北京：中国人民大学出版社，2020.

［8］国务院发展研究中心国际技术经济研究所，中国电子学会.人工智能全球格局：未来趋势与中国位势［M］.北京：中国人民大学出版社，2019.

［9］彭增军.新闻业的救赎：数字时代新闻生产的16个关键问题

［M］.北京：中国人民大学出版社，2018.

［10］张鸿.基于人工智能的多媒体数据挖掘和应用实例［M］.武汉：武汉大学出版社，2018.

［11］唐宁.颠覆与重构：城市电视台媒体融合之策略与路径［M］.北京：中国广播影视出版社，2017.

［12］王昭东.人工智能与本能：如何让机器人拥有自我意识［M］.北京：电子工业出版社，2017.

［13］姚海鹏，王露瑶，刘韵洁.大数据与人工智能导论［M］.北京：人民邮电出版社，2017.

［14］中共中央宣传部干部局.新时代宣传思想工作［M］.北京：学习出版社，2020.

［15］松尾丰.人工智能狂潮：机器人会超越人类吗？［M］.赵函宏，高华彬，译.北京：机械工业出版社，2015.

［16］卡普兰.人工智能时代：人机共生下财富、工作与思维的大未来［M］.李盼，译.杭州：浙江人民出版社，2016.

［17］库兹韦尔.奇点临近［M］.董振华，李庆成，译.北京：机械工业出版社，2011.

［18］波斯特洛姆.超级智能：路线图、危险性与应对策略［M］.张体伟，张玉青，译.北京：中信出版社，2015.

［19］斯加鲁菲.智能的本质：人工智能与机器人领域的64个大问题［M］.任莉，张建宇，译.闫景立，审校.北京：人民邮电出版社，2017.

二、论文类

［1］朱清河，沈星宇.习近平文化思想视域下新时代马克思主义新闻

观中国化理论话语的建构路径［J］.教育传媒研究，2024（1）：6-10.

［2］王乙晴，宫建宇.新时代中国网络空间治理困境和破解路径［J］.网络安全技术与应用，2024（1）：156-158.

［3］赵成龙，耿斐.高校科技期刊新媒体融合策略研究［J］.传播与版权，2023（24）：25-27.

［4］康培培，刘洁.我国主流媒体融合新闻的发展研究：基于2018—2023年中国新闻奖获奖作品的分析［J］.中国编辑，2023（12）：81-86.

［5］丁柏铨，冯莉.网络空间治理的当前挑战与应对路径：兼论新时代做好网信工作的"总要求""硬道理""真本事"［J］.国家治理，2023（23）：19-25.

［6］蔡翠红，张璐瑶.系统性困境与方向选择：全球网络空间治理的现实与出路分析［J］.当代中国与世界，2023（4）：25-34，123.

［7］郑保卫，郑权.习近平新闻工作重要论述的时代特征、理论精要与实践路径：兼谈学习贯彻习近平文化思想［J］.现代传播（中国传媒大学学报），2023（12）：1-9.

［8］郭全中，彭子滔.技术可供性视角下媒体融合的维度、阶段及未来趋势［J］.信息技术与管理应用，2023，2（6）：11-19.

［9］朱江丽，郭歌.基于新闻行动者网络的开放式创新：对媒体融合地区差距的解释［J］.新闻与传播研究，2023，30（11）：38-59，127.

［10］赵瑜，周江伟.转型、整合与"新闻+"：中国媒体融合的三种在地化实践［J］.新闻界，2023（11）：4-11，22.

［11］匡恺，刘勇亮.数字媒体集群语境下媒体融合新特点与新闻业新挑战［J］.中国出版，2023（22）：16-21.

［12］左灿，沙垚．中国式现代化语境下的媒体融合［J］．新闻大学，2023（11）：41-52，120．

［13］朱春阳，刘波洋．媒体融合的中国进路：基于政策视角的系统性考察（2014—2023年）［J］．新闻与写作，2023（11）：12-23．

［14］王晓红，郭海威．可及性：一个观察媒体融合的理论视角［J］．新闻与写作，2023（11）：24-33．

［15］谢湖伟，简子奇，沈欣怡．认知框架视角下AIGC对媒体融合的影响研究：对30位媒体融合从业者的深度访谈［J］．新闻与传播评论，2023，76（6）：5-18．

［16］彭文正，谭亮．媒体融合背景下高校阅读推广发展策略研究［J］．山东图书馆学刊，2023（5）：72-78．

［17］赵大友，袁丰雪．从脱域到复嵌：智媒时代网络空间现代化治理新路径［J］．齐齐哈尔大学学报（哲学社会科学版），2023（10）：71-76．

［18］王海涛．定位演进·功能拓展·价值重构：我国媒体融合十年的三重意蕴和实践取向［J］．中国出版，2023（20）：3-8．

［19］王君超，王达．媒体融合的"融通"之道："文化循环"学理分析［J］．中国出版，2023（20）：9-15．

［20］匡文波．算法治理：网络空间治理的新挑战［J］．人民论坛，2023（19）：64-68．

［21］周筠．媒体融合背景下融媒体生存与发展策略［J］．中国报业，2023（19）：39-41．

［22］王曦铃．媒体融合对中国福文化传承与发展的影响［J］．中国广播电视学刊，2023（10）：120-122．

［23］李诗雨．海南自贸港建设背景下开创媒体融合新局面策略研究［J］．中国广播电视学刊，2023（10）：126-129．

［24］赵子忠.媒体融合和全媒体传播体系［J］.视听界，2023（5）：5-8.

［25］杨志超，丁睿.习近平关于网络空间治理重要论述的逻辑理路［J］.天水师范学院学报，2023，43（4）：12-17.

［26］匡文波，姜泽玮.人工智能时代网络空间治理的框架与路径［J］.中国编辑，2023（9）：40-45.

［27］龙小农，韩鹏飞.中国式媒体融合与中国式现代化［J］.现代出版，2023（5）：78-89.

［28］雷霞.智能媒体技术赋能网络空间治理研究［J］.教育传媒研究，2023（5）：21-24.

［29］季为民，孙芳，杨子函，等.讲好新时代中国故事：理论逻辑、实践之困与改进之道［J］.陕西师范大学学报（哲学社会科学版），2023，52（5）：131-142.

［30］朱春阳.寻找媒体融合的行动坐标［J］.新闻大学，2023（9）：4.

［31］何慧媛.奋力谱写现代化新征程上媒体融合发展新篇章：学习习近平总书记有关媒体融合发展的重要论述精神［J］.中国记者，2023（8）：4-7.

［32］张勇锋.试论马克思主义新闻观的概念扩容［J］.国际新闻界，2023，45（8）：45-58.

［33］丁柏铨.舆论、意识形态及其安全：内涵和关系——从马克思主义新闻观角度所作的探索［J］.编辑之友，2023（8）：10-17.

［34］郭海威，王晓红.全媒体传播体系下地市级媒体融合发展研究［J］.中国广播电视学刊，2023（8）：86-91.

［35］苏晔，李浩然."后真相"时代高校网络空间治理的现实挑战与路径优化研究［J］.信阳师范学院学报（哲学社会科学版），

2023，43（6）：84-90.

［36］郑保卫，郑权.马克思主义新闻观中国化时代化的发展进程、基本特点及思想启示［J］.当代传播，2023（4）：4-11.

［37］骆正林.空间生产与秩序再造：网络空间国家治理的数据战略［J］.现代传播（中国传媒大学学报），2023，45（7）：63-73.

［38］周建青，龙吟.自发与嵌入：网络社团参与网络空间治理的类型及其转化机制［J］.暨南学报（哲学社会科学版），2023，45（7）：58-68.

［39］李秋华.用户核心的媒体融合："自利式用户"+智能场景匹配［J］.编辑之友，2023（7）：60-65.

［40］尤传豹，高亮.数字化背景下体育学术期刊与新媒体融合发展策略研究［J］.北京体育大学学报，2023，46（6）：92-102.

［41］郭海威，楚颖盈.智媒时代新闻媒体主流价值传播创新研究［J］.贺州学院学报，2023，39（2）：66-71.

［42］陈娜.媒体融合对新闻编辑工作的影响［J］.中华纸业，2023，44（Z2）：117-119，7.

［43］叶俊.重塑舆论中心：媒体融合在舆论引导中的运用与创新［J］.新闻爱好者，2023（6）：21-26.

［44］顾烨烨，方兴东.中国媒体融合30年：基于政策的视角［J］.传媒观察，2023（6）：13-24.

［45］窦锋昌，傅中行，李爱生.中国媒体融合十年历程研究［J］.青年记者，2023（11）：57-62.

［46］雷跃捷，高永亮.推动媒体融合向更深更广的领域健康发展：学习习近平总书记关于媒体融合重要论述［J］.中国广播电视学刊，2023（6）：32-34，9.

［47］卞天歌，郭淑军.媒体融合发展的三重逻辑与六维进路［J］.中

国出版，2023（11）：30-34.

[48] 周建青，张世政.信息供需视域下网络空间内容风险及其治理[J].福建师范大学学报（哲学社会科学版），2023（3）：81-90，169.

[49] 周建青，龙吟.赋能路径与模式创新：网络空间治理的优化逻辑：基于区块链技术视角[J].中国编辑，2023（5）：104-109.

[50] 张垒，王妍.中国式现代化视阈下的媒体融合发展：独特道路何以可能？——兼论中国新闻学自主知识体系建构着眼点[J].全球传媒学刊，2023，10（2）：17-30.

[51] 徐依然.浅析媒体融合背景下出版业复合型人才的培养[J].编辑学刊，2023（2）：111-115.

[52] 田维钢，温莫寒.媒介化与结构化：我国媒体融合研究的知识演进（1999—2022）[J].当代传播，2023（2）：17-22，28.

[53] 顾烨烨，张毅，王小禾.媒体融合研究：大变局下实践和学术的攻坚时刻[J].传媒观察，2023（2）：57-65.

[54] 郭海威，任晓刚，刘菲.科技创新赋能网络文化安全建设[J].新闻战线，2023（3）：76-79.

[55] 李敏，王巧.网络舆论生态治理的逻辑理路：基于媒体融合、政府公信力、社会共识联动的视角[J].常州大学学报（社会科学版），2023，24（1）：68-77.

[56] 曾祥敏，董华茜.媒介认知、深度融合辨识与数字具身共存：2022年媒体融合研究综述[J].现代出版，2023（1）：28-42.

[57] 方兴东，顾烨烨，钟祥铭.中国媒体融合30年研究[J].新闻大学，2023（1）：87-100，122.

[58] 郭海威，罗恒睿.全媒体时代我国地市级媒体融合发展研究[J].现代视听，2023（1）：60-65.

[59]杨波,罗思嫣.论学术期刊的媒体融合策略:基于技术、组织、主体三个层面的分析[J].贵州民族大学学报(哲学社会科学版),2022(6):180-193.

[60]张静.科技期刊媒体融合策略与关键能力构建[J].编辑学报,2022,34(6):657-661.

[61]栾敏.传统媒体与新媒体融合的现状与出路[J].中国报业,2022(24):42-43.

[62]翁晓峰,赵敬华.媒体融合发展经营机制的有效性研究:基于制度工程学[J].北京交通大学学报(社会科学版),2022,21(4):124-133.

[63]董博涵.坚定自觉地推动媒体融合向纵深发展[J].当代电视,2022(12):106-108.

[64]汪寅,张慧.媒体融合背景下高校网络意识形态安全风险及其防范策略[J].黑龙江高教研究,2022,40(12):108-113.

[65]高洪贵,张换.媒体融合赋能全过程人民民主:向度、限度与路径[J].理论探讨,2022(6):37-43.

[66]夏雨禾.媒体融合发展战略的提出及实践引领[J].当代传播,2022(6):11-15.

[67]贾菁.媒体融合助力社会治理创新研究[J].传媒,2022(21):79-81.

[68]程乐.党的十八大以来我国网络空间治理的成就与经验[J].国家治理,2022(22):16-22.

[69]宇文慧,池家欣,李庚.媒体融合视域下高校宣传思想工作路径探究[J].天津大学学报(社会科学版),2022,24(6):518-524.

[70]周雨蕾,唐海,包颖,等.期刊媒体融合发展研究脉络和前沿演

进：基于Citespace软件可视化分析［J］.西南大学学报（自然科学版），2022，44（10）：202-210.

［71］周敏.青年群体助力网络空间治理的基础与路径［J］.人民论坛，2022（19）：64-66.

［72］刘海明.媒体融合进程中新闻评论的内在张力与形式创新［J］.中国记者，2022（10）：73-76.

［73］甄锐，袁璐.困境与出路：技术视角下的媒体融合与智能传播［J］.青年记者，2022（19）：44-46.

［74］谢晶仁.信息化时代省级传统媒体与新兴媒体融合发展探究［J］.湖南社会科学，2022（5）：55-60.

［75］王晓红，张琦.后疫情时代中国网络视频行业观察［J］.视听理论与实践，2022（5）：5-11.

［76］费艳颖，汪杨梦笛.习近平关于网络空间治理重要论述：生成语境、科学思维及时代价值［J］.思想教育研究，2022（9）：18-25.

［77］胡正荣，李荃.融合十年：2012—2022年媒体融合历程回顾与前景展望［J］.现代视听，2022（9）：5-10.

［78］苏洪涛.浅谈媒体融合背景下新闻生产方式的革新：以澎湃新闻为例［J］.中国传媒科技，2022（9）：111-113.

［79］郭海威，赵熳.科普短视频的发展现状、面临的问题及优化对策［J］.科技智囊，2022（8）：68-72.

［80］卢迪，林芝瑶，庄蜀丹.从5G+融合媒体到媒体融合+5G：先进技术驱动下的媒体深度融合发展［J］.中国编辑，2022（8）：87-91.

［81］刘寅，刘子豪.媒体融合与转型新动能初探：融合力赋能媒体转型的逻辑构建［J］.传媒，2022（14）：28-29，31.

［82］刘洁，王雯姝.媒体融合条件下思想政治理论课对话教学模式创新研究［J］.思想教育研究，2022（7）：120-125.

［83］常晨曦.网络空间治理视角下网络暴力问题研究［J］.网络空间安全，2022，13（3）：6-10.

［84］毕翔.媒体融合背景下的数字图书馆知识服务研究［J］.图书馆，2022（6）：48-54.

［85］杨姣，许天敏.县级融媒体建设：媒体融合在中国的基层实践［J］.新闻春秋，2022（3）：28-35.

［86］何伟，赵钰朔.中国网络空间命运共同体的研究现状与展望［J］.北京航空航天大学学报（社会科学版），2023，36（4）：54-61.

［87］毕翔.媒体融合背景下数字图书馆发展策略研究［J］.情报理论与实践，2022，45（3）：81-88.

［88］戴海波，杨惠.媒介化、再媒介化和去媒介化："泛媒化"视域下媒体融合的内在逻辑［J］.中国编辑，2022（1）：67-72.

［89］朱江丽.媒体融合行动者网络的制度逻辑及"散射效应"研究［J］.新闻大学，2022（1）：105-118，124-125.

［90］方兴东，钟祥铭.重估媒体融合：50年数字技术驱动下的媒体融合演进历程与内在价值观［J］.西北师大学报（社会科学版），2022，59（2）：5-19.

［91］郭海威，黄楚新，贺文文，等.摸索与超越：我国西北五省区地市级党报媒体融合状况［J］.科技与出版，2022（1）：70-76.

［92］罗自文.讲好中国故事的四大支柱：对象、内容、主体和策略——基于对美文化交流的分析［J］.青年记者，2021（24）：62-64.

［93］金毅，许鸿艳.网络空间命运共同体的价值意蕴及实践路径

［J］.人民论坛·学术前沿，2021（24）：126-128.

［94］王滢波，鲁传颖.网络空间全球秩序生成与中国贡献［J］.上海对外经贸大学学报，2022，29（2）：65-78.

［95］宋建武，李蕾，王佳航.媒体深度融合背景下专业内容生产的创新趋向：基于2018—2021年中国新闻奖媒体融合类获奖作品的分析［J］.新闻与写作，2021（12）：85-91.

［96］王晓红，倪天昌.论媒体深度融合背景下主流价值传播的守正与创新［J］.电视研究，2021（12）：10-13.

［97］张静，卜宇.走向"内卷化"的媒体融合：基于新闻从业者视角的考察［J］.当代传播，2021（6）：35-40.

［98］梅杰.算法传播批判：网络空间治理中的自由与秩序［J］.理论导刊，2021（10）：58-64.

［99］罗自文，熊庚彤，马娅萌.智能媒体的概念、特征、发展阶段与未来走向：一种媒介分析的视角［J］.新闻与传播研究，2021，28（S1）：59-75，127.

［100］谢俊，胡歌子.习近平关于网络空间治理重要论述的研究综述［J］.重庆邮电大学学报（社会科学版），2022，34（2）：16-23.

［101］刘晓华.面向网络空间治理的社交网络信息交流协同创新机制分析［J］.现代情报，2021，41（9）：135-143.

［102］龙小农，陈林茜.媒体融合的本质与驱动范式的选择［J］.现代出版，2021（4）：39-47.

［103］朱江丽，史玲莉.媒体融合中新闻从业者的角色融合与工作满意度：基于多重制度逻辑的视角［J］.国际新闻界，2021，43（7）：139-156.

［104］王晓红，谢妍.中国特色网络文化安全观的五个辩证统一［J］.现代传播（中国传媒大学学报），2021，43（6）：7-11.

[105] 陈国权.媒体融合的现状、难点与市场机制突破[J].编辑之友，2021（5）：32-39，45.

[106] 王迁，文棋.媒体融合中的版权困境与制度革新[J].编辑之友，2021（5）：98-105.

[107] 蔡雯，汪惠怡.主流媒体平台建设的优势与短板：从三大央媒的平台实践看深化媒体融合[J].编辑之友，2021（5）：26-31.

[108] 钟磊.超高清视频新闻：5G应用背景下媒体融合的趋势——以《人民日报》、中央电视台、新华社为例的实证研究[J].新闻界，2021（5）：33-39，67.

[109] 白佳玉，隋佳欣.论人类命运共同体理念在网络空间治理中的影响与意义[J].学习与探索，2021（3）：62-71，179，2.

[110] 周曙.媒体融合时代电视综艺节目转型的现状、动因和路径[J].湖南社会科学，2021（2）：150-157.

[111] 张晶，钟丹丹.超媒体平台模式：《人民日报》客户端的媒体融合特征[J].新闻界，2021（2）：40-45，56.

[112] 张英培，胡正荣.从媒体融合到四级融合发展布局：主流媒体发展改革的新阶段[J].出版广角，2021（1）：6-9.

[113] 殷琦.创新的转向：中国媒体融合演进的路径与机制[J].新闻大学，2021（1）：103-116，121.

[114] 胡正荣，李荃.媒体融合的时空升维发展：对《关于加快推进媒体融合深度发展的指导意见》的深度解读[J].新闻与写作，2021（1）：5-11.

[115] 韦路，方振武.媒体融合与基层媒体从业人员的职业满意度：基于浙江省的探索性研究[J].新闻与传播研究，2020，27（12）：62-77，127-128.

[116] 朱鸿军.从"漠视"到"重视"：媒体融合中媒体保护版权的历

史演进[J].国际新闻界,2020,42(12):113-132.

[117] 李超民,张坯.网络空间全球治理的"中国方案"与实践创新[J].管理学刊,2020,33(6):1-12.

[118] 罗俊.滋蔓的暗网及网络空间治理新挑战[J].学术论坛,2020,43(5):1-12.

[119] 方兴东,钟祥铭.中国媒体融合的本质、使命与道路选择:从数字传播理论看中国媒体融合的新思维[J].现代出版,2020(4):41-47.

[120] 崔保国,刘金河.论网络空间中的平台治理[J].全球传媒学刊,2020,7(1):86-101.

[121] 王晓红.短视频助力深度融合的关键机制:以融合出版为视角[J].现代出版,2020(1):54-58.

[122] 廖祥忠.从媒体融合到融合媒体:电视人的抉择与进路[J].现代传播(中国传媒大学学报),2020,42(1):1-7.

[123] 王志军.媒体融合背景下高校图书馆服务营销策略研究[J].图书馆工作与研究,2019(12):103-108.

[124] 王晓红,郭海威.2019年我国短视频发展十大态势[J].新闻与写作,2019(12):17-22.

[125] 罗自文.论新媒体条件下社区传播参与社会治理的必要性与可能性[J].中国社会科学院研究生院学报,2019(2):71-80.

[126] 韦路.媒体融合的定义、层面与研究议题[J].新闻记者,2019(3):32-38.

后 记

随着时代发展与科技进步，融合发展已然是媒体演进的必由之路。关注和探讨媒体融合议题，需要坚持动态和发展的眼光，既要理解媒体融合的内涵、背景及现实图景，亦要深刻认识其重要意义、取得成效及面临的困境。

一方面，媒体融合为媒体发展带来前所未有的机遇。传统媒体与新兴媒体的融合，不仅丰富了媒体产品形态、提升了传播效果，也拓展了传播渠道，满足了数字时代人们多样化、个性化的信息需求。同时，媒体融合促进了媒体内部及媒体之间的协同联动，打破了既有的壁垒，为构筑全媒体发展格局提供了助力。

另一方面，媒体融合面临着诸多困难与挑战。技术标准、管理体系、人才培养等方面的不足，都在一定程度上对媒体融合成效构成制约。信息安全、版权保护等问题亦亟待解决的同时，伴随融合程度加深而产生的信息碎片化、传播失真、信息茧房等现象也值得关注。此外，媒体融合背后的商业模式探索与赢利模式创新，也需要更加深入的思考与实践验证。

从我国媒体发展进程来看，自媒体融合上升为国家战略以来，各级新闻媒体主动作为、积极求变，在加快转型升级的探索实践中，依托技术创新、渠道创新、方法创新、模式创新，推动媒体融合不断走向纵深，取得重要进展。随着智媒时代到来，我国新闻传播领域所面临的国内国际环境、社会环境、技术环境、制度环境等都发生了深刻变化，机遇与挑战并存。

在此背景下，要继续推动媒体融合向更深层次拓展和延伸，必须坚持守正创新，持续发力思路变革与机制重塑，以驱动媒体融合向更高阶段挺进。

基于此，我们需要不断加强理论研究，探索媒体融合发展的规律和路径。本书将理论研究与实践探索、案例研究等相结合，试图以实践探索反哺和丰富理论，使理论更贴近和契合融合发展实际，进而以理论创新为融合实践提供新的实施框架和理念。围绕媒体融合高质量推进实施，本书系统梳理了我国媒体融合的发展进路，系统性、针对性、多维度探究了我国媒体融合发展实践，剖析了媒体融合发展进程中所面临的问题与挑战，继而基于对媒体融合所处历史方位与发展趋向的综合把握，提出推进媒体融合高质量发展的具体路径。本书旨在于中国式现代化建设背景下，对我国媒体融合进程进行系统考察，尝试帮助读者建立起对中国媒体融合的整体认识。尽管笔者在研究开展及书稿撰写过程中始终秉持严谨求实的治学态度，但书中仍存在对媒体融合议题理解不到位、认知不深入等问题，在后续的研究中笔者将尽力予以补足，亦诚请各界前辈、同仁批评指正。

面向未来，5G、人工智能、大数据等技术普及应用，将为媒体融合带来新的发展机遇。高速的网络连接将为媒体融合提供强有力的基础设施保障，促进各种媒介形式之间的交互融合；人工智能技术将进一步完善个性化推荐和智能生产，以优化用户体验；大数据技术可以帮助媒体更精准地了解用户需求，优化内容生产与传播策略；云计算技术则可以提供更加高效、灵活的生产和存储方案，降低媒体运营成本，提高竞争力。因此，学界、业界等应继续对技术创新在媒体融合领域的应用实践保持关注，进而以前瞻性、未来性和科学性视角对媒体融合发展进行系统把握与全局考量，为媒体融合高质量发展献计献策。

郭海威

2024 年 6 月 9 日于北京远望楼

图书在版编目（CIP）数据

新形势下中国媒体融合发展的进路与实践 / 郭海威著. --北京：中国国际广播出版社，2024.8. --ISBN 978-7-5078-5629-3

Ⅰ.G219.2

中国国家版本馆CIP数据核字第2024LV1755号

新形势下中国媒体融合发展的进路与实践

著　　者	郭海威
责任编辑	屈明飞
校　　对	张　娜
版式设计	邢秀娟
封面设计	赵冰波

出版发行	中国国际广播出版社有限公司［010-89508207（传真）］
社　　址	北京市丰台区榴乡路88号石榴中心2号楼1701 邮编：100079
印　　刷	环球东方（北京）印务有限公司

开　　本	710×1000　1/16
字　　数	250千字
印　　张	18
版　　次	2024年8月　北京第一版
印　　次	2024年8月　第一次印刷
定　　价	48.00元

版权所有　盗版必究